教育部 财政部职业院校教师素质提高计划成果系列丛书

教育部 财政部职业院校教师素质提高计划职教师资开发项目

"市场营销"专业职教师资培养资源开发项目（VINE071）（负责人：周游）

商务谈判实务

主 编 尚慧丽

副主编 刘兴革 何 珊

科学出版社

北京

内 容 简 介

本书以理实一体化为导向,主要分为两大部分。第一部分为项目一——描述一次完整的商务谈判的过程,包括商务谈判准备、商务谈判开局、商务谈判磋商、商务谈判结束和商务谈判签约及执行等五个任务的内容。第二部分为项目二——不同类型商务谈判的主要内容,主要包括产品买卖谈判、技术转让谈判、服务交易谈判、招商谈判和国际商务谈判等五种类型商务谈判的内容。

本书不仅适合职教师资培养市场营销本科专业的学生、高职高专各专业的学生,而且适合企业营销人员、各行各业管理者及相关从业人员和各界对商务谈判感兴趣的人士参考阅读。

图书在版编目(CIP)数据

商务谈判实务 / 尚慧丽主编. —北京:科学出版社,2018.2
(教育部 财政部职业院校教师素质提高计划成果系列丛书)
ISBN 978-7-03-056354-5

Ⅰ. ①商… Ⅱ. ①尚… Ⅲ. ①商务谈判-高等职业教育-教材
Ⅳ. ①F715.4

中国版本图书馆 CIP 数据核字(2018)第 010587 号

责任编辑:张 宁 王京苏 / 责任校对:王晓茜
责任印制:霍 兵 / 封面设计:蓝正设计

科学出版社 出版
北京东黄城根北街 16 号
邮政编码:100717
http://www.sciencep.com

北京市密东印刷有限公司 印刷
科学出版社发行 各地新华书店经销
*
2018 年 2 月第 一 版 开本:787×1092 1/16
2018 年 2 月第一次印刷 印张:16
字数:377 000
定价:**52.00 元**
(如有印装质量问题,我社负责调换)

教育部　财政部职业院校教师素质提高计划

职教师资培养资源开发项目专家指导委员会

主　任：刘来泉

副主任：王宪成　郭春鸣

成　员：（按姓氏笔画排列）

出 版 说 明

《国家中长期教育改革和发展规划纲要（2010—2020 年）》颁布实施以来，我国职业教育进入到加快构建现代职业教育体系、全面提高技能型人才培养质量的新阶段。加快发展现代职业教育，实现职业教育改革发展新跨越，对职业学校"双师型"教师队伍建设提出了更高的要求。为此，教育部明确提出，要以推动教师专业化为引领，以加强"双师型"教师队伍建设为重点，以创新制度和机制为动力，以完善培养培训体系为保障，以实施素质提高计划为抓手，统筹规划，突出重点，改革创新，狠抓落实，切实提升职业院校教师队伍整体素质和建设水平，加快建成一支师德高尚、素质优良、技艺精湛、结构合理、专兼结合的高素质专业化的"双师型"教师队伍，为建设具有中国特色、世界水平的现代职业教育体系提供强有力的师资保障。

目前，我国共有 60 余所高校正在开展职教师资培养，但由于教师培养标准的缺失和培养课程资源的匮乏，制约了"双师型"教师培养质量的提高。为完善教师培养标准和课程体系，教育部、财政部在"职业院校教师素质提高计划"框架内专门设置了职教师资培养资源开发项目，中央财政划拨 1.5 亿元，系统开发用于本科专业职教师资培养标准、培养方案、核心课程和特色教材等系列资源。其中，包括 88 个专业项目，12 个资格考试制度开发等公共项目。该项目由 42 家开设职业技术师范专业的高等学校牵头，组织近千家科研院所、职业学校、行业企业共同研发，一大批专家学者、优秀校长、一线教师、企业工程技术人员参与其中。

经过三年的努力，培养资源开发项目取得了丰硕成果。一是开发了中等职业学校 88 个专业（类）职教师资本科培养资源项目，内容包括专业教师标准、专业教师培养标准、评价方案，以及一系列专业课程大纲、主干课程教材及数字化资源；二是取得了 6 项公共基础研究成果，内容包括职教师资培养模式、国际职教师资培养、教育理论课程、质量保障体系、教学资源中心建设和学习平台开发等；三是完成了 18 个专业大类职教师资资格标准及认证考试标准开发。上述成果，共计 800 多本正式出版物。总体来说，培养资源开发项目实现了高效益：形成了一大批资源，填补了相关标准和资源的空白；凝聚了一支研发队伍，强化了教师培养的"校—企—校"协同；引领了一批高校的教学改革，带动了"双师型"教师的专业化培养。职教师资培养资源开发项目是支撑专业化培养的一项系统化、基础性工程，是加强职教教师培养培训一体化建设的关键环节，也是对职教师资培养培训基地教师专业化培养实践、教师教育研究能力的系统检阅。

自 2013 年项目立项开题以来，各项目承担单位、项目负责人及全体开发人员做了大量深入细致的工作，结合职教教师培养实践，研发出很多填补空白、体现科学性和前瞻性的成果，有力推进了"双师型"教师专门化培养向更深层次发展。同时，专家指导委员会的各位专家以及项目管理办公室的各位同志，克服了许多困难，按照两部对项目开发工作的总体要求，为实施项目管理、研发、检查等投入了大量时间和心血，也为各个项目提供了专业的咨询和指导，有力地保障了项目实施和成果质量。在此，我们一并表示衷心的感谢。

教育部　财政部职业院校教师素质
提高计划成果系列丛书编写委员会
2016 年 3 月

前　言

　　我国高速发展的经济列车已驶入日益规范的市场经济快车道，谈判在我国社会经济生活中逐渐发挥着重要作用，成为人与人之间、企业与企业之间沟通交流、交易联系的桥梁和纽带，掌握谈判的理论和技巧是十分必要的。本书是职教师资本科市场营销专业的核心课程。职业教育教材是职业教育教学的基础资源，是规定教学内容、设计教学方法、展开教学模式的主要依据，因此，为了更好地贴近和符合职业教育的特点与要求，本着体现理实一体化教学理念、适合市场营销教育类本科教学、培养学生具备教授中职学生"商务谈判"课程能力的目标，编撰了本书。

　　本书依照理实一体化的思路，按照商务谈判的工作过程导向展开，共分为两个大项目、十个任务。项目一是商务谈判过程，即商务谈判的工作过程，包括商务谈判准备、商务谈判开局、商务谈判磋商、商务谈判结束和商务谈判签约及执行，写作重点是基础理论。项目二是商务谈判内容，写作重点是不同类型商务谈判是如何展开的。根据商务谈判的一般分类并与市场营销专业相关工作岗位相结合，选择了产品买卖谈判、技术转让谈判、服务交易谈判、招商谈判和国际商务谈判五种类型。每一种类型的谈判都按照项目一中的商务谈判的工作过程展开。以产品买卖谈判为例，该任务的主要内容包括五个方面，即产品买卖谈判准备、产品买卖谈判开局、产品买卖谈判磋商、产品买卖谈判结束和产品买卖谈判签约及执行。其他类型的谈判以此类推。

　　每个任务都包括四个方面的内容：任务描述、知识学习、能力训练和知识拓展。以任务描述为切入点，兼顾理论与实践，体现训练商务谈判工作工程的思路。

　　此外，考虑本书的师范性，在每个项目的最后增加"教学建议"环节，帮助和指导学生思考作为中职教师应该如何组织教学。与本书内容相配套，还开发了商务谈判实务数字化资源库，便于教学和学习。

　　本书的写作特色：一是理实一体化，条例清晰，环环相扣，结构紧凑。二是本书的项目二。项目二是本书的重点、难点也是本书最突出的特色。它结合五种不同类型的商务谈判，并将项目一的谈判工作过程应用到每一种类型的谈判中，在理论和实践两个方面都实现了从一般到具体的合一。三是写作手法新颖。一个虚拟的人物贯穿本书案例的始终，使得各章节连接更加紧密、更加完整。项目二中的五个任务中，每一个都用一个大案例贯穿前后，包括任务派发，连贯、完整、清晰。

　　本书的编写任务由哈尔滨商业大学、佛山市顺德区李伟强职业技术学校、长春市公共关系学校和黑龙江农业工程职业学院四所学校的专业教师完成。本书由尚慧丽提出编写大纲，周游、金明华、袁慎祥、易加斌、徐惠坚、张颖南、何珊、齐冰、王国强、李晓宇等参加了大纲讨论。尚慧丽、刘兴革、何珊、齐冰、王国强、李晓宇参与了编写，全书由尚慧丽主编统稿。具体的编写任务如下：尚慧丽负责项目一中的任务一、任务二里的（三）和（四），以及项目二中的任务一和任务五的编写；刘兴革负责项目一任务二里的（一）和（二）内容的编写，李晓宇负责项目一中的任务三的编写；何珊负责项目一中的任务四和项目二中的任务二的编写；王国强负责项目一中的任务五和项目二中的任务四的编写；齐冰负责项目一中的任务一里面关于商务礼仪部分的内容和项目二中的任务三的编写。

在编写过程中，深圳职业技术学院夏维朝教授、顺德李伟强职业技术学校尧勇校长等提供了实践指导，在此一并表示衷心感谢。

由于编者水平有限，书中可能尚有不足之处，敬请读者和同仁批评指正。

尚慧丽

2017 年 11 月

目　录

项目一　商务谈判过程

项目二　商务谈判内容

项目一

商务谈判过程

□项目目标

总目标

掌握商务谈判的整个工作流程及每个阶段的工作任务。

能力目标

1. 具备初步的谈判能力及搜集分析信息、制订谈判计划、进行谈判物质准备的能力。

2. 会进行开场陈述。

3. 具备初步的讨价还价和应对商务谈判僵局的能力。

4. 能根据具体情况判定商务谈判的结束。

5. 具备撰写、审查谈判合同，以及策划、组织签约仪式的能力，培养与客户建立长期友好联系的意识。

知识目标

1. 掌握商务谈判准备阶段的主要工作及内容。

2. 掌握商务谈判开局阶段的主要工作及内容。

3. 掌握商务谈判磋商阶段主要工作及内容。

4. 掌握商务谈判结束阶段的主要工作及内容。

5. 掌握商务谈判签约及执行阶段的主要工作及内容。

□项目任务分解

任务一　商务谈判准备

任务二　商务谈判开局

任务三　商务谈判磋商

任务四　商务谈判结束

任务五　商务谈判签约及执行

□项目导入

"007号。"

"到。"

小林自信地向前迈了一步，大声回答道。能入职世界知名的跨国企业 W 公司，小林非常高兴，也非常珍惜这次工作机会。从现在开始，他就要参加公司为新员工组织的"我是赢家"的商务谈判培训了。他对自己的编号非常满意，希望自己能像《007》中的邦德一样战无不胜，但他心里有点忐忑，不知道接下来该如何开展工作。

现在就跟随小林开启谈判之旅，去探究商务谈判每个阶段的奥秘，追寻谈判智慧和知识珍宝！

任务一 商务谈判准备

一、任务描述

小林等被领进了公司的谈判室，他们首先要学习和掌握的是进行商务谈判的准备工作，即如何选拔谈判人员、组建谈判队伍，如何准备谈判室、搜集谈判信息及如何拟订谈判计划。

二、知识学习

谈判是一门融多学科于一体的边缘学科，也是一门复杂的需要综合运用多种技能与技巧的艺术。作为谈判的一种重要形式，商务谈判在现代市场经济中无处不在、无时不有。一般认为，商务谈判就是指经济活动的主体（政府、企业、个人）为了各自的经济利益，就双方的商业事务而进行的磋商行为和过程。

商务谈判目的就是追求经济利益，双方进行谈判的目的就是寻求满足自身的某种经济利益需求，而做出的让步也通常是某一方面的经济利益让步。无论是对于产品买卖谈判、技术转让谈判、服务交易谈判、招商谈判，还是对国际商务谈判来讲，中心问题都是经济利益问题。因此，在进行商务谈判之前进行充分的准备就显得尤为必要和重要。那么如何进行商务谈判的准备呢？最佳的角度就是从商务谈判的构成要素入手，因为商务谈判的要素是构成商务谈判活动的必要因素，即当事人、谈判背景和谈判议题。

$$
商务谈判准备
\begin{cases}
商务谈判的人员准备 \\
商务谈判的背景分析 \\
商务谈判的计划拟订
\end{cases}
$$

（一）商务谈判的人员准备

人员准备就是商务谈判构成要素之一的当事人准备，是整个谈判准备中必不可少的一个环节。商务谈判当事人是指参与商务谈判活动的谈判者，可以仅有一个人，也可以由若干人组成一个谈判代表队。商务谈判是谈判主体之间的行为互动过程，作为谈判主体，谈判人员的素质、能力及谈判队伍的构成对谈判的成败有着直接的影响。因为谈判人员的自身素质问题可能会导致谈判失利，最终造成经济受损，所以高素质的商务谈判人员是一场有效谈判的根本保证。

商务谈判人员的准备包括谈判成员的选择、培训和管理。

1. 选择谈判人员

怎样选择谈判人员呢？这个问题可以转化为谈判人员应该具备哪些素质。

1）谈判人员的素质要求

要胜任商务谈判工作，应具备哪些基本素质呢？人的思想品德是决定人的行为性质的因素；人的心理状态是人的聪明才智得以正常发挥的保证；人的知识、经验、才能是人解决问题的手段；人的身体健康状况是人进行各项活动的基本保障。因此，一名商务谈判人员一般应具备以下几个基本素质，即道德素质、心理素质、业务素质和身体素质。

A. 良好的道德素质

这是谈判人员必须具备的首要条件，也是谈判成功的必要条件。它表现为谈判人员必须遵纪守法，廉洁奉公，忠于国家、组织和职守；具有强烈的事业心、进取心和责任感；讲求信誉、诚信为本。

B. 健全的心理素质

商务谈判就是谈判双方心理活动的博弈，从来就没有一帆风顺的谈判。在谈判过程中会遇到各种阻力和对抗，特别是讨价还价阶段，也会发生许多突变，谈判人员只有具备良好的心理素质才能承受住各种压力和挑战，取得最后的胜利。

（1）足够的耐心。商务谈判不仅是一种智力、技能和实力的比试，更是一场耐心、毅力的较量。有一些重大、艰难的谈判，往往不是一轮、两轮就能完成的。因此，对于谈判者而言，如果缺乏足够的耐心，是很难在谈判中成功的。耐心不仅是谈判者应具备的心理素质，也是进行谈判的一种方法和技巧。耐心可以使谈判者认真地倾听对方讲话，冷静、客观地谈判，分析谈判形势，恰当地运用谈判策略与方法；耐心可以使谈判者避免意气用事，融洽谈判气氛，缓和谈判僵局；耐心可以使谈判者正确区分人与事，学会对人软、对事硬的态度；耐心也是对付脾气急躁、性格鲁莽、咄咄逼人谈判对手的有效方法，可增强自控能力，更有效地控制谈判局面，进而掌握谈判的主动权。历史上著名的"戴维营和平协议"就是一个典型例子。

（2）合作的诚心。谈判是两方以上的合作，而合作能否顺利进行，能否取得成功，还取决于双方合作的诚心。诚心，是一种负责的精神，是合作的意向，是诚恳的态度，是谈判双方合作的基础，也是影响打动对手心理的策略武器。谈判需要诚心，诚心应贯穿谈判的始终，受诚心支配的谈判心理是保证实现谈判目标的必要条件。要做到有诚心，在具体的活动中，对于对方提出的问题，要及时答复；对方的做法有问题，要适时恰当地提出；自己的做法欠妥，要勇于承认和纠正；不轻易许诺，承诺后要认真践诺。

（3）必胜的信心。信心是谈判者从事谈判活动的必备心理要素。信心是人的精神支柱，它是人们信仰的具体体现，决定了人的行为活动方式。在商务谈判中，信心就是谈判者相信自己企业的实力和优势，相信集体的智慧和力量，相信谈判双方的合作意愿，具有说服对方的信心。有了充足的信心，谈判者才能在遇到困难的时候百折不挠，不畏惧、退缩，勇往直前。当然，自信不是盲目的自以为是。

（4）果断的决心。果断是一个优秀谈判者应具备的良好心理素质。在商务谈判中，具有果断决心的谈判者能够有效地调动各种内在和外在的力量，共同为谈判的成功服务，因此，外国的许多谈判专家把谈判中具备果断素质的人称为"具有价值十亿美元头脑的人"。另外，商务谈判是个较量的过程，双方都将面对来自内外各方面的压力，所以谈判者要有果断的决心承受这些压力，尤其是面对拖延、时间紧张、失败的时候更是如此。

（5）强烈的自尊心。强烈的自尊心是谈判者正确对待自己和谈判对手的良好心理，尤其是在涉外商务谈判中。谈判者首先要有自尊心，维护民族尊严和人格尊严，面对强大的对手不能奴颜婢膝，更不能出卖尊严换取交易的成功，同时谈判者还要尊重对方的意见、观点、习惯和文化观念。在商务谈判中，只有互相尊重、平等相待，才可能保证合作成功。

C. 全备的业务素质

业务素质是指商务谈判者进行相关谈判活动所必备的知识和谈判能力。

（1）合理的学识结构。谈判是人与人之间利益关系的协调磋商过程。在这个过程中，合理的学识结构是讨价还价、赢得谈判的重要条件。这就要求谈判人员既要有广博的横向知识，又要有较深的纵向专业知识。因此，谈判人员的知识结构应该呈 T 形，既要有宽度又要有深度。具体来讲，谈判人员除了要掌握本行业及所经营产品的方方面面的知识，还要拥有全面的相关学科的基础知识，要把自然科学和社会科学统一起来，自如地应用法律和人文知识。广博的知识往往会产生意想不到的效果。

【案例 1-1-1】

> 法国盛产葡萄酒，外国的葡萄酒要想打入法国市场是很困难的，然而留法研究生李华经过几年的努力，终于使中国的葡萄酒奇迹般地打入了法国市场。可是，中国葡萄酒在香港转口时却遇到了麻烦。港方说，按照土酒征 80%关税、洋酒征 300%关税的规定，内地的葡萄酒应按洋酒征税。面对这一问题，李华在与港方的谈判中吟出了一句唐诗："葡萄美酒夜光杯，欲饮琵琶马上催。"并解释说："这说明中国唐朝就有葡萄酒了，唐朝距今已有近 1400 多年了，而英国和法国生产葡萄酒的历史，要比中国晚几个世纪，怎么能说中国葡萄酒是洋酒呢？"一席话驳得港方有关人员哑口无言，只好将中国葡萄酒按土酒征税。
>
> 资料来源：吴湘频. 商务谈判. 北京：北京大学出版社，2014：38-39

（2）谈判能力素养。具体包括以下内容。

一是敏锐的洞察力。洞察能力是谈判者在谈判过程中察言观色、审时度势，以便正确把握和了解双方的谈判态势，从而采取相应措施的能力。在谈判之前，谈判人员并不十分了解对手，很多信息只有在谈判桌上才会发现，这就需要谈判人员具有敏锐的洞察力。具备良好的观察能力才能敏感地观察谈判形势的细微变化，捕捉到大量有价值的谈判信息；才能迅速掌握谈判对手的真实意图，根据掌握的信息和对方在现场的言谈举止加以综合分析，做出合理判断；才能依据交易双方的经济实力在谈判桌上灵活应变；才能根据谈判的内外环境和主客观条件正确判断谈判的发展趋势。因此，对于一个杰出的谈判专家来讲，他们绝不会放弃对方语言、行动及表情上的蛛丝马迹。

二是迅速的应变能力。应变能力是指面对意外事件等压力，能迅速地做出反应，并寻求合适的方法，使事件得以妥善解决的能力。谈判中会发生各种突发事件和变化，谈判人员面对突变的形势，要有冷静的头脑、正确的分析、迅速的决断，善于将原则性与灵活性有机结合，机敏地处理好各种矛盾，变被动为主动，变不利为有利。

三是社交能力。谈判实质上是人与人之间思想观念、意愿情感的交流过程，任何一种谈判都至少需要双方，因此谈判是重要的社交活动。谈判人员应该善于与不同的人打交道，也要善于应对各种社交场合，通晓和遵守各种社交场合的礼仪规范，这既是一种对自己和他人的尊重，也是一种知识和教养的体现，这就要求谈判者塑造良好的个人形象，掌握各种社交技巧，熟悉各种社交礼仪知识。

四是决策能力。决策能力是谈判活动中比较重要的一种能力。谈判者必须十分熟悉谈判项目的有关情况，能依据谈判形势的变化，抓住时机，果断地做出正确决策。决策能力不单是人的某一方能力的表现，从某种程度上说，它是人的各项能力的综合体现。它是建立在人们观察、注意、分析的基础上，运用判断思考、逻辑推理而做出决断的能力。因此，培养和锻炼谈判者的决策能力，就必须注意各种能力的平衡发展。注意力、观察力强的人，不一定思维能力、判断能力也好；记忆力好的人，不一定创造力、适应力也好。但是，要想提高决策能力，做出正确、果断的决定，就需要运用各方面的能力。所以，谈判者应有意识、有目的地培养和锻炼自己某一方面较差的能力，使各种能力的发展趋于平衡。

五是语言表达能力。语言是传达信息、交流思想的交际工具。在谈判中必须依靠语言表达意思，因此语言能力的强弱是决定谈判结果成败的基本要素。语言表达能力，是指谈判中驾驭语言的能力。在涉外谈判中，谈判人员还需要具备一定的外语水平，此外，文字表达准确、严谨，口头表达清楚、流利，语言精练，逻辑性强，讲究分寸，说服力强，这些都属于谈判者的语言表达能力。谈判者准确地使用语言，不仅可以正确地表述自己的意思，而且可以使对方正确地理解自己的意思。不仅如此，谈判者还要注意语言的艺术化，注意谈判语言的运用技巧，使谈判语言生动、鲜明、形象、具体，富有感染力。

六是创造性思维能力。商务谈判思维不是指常规的、习惯性的思维方式，而是指非常规的、创新性的思维方式。古语"兵无常势，水无常形"是比喻事物的发展没有可遵循的定式，商务谈判就是这样一种活动或行为。所以在商务谈判活动中，如果仅仅按照常规的思维定式去思考问题，往往不能达到预期的目的，甚至有可能会导致谈判的破裂或失败，因此，商务谈判人员需要掌握一些非常规的、创新性的思维方式，如散射思维、超常思维、动态思维、跳跃思维和逆向思维等，以便能在错综复杂的谈判中打破常规思维定式，寻找最佳的谈判角度，采取出人意料的方法，从而争取最佳的谈判结果，达到预期的谈判目的。

【案例 1-1-2】

> 一天，一个犹太人走进一家银行，来到贷款部，很自然地坐了下来。"请问先生，我能为你做些什么？"贷款部经理边问边打量着来人。只见他身穿名贵西服，脚穿高级皮鞋，手戴昂贵的手表。"我想在这儿借些钱，不知怎样？"来人问道。"可以，你需要借多少钱，要借多久？""1 美元，借一年。""只要 1 美元？""对，只借 1 美元。可以吗？""当然，只要你有担保，多点也可以。""好吧，这些担保可以吗？"犹太人说着，从豪华的皮包里取出一叠股票、债券等，放在经理的办公桌上。"这些总共是 50 万美元，应该够了吧？""当然！不过，你当真只借 1 美元吗？""是。"说着，犹太人接过了经理递来的钱。"年利息为 6%。一年后，只要您付出 6%的利息，我们就可以把抵押物还给你。""谢谢。"犹太人正准备离开银行。此时，一直在旁边观看的分行长，追上去对犹太人说："这位先生……""你还有什么事情吗？""我实在不明白，你拥有 50 万美元，为何只借 1 美元？你完全可以借更多一些，我们都会很乐意的……""只是我来贵行之前，问过了几家金库，它们保险箱的租金都很昂贵。所以，我就打算在贵行寄存这些债券，这样租金就很便宜了，一年只需花 6 美分。"
>
> 资料来源：李昆益，姬忠莉. 商务谈判实务. 北京：中国人民大学出版社，2014:45

D. 健康的身体素质

谈判的复杂性和艰巨性要求谈判者要有良好的身体素质，精力充沛、体魄健康才能适应谈判中紧张、高负荷的要求。特别是赴国外淡判，还要遭受旅途颠簸、生活不适之苦；若接待客商来访，则要尽地主之谊，承受迎送接待、安排活动之累。所有这些都要求谈判人员必须具备良好的身体素质，同时良好的身体素质也是谈判人员保持顽强意志力与敏捷思维的物质基础。

2）商务谈判团队组建

商务谈判所涉及的领域较多，非常适合的谈判人员也不容易寻找，所以在多数情况下谈判是以团队的形式进行的，因此组建一个优秀的商务谈判团队，是保证谈判成功的重要前提。

（1）谈判队伍的规模。一个成功的谈判队伍，到底需要多少人比较合适，即谈判班子的规模多大才最为合宜，没有统一的要求和标准。英国的谈判专家比尔·斯科特认为谈判队伍以四人为最佳。他在《贸易洽谈技巧》中指出："从有利于控制谈判小组这一方面考虑，四人确是最佳人数，其中首席代表一人，主谈三人。" 当然，这并不是说谈判队伍成员一定是四个人，确定队伍的规模关键是看需要，如果是大型谈判或者特殊谈判，四个人会显得势单力薄，甚至会被对方认为不重视谈判。

一般来说，在具体确定谈判队伍的规模时，需要考虑两个主要的因素：第一是谈判的具体内容、性质和规模；第二是谈判人员的知识、经验和能力。斯科特认为，如果没有特别的原因，应力求控制谈判规模，以利于谈判者恰当地利用谈判技巧对谈判队伍进行有力协调与控制，即便是大规模的谈判，人员也最好不要超过 12 人。实践表明，直接上桌谈判的人不宜过多，与对方相当为宜。

（2）谈判队伍的构成。谈判人员的配备直接关系着谈判的成功与否，是谈判谋略中技术性很强的学问。谈判人员应发挥各自的优势，相互配合，以整体的力量征服谈判对手。在一般的商务谈判中，所需要的知识大体上可以概括为几个方面：第一，有关技术方面的知识；第二，有关价格、交货、支付条件等商务方面的知识；第三，有关合同、法律方面的知识；第四，语言和翻译方面的知识。根据以上的要求，谈判队伍应配备以下相应人员。

一是技术精湛的专业人员。由熟悉生产技术、产品性能、产品标准和科技发展动态的工程师担任。

二是业务熟练的商务人员。由熟悉贸易惯例、了解交易行情、熟悉财务情况、了解价格形势、有价格谈判经验的贸易专家担任。

三是精通经济法的法律人员。一般为律师或掌握经济、法律专业知识的人员，通常由特聘律师、企业法律顾问或熟悉有关法律规定的人员担任。

四是熟悉业务的翻译人员。涉外商务谈判还需要翻译人员。由精通外语、熟悉业务、善于与人配合的专职或兼职翻译担任。

此外，谈判班子还应配备一名有身份、有地位的负责人组织协调整个谈判队伍的工作——首席代表，由具有丰富谈判经验、较强管理能力、决策能力、应变能力和较高威信的人员担任，可由企业专门委派，也可以从谈判队伍中选择合适者兼任。另外还应配备一名记录人员。记录人员应由具有熟练的文字汇录能力、较好的总结归纳能力和超强的记忆力的人员担任，也可以由谈判队伍中的某人兼任。详见图 1-1-1。

图 1-1-1　谈判人员构成

（3）谈判队伍成员的职责。每个谈判成员都有自己明确的职责，具体如下。

首席代表的职责：监督谈判程序；掌握谈判过程；听从专业人员的建议、说明；协调谈判队伍成员间的意见；决定谈判过程中的重要事项；代表单位签约；汇报谈判工作。

专业人员的职责：阐明己方参加谈判的愿望、条件；弄清对方的意图、条件；找出双方的分歧或差距；同对方进行专业细节方面的磋商；修改、草拟谈判文书中的有关条款；向首席代表提出解决专业问题的建议；为最后决策提供专业方面的论证。

商务人员的职责：掌握该项谈判总的财务状况；了解谈判对手在项目利益方面的预期期望指标；分析、计算修改中的谈判方案所带来的收益变动；为首席代表提供财务方面的意见、建议；在正式签约前提供合同或协议的财务分析表。

法律人员的职责：确认谈判对方经济组织的法人地位；监督谈判在法律许可范围内

进行；检查法律文件的准确性和完整性；负责谈判中合同条款的法律解释；审查合同条款，对合同的合法性、完整性、公正性负责。

翻译人员的职责：准确地传递谈判双方的沟通信息；提醒己方谈判人员不妥的谈话内容；恰当地缓解谈判气氛。

记录人员的职责：准确、完整、及时地记录谈判内容。记录人员需要具有熟练的文字记录能力和相关的专业基础知识。

以上所提到的谈判成员都是直接参与谈判的人员，通常被称为台上的谈判当事人。其实，为一场大型谈判服务的还涉及很多台下人员，他们为整个谈判进行各种辅助服务或参考咨询。例如，后勤人员，负责布置谈判场所、接待、联络、供餐、送客等服务。

（4）谈判队伍成员的配合。谈判队伍既然是由两个以上人员构成的，如若要发挥集体的合力，产生 1+1>2 的效果，那就需要谈判队伍成员之间有明确的分工，并要加强他们之间的协调配合。

一是主谈人与辅谈人的配合。主谈人，是指谈判的某一阶段或针对某一或几个方面的议题，主要发言，阐述己方的立场和观点的人。这时，其他人处于辅助的位置，称为辅谈人。确定主谈人与辅谈人，以及他们之间的配合是很重要的。主谈人一旦确定，那么，本方的意见、观点都由他来表达，避免相互矛盾。在主谈人发言时，自始至终都应得到本方其他成员的支持。例如，口头上附和"正确""没错""正是这样"等。有时在姿态上也可以做出赞同的姿势，如眼睛看着本方主谈人不住地点头等，辅谈人的这种附和对主谈人的发言是一个有力的支持，会大大加强他说话的力量和可信程度。例如，己方主谈人在讲话时，辅谈人东张西望、心不在焉，或者坐立不安、交头接耳，就会削弱己方主谈人在对方心目中的分量，影响对方的理解。

二是幕前与幕后的配合。在比较重要的谈判中，为了确保谈判成功，可组织幕后配合的谈判队伍。幕后成员不直接参加谈判，而是为幕前谈判人员出谋划策或准备各种必需的资料和证据。幕后人员有时是负责该项谈判业务的主管领导，指导和监督台上人员按既定目标和准则行事，以维护己方利益；有时是具有专业水平的各种参谋。但是人员不宜过多，不能干扰幕前人员的工作。

2. 培训谈判人员

找到理想的谈判人员绝非易事，因此需要加强对现有的和具有谈判潜力的人员的培养和培训，以期不断提升他们的谈判水平和能力，包括个人魅力、勇气、机智、口才、交际能力、审慎性、文化素质、记忆力、耐心、思辨能力等，这需要长期的训练和经验的积累。根据"礼、诚、信"的谈判职业道德要求，主要介绍商务谈判理念、商务谈判礼仪、语言表达技巧和商务沟通技巧四个方面。

1）树立正确的商务谈判理念

理念的重要性在于它是对人们行为的指导。谈判人员的谈判理念影响着谈判人员的态度、信念及对谈判的各种反应性行为，可见正确的谈判理念对于取得谈判的成功是至关重要的。从历史与逻辑相结合的角度看，商务谈判的理念基本可以归结为两种典型模式——单赢理念和双赢理念。早期的商务谈判人员往往有意无意地秉承单赢的谈判理念，但是随着商务谈判及其理论的深入，现代商务谈判认为双赢是商务谈判的正确理念。

　　双赢的谈判理念是指谈判者试图以较为理想的交易条件达成交易合同，从而形成双赢结果作为商务谈判的基本指导思想。在这种思想的指导下，谈判者虽然要采取一系列有效的策略手段，力求己方能分割较多的谈判利益，但并不竭力将谈判对手的交易条件打压到最低，而是达成双方均能分割谈判利益的双赢结果。因为历史的渊源和影响，长期以来，在中国人的心目中，或多或少往往把谈判与剑拔弩张、势不两立、不是你死就是我亡等联系和等同起来，这种错误的谈判观念迫切需要予以转变。

【案例 1-1-3】

　　1964 年，有一位美国人和他的 12 岁的儿子在伦敦海德公园玩飞盘。当时，在英国很少有人看过飞盘游戏，因此，他们父子俩的游戏吸引了一大群人在旁边围观。最后，有位英国绅士走过来问那位父亲："对不起，打扰您一下，我在这里已经看着你们玩了半个小时，你们到底谁赢了？"英国人提出这个问题，显得他有点傻乎乎，因为如果飞盘玩得好，父子就都是赢家。谈判也是如此。在今天看来，大多数情况下问一位谈判者"谁赢了"，就像问一对夫妇"你们谁赢了这场婚姻"一样的滑稽。

　　资料来源：吴湘频. 商务谈判. 北京：北京大学出版社，2014：9

　　一切谈判的结局应该使谈判双方都有赢的感觉。坚持双赢的谈判理念，要遵循以下谈判原则。

　　（1）合作原则。商务谈判是企业进行经营活动和参与市场竞争的重要手段。但参与谈判的各方都是合作者，而非竞争者，更不是敌人。谈判是为了改变现状或协商行动，这就要求参与各方的合作或配合，如果没有各方的提议、谅解与让步，就不会改变原有的现状，达成新的意向。只有在这样的指导思想下，谈判者才能从客观、冷静的态度出发，寻找双方合作的共同途径，消除达成协议的各种障碍。谈判双方不要贪求在谈判桌上的彻底胜利。例如，美国纽约印刷协会领导人伯特伦，以"经济谈判毫不让步"闻名，其要求增加工资、不采用排版自动化等先进技术，结果导致报业企业纷纷倒闭，工人大批失业。

　　（2）互利互惠原则。虽然在谈判中每一方都有各自的利益，但双方利益的焦点并不是完全对立的，在利益的选择上也有多种途径，互利互惠是完全可以实现的。一个很有趣的例子说明了这一道理：两个人争一个橘子，最后协商的结果是把橘子一分为二，第一个人吃掉了分给他的一半，扔掉了皮；第二个人则扔掉了橘子，留下皮做药。如果采用将皮和果实分为两部分的方法，则可以最大限度地实现两个人的利益。

　　一个优秀的谈判者，会千方百计地寻找既使自己满意，又使对方满意的解决方案。如果顾客在购买产品时感到受骗，也就意味着店主的失败，他会失去顾客，同时也失去名誉。一个使对方一无所获的协议还不如不达成协议，因为对方会觉得我方不是值得信任与合作的人，这种看法还会影响其他人。因此，我们应建立一种新的评价谈判结果的标准，即我方的成功取决于对方对协议的满意程度，也就是确定互利方案。"在分歧中求生存！"不考虑对方的利益，对方也不会考虑你的利益，结果你的利益也无法实现。

【案例 1-1-4】

> 电影制片人休斯与女演员拉塞尔签订了一个一次性付给她 100 万元的合同。12 个月后，拉塞尔合理合法地说："我想得到我合同上规定的钱。"休斯声明，他现在没有现金，但是有许多不动产。女明星不听他的辩解，坚持只要她的钱。结果，原先亲密的合作关系成了互相敌对的关系，对方都通过律师进行交涉，一时间谣言纷纷。后来，两个人都意识到这样争斗下去没有益处。拉塞尔对休斯说："你我是不同的人，有不同的奋斗目标，如果我们这样争斗下去，恐怕获胜的只是律师。让我们看看，能不能在相互信任的气氛下分享信息和需要呢？"于是，他们以合作者的角色进行了协商，使纠纷得到了创造性的解决。合同改为休斯每年付拉塞尔 5 万美元，20 年付清，结果休斯解决了资金周转的困难，并获得了本金的利息，而拉塞尔的所得税逐年分散缴纳，并有了 20 年的可靠收入，她也不用担心自己的财务收入问题了。
>
> 资料来源：李品媛. 商务谈判. 北京：高等教育出版社，2010：50

（3）立场服从利益原则。有两个人在图书馆发生了争执，一个人要开窗，另一个人要关窗户。他们斤斤计较于开多大，一条缝、四分之一还是一半。没有一个办法使他们都满意。这时，工作人员走了进来。她问其中的一个人为什么要开窗户，"吸一些新鲜空气"。她问另一个人为什么要关窗户，"不让纸被吹乱了"。她考虑了一分钟，把旁边屋子的窗户打开，让空气流通又不吹乱纸。

无论是商务谈判，还是个人纠纷的解决，或是国家间的外交谈判，人们习惯站在各自立场上讨价还价，双方各持一种立场来磋商问题，上面便是简单而典型的一例。

站在各自立场上磋商问题的结果是很难通过让步达成妥协，结果是谈判破裂，人们不欢而散。所以，人们自觉或不自觉地以利益服从立场为原则进行谈判，其后果往往是消极的。

（4）对事不对人原则。对事不对人原则，就是在谈判中区分人与问题，把对谈判对手的态度和讨论问题的态度区分开来，就事论事，不要因人误事。如果把谈判中双方的争执都看成是双方人员的问题，就极容易互相指责、抱怨，甚至尖酸刻薄，充满敌意，最终导致谈判破裂。

为了实现对事不对人的原则，谈判者应尝试从对方的立场出发考虑提议的可能性；尽量多阐述客观情况，避免主观情绪；双方多积极参与提议与协商；顾及对方的面子和自尊，不伤害对方的感情。

（5）坚持使用客观标准原则。没有分歧就没有谈判。谈判双方利益的冲突和分歧是客观存在、无法避免的。你希望房租低一点，而房东却希望高一点；你希望货物明天到，而供应者却希望下周送到；你希望得到对自己有利的结果，而你的对手也持同样的观点。所以我们虽然一直强调从双方的利益出发来考虑分配方案，以求得令双方都满意的解决方法，然而无论双方如何从对方的角度考虑问题，理解对方的需求，争取提出有创造性的方案，都无法抹杀双方利益冲突和对抗的一面。所以，采用客观标准来解决纠纷和矛盾是非常可取的。

客观标准是指社会公认的，不以谈判者好恶为转移的标准，如法律规定、公认惯例、谈判的先例、科学的数据、统一的计算方法、职业标准、道德标准、科学标准等，都属于客观标准范围。

【案例 1-1-5】

> 　张三要建一所住房，便与某工程队签订了承建合同。合同中对价格和材料都规定得很明确，但是却没有明确规定地基的深度。动工后边出现了分歧，工程队认为地基有 1 米深就足够了，而张三则认为住房的地基一般需要 2 米左右。工程队负责人说："我们记得，采用较浅的地基是你自己同意的。"张三说："可能我当时说过类似的话，1 米深的地基也许就够了。但我要求地基一定稳固，否则，时间长了整个房子就有可能变形。"工程队负责人说："我们保证 1 米深没有问题，我们在其他地方建房大多数的地基都是 1 米深，有的还不到 1 米深。"张三说："地基的深度取决于地基的坚固程度，不同地区的地层结构是不一样的。本地的城市建设规划部门在这方面有明确的规定标准，本地其他房子的地基都是 2 米深。你们认为我们应该以什么作为标准来解决问题呢？"工程队负责人心情愉快地同意了张三的意见。
>
> 　资料来源：李昆益，姬忠莉. 商务谈判实务. 北京：中国人民大学出版社，2014：8

上面的案例说明在事先没有明确地基深度的情况下，如果张三不是坚持客观标准，而是与对方讨价还价、折中解决问题，那可能就不会取得理想的结果。

（6）遵守法律原则。在谈判及合同签订的过程中，要遵守国家的法律、法规和政策。与法律、政策有抵触的商务谈判，即使出于谈判双方自愿并且协议一致，也是无效的，是不允许的，就更谈不上双赢了。

在谈判中不允许倚仗权势或优越地位强迫对方服从自己的无理要求。坚决反对以大欺小，弃绝不平等条约和霸王合同。不允许坑蒙拐骗，虚夸宣传，虚构交易，坚持正大光明、诚信守法。

2）学习商务谈判礼仪

礼仪是在人际交往中，以一定的约定俗成的程序和方式来表现的律己敬人的过程，涉及穿着、交往、沟通、情商等方面的内容。礼仪是我们在生活中不可缺少的一种能力，从个人修养的角度来看，礼仪可以说是一个人内在修养和素质的外在表现；从交际的角度来说，礼仪可以说是人际交往中适用的一种艺术、一种方式或方法，是示人以尊重、友好的习惯做法。

礼仪就像个人职业生涯乐章上跳跃的音符，和着主旋律会给人带来惊奇和美好的感觉，脱离主旋律的奇异会打破和谐，给自己的职业发展带来负面影响。

礼仪是一门较强的行为科学，现代社会对礼仪的要求越来越广泛，礼仪的规范化也越来越受到人们的重视，各行各业的从业人员对礼仪知识的需求也越来越迫切。因此，每一位员工都应该能够在任何企业商务交往的场合中体现本企业的礼仪文化，以及职场中人应具备的礼仪标准。

A. 商务谈判人员化妆礼仪

商务谈判人员的化妆应本着以下两个基本原则：一是自然原则，即自然美，要以淡雅的妆容给人留下深刻的印象；二是协调原则，即强调整体效果，全身协调、身份协调、场合协调。

【案例 1-1-6】

> 小张是一家广告公司的业务员，口头表达能力不错，对公司的业务流程很熟悉，对公司的产品及服务的介绍也很得体，给人感觉朴实又勤快，在业务人员中学历是最高的，可是他的业绩总是上不去。小张自己非常着急，却不知道问题出在哪里。小张从小有着大大咧咧的性格，不爱修边幅，头发经常是乱蓬蓬的，双手指甲长长的也不修剪，身上的白衬衣常常皱巴巴的，并且已经变色。他喜欢吃大饼卷大葱，吃完后却不知道去除异味。小张的大大咧咧能被生活中的朋友所包容，但在工作中常常过不了与客户接洽的第一关。其实小张的这种形象在与客户接触的第一时间已经给人留下不好的印象，让人觉得他是一个对工作不认真，没有责任感的人，通常很难有机会和客户作进一步的交往，更不用说成功地承接业务了。

由上面的案例可知，商务人员的形象在商务活动中有着重要的影响。仪容中需要注意以下细节：坚持洗脸，勤洗澡；注意去除（眼、鼻等）分泌物；男士定时剃须；保持手部卫生；保持口腔卫生；保持头发整洁，商务谈判场合女士原则上不梳马尾，最好盘发。

B. 商务谈判人员着装礼仪

着装是个人教养、审美品位的体现，也是企业规范、企业形象的直观写照。

一是商务谈判人员着装的 TPO 原则。

（1）时间原则（time）。商务谈判人员在着装时必须考虑时间的合宜性。例如，外出跑步做操，着装随意，而工作时间就要根据自己工作的性质和特点着装，在商务场合无论季节怎么变化，总体上以庄重、轻灵、薄厚适宜为主。

（2）地点原则（place）。特定的环境应配以与之相适应、相协调的服饰，以获得视觉与心理上的和谐感。例如，在办公室里不宜穿着随意性极强的休闲装；在运动场上不宜穿着皮鞋；在写字楼里，不宜穿着拖地晚礼服送文件，或穿着沙滩装与客户谈合同。

（3）区分场合（occasion）。在商务场合中你的着装是一个符号，代表着个人与企业，更是一种教养的体现。因此，我们在商务交往中的着装要讲究惯例。在不同的商务场合，商务人员着装也应有所不同。

二是男士穿着西装的注意事项。

（1）严格遵守三色原则：在出席正式场合的时候，身上总体不超过三个颜色（包括公文包、袜子等）。

（2）穿西装的三大禁忌：袖子上的商标没有拆；穿尼龙袜，穿白色袜子（应以与鞋子同色为最佳）；用休闲鞋搭配西装。

（3）领带颜色的选择是整套西装的亮点。

西装、领带、衬衫三者的色调应该是和谐的，而领带是三者中的点睛之笔。领带的主色调一定要与衬衫有所区别，当领带选择与外衣同色系时，颜色要比外衣更鲜明。可以选择的领带图案包括方格、圆点、条纹等几何图形。

三是女士着装的注意事项。

（1）严格遵守三色原则：正式场合身上总体不超过三个颜色（包括公文包、袜子等）。

（2）穿职业装的禁忌：新装没有拆商标；穿凉鞋穿袜子、穿短裙穿短袜；忌露、短、透。

（3）注意不能穿休闲鞋搭配职业装。

（4）发型与衣服的搭配会成为一大重点，一般不提倡扎马尾，而应盘发。

男女商务人士的着装可参见图 1-1-2。

图 1-1-2　商务人士着装

【案例 1-1-7】

张强忽然接到同学刘东明的电话，问他什么时候来参加自己的生日聚会，这时张强才想起自己答应今晚参加他的生日聚会。于是匆匆忙忙赶到聚会地点，发现来的人很多，有一些相识的同学，但也有很多不认识的人。张强一整天在外奔波，衣服穿得很随便，加之连日来事情很多，脸上也满是疲惫之色。当张强随随便便，拖着有些疲惫的步子走进聚会厅时，看到别人都衣着光鲜、神采飞扬，心里有点不快，后悔自己勉强过来参加聚会，所以脸色更是难看，没有一点儿笑容。刘东明过来招呼张强，张强勉强表达了祝福，便坐在一旁喝了几杯啤酒，也不想与人寒暄，坐了一会儿便又借故离开了。

现实生活中，在接受他人邀请后，如因故不能出席，应深致歉意，或登门致歉。作为宾客，应略早到达为好，且应在参加前做好仪容准备工作。席间，应与主人和同桌亲切交谈，告辞时间不宜过早。张强在劳累时不应该勉强出席，而后，他匆忙赶到聚会厅，且衣着随意，显示出他对宴会的不重视。在宴会中，面无笑容，且提前离开都显示出他的不礼貌。既影响自己的心情，让自己过于疲惫，又影响了他人心情，是失败的礼仪表现。

C. 商务谈判人员体态礼仪

一是商务谈判人员的站姿礼仪。商务谈判人员站资的基本规范是抬头，目视前方，挺胸直腰，肩平，双臂自然下垂，收腹，双腿并拢直立，脚尖分呈 V 字形，身体重心放到两脚中间，也可两脚分开，比肩略窄，双手合起，放在腹前或背后。 男士应两脚分开，比肩略窄，双手自然下垂或合起放在背后；女士应双脚并拢，脚尖分呈 V 字形，双手合起放于腹前，详见图 1-1-3。

图 1-1-3 商务人士站姿

同时，要格外注意几种常见的不良站姿：头不正，出现习惯性前伸、侧歪，显得身体松散下坠，没有精神；驼背，胸部不能自然挺起，造成身体不够舒展；肩不平，一高一低，身体左右倾斜；肩部紧张，耸肩缩脖；重心向后，挺腹；双手叉腰或抱胸，或身体倚靠其他物体。

二是商务谈判人员的坐姿礼仪。坐姿作为体态语言的一种，可以向对方传递信息，在商务谈判活动中，就座亦能体现出落座者的修养。坐姿的基本要求是端庄、文雅、得体、大方。坐姿的有两个基本的规范。

（1）轻轻入座，以满椅子的 2/3 为准，后背轻靠椅背，女性双膝自然并拢（男士可略分开）；对座谈话时，身体稍向前，表示谦虚和尊重。

（2）若女性着裙装，裙摆应收拢，不允许裙摆随意摇晃，也不允许当面大动作整理服饰。详见图 1-1-4。

图 1-1-4　商务人士坐姿

三是商务谈判人员的握手礼仪。握手礼仪在商务谈判活动中应用较为广泛，对于谈判人员之间交流情感发挥了重要的作用，详见图 1-1-5。商务谈判人员握手的基本规范如下。

图 1-1-5　商务人士握手姿势

（1）顺序：上级在先、主人在先、长者在先、女士在先。

（2）时间：3～5 秒为宜。

（3）握手力度：适度，不宜过大，也不宜毫无力度。

（4）方式：走近对方，伸出右手，掌心向里，握对方手掌。同时面带微笑，目视对方，手上下晃动 2～3 下。

（5）握手时只能握右手，不能伸出左手与人相握；男士与女士握手时，应浅握，只握手指部位。

（6）不可戴手套与人握手，戴手套与人握手是失礼行为。

四是商务谈判人员的鞠躬礼仪。鞠躬是向对方表示感谢与尊重，给对方留下诚恳、真实印象的重要礼仪，见图 1-1-6。在行鞠躬礼时，需要注意以下几个方面：对方行鞠躬礼，我方还以鞠躬礼；男士双手放在双腿两侧，女士双手重叠放于腹前；鞠躬与握手应并行使用。

图 1-1-6　鞠躬礼

【案例 1-1-8】

小郑刚参加工作不久，恰逢公司举办一次大型的产品发布会，邀请国内很多知名企业人士参加。小郑被安排在接待工作岗位上。接待当天，小郑早早来到机场，当等到来参加发布会的人时，他便开口说："您好！是来参加发布会的吗？请您告知您的单位及姓名，以便我们安排好就餐与住宿问题。" 小郑有条不紊地做好了记录。后来在会场，小郑帮客人引路，一直小心翼翼，虽然自己一向走路很快，但是他放慢步伐，很注意与客人的距离不能太远，一路带着客人，上下电梯时，小郑也是走在前面，做好带路工作。原本心想接待工作是很简单的事情，却还是几次被上司批评。

资料来源：黄灿灿. 物流客户开发与管理. 2 版. 北京：中国财富出版社，2015：57

在迎接礼仪中，小郑与客人职位和身份并不相当，他应主动向客人礼貌解释。而小郑没有做出任何解释，容易引起客人误会。接到客人后要主动打招呼，握手表示欢迎，同时说些寒暄辞令、礼貌用语等，而小郑没有事先了解清楚要接待客人的相关信息，张口就问，十分不礼貌。在引导客人时，应主动配合客人步伐，保持一定距离。在出电梯时，应改为客人先走出电梯，自己在后面，以保证客人安全，而小郑出电梯时，自己走在前面，这是不恰当的，导致小郑既破坏了客人的心情，也被上级批评了。

D. 商务谈判人员接待礼仪

一是商务谈判活动中的介绍礼仪。主要包括以下内容。

（1）自我介绍。自我介绍的要点包括三个方面：一是简明扼要，时间要短；二是内容要全面；三是掌握介绍时机。

（2）介绍他人。介绍他人的要点有：一要注意称呼，着重体现行政称谓；二要尊重双方的介绍意愿。

（3）介绍他人的礼仪顺序。主要遵循：先介绍职务低的，后介绍职务高的；先介绍男士，后介绍女士；先介绍晚辈，后介绍长辈；先介绍个人，后介绍集体。

二是递名片的基本礼仪。名片是商务谈判人员代表企业交往的工具之一，所以也是树立企业形象的一个重要环节。接递名片礼仪详见图 1-1-7。

图 1-1-7　接递名片礼仪

（1）主动向对方递送名片，递送时身体稍欠，使用双手，从正面向对方递出。

（2）递送顺序：由尊而卑，无法分尊卑时可由近而远；圆桌递送要顺时针。

（3）取对方名片时同样要欠身，双手接过名片后认真看一遍，诵读对方姓名、职务、妥善保管。

（4）多人递送名片时，应将对方名片排列在桌上，再次对照确认，谈话结束后放入口袋或公文包保管。

（5）客方率先递出名片，应表示谢意，再递送自己的名片。

【案例 1-1-9】

> 　　某公司计划重新装修员工办公室。一天，公司经理正在办公，家具公司赵经理上门推销座椅。一进门便说："哇！好气派。我很少看见这么漂亮的办公室。如果我也有一间这样的办公室，我这一生的心愿就满足了。"赵经理就这样开始了他的谈话。然后他又摸了摸办公椅扶手说："这不是香山红木么？难得一见的上等木料呀。""是吗？"公司经理的自豪感油然而生，接着说："我这整个办公室都是请深圳装潢厂家装修的。"于是亲自带着赵经理参观了整个办公室，介绍了计算比例、装修材料、色彩调配，兴致勃勃，溢于言表。如此，赵经理自然拿到了该公司经理签字的座椅订购合同。同时，互相都得到一种满足。
>
> 　　资料来源：黄灿灿. 物流客户开发与管理. 2 版. 北京：中国财富出版社，2015:59

　　在正式谈判中应注意语言的表达技巧，礼节性的交际语言可以很好地增进谈判双方的了解，有助于双方沟通感情，营造融洽友好气氛。赵经理对该公司经理办公室的赞美，赢得了公司经理的好感，同时使谈判气氛非常融洽。双方成功签订协议，都获得了自身的满足，是成功的社交事件。

　　三是宴请的基本礼仪。宴请是商务交往中重要的社交活动，其类型繁多，不同的宴请，都有不同的礼仪规范，下面介绍的是常见的商务宴请。

　　首先是宴请的类型。主要分为宴会、招待会和工作餐三种。具体来说，宴会是一种正式宴请，是举办者为了表达敬意、谢意，或是为了扩大影响等目的而专门举行的招待活动。招待会是只备一些食物、饮料，不备正餐、不排座次的一种较为自由的宴请形式。而工作餐是目前流行于国际社会的一种特殊的非正式的宴请形式，主要是利用进餐时间，围绕工作中的问题，边吃边谈，讨论交流。

　　其次是宴请的原则。主要有以下内容。

　　（1）费用：量力而为，不要铺张浪费。

　　（2）菜单：考虑宴请对象的口味及宴请的场合。

　　（3）环境：依宴请的高、中、低档，依客人的身份而定，也可根据客人的个性而定。

　　（4）举止：在宴会的过程中，避免夸张搞笑的言行举止，以免失礼，惹人非议。

　　最后是商务宴请的基本礼仪。主要有以下内容。

　　（1）礼貌入座：分清主次位置，按预先安排好的座位依次引客人入座。

　　（2）按时开席：客人落座后要按时开席，不能因个别客人误时而影响整个宴会的进行。

　　（3）先请后用：先让每位客人的杯里盛有酒和饮料，再开始用餐。

　　（4）陪同客人的人数不宜超过客人的人数，但如果只有一位客人，可有两位陪客。

　　（5）注意协调气氛，力求和谐友好、热烈，但不要喧宾夺主。

　　（6）不要在客人面前领取收据或付款。

　　（7）不可留下客人先行离开，等客人离席后，方可离席。

　　3）提高语言表达的技巧

　　说话总要表达某种内容、某种观点。在这个前提下，说话技巧就是关键因素，小则可能影响谈判者个人之间的人际关系，大则关系到谈判的气氛及谈判的成功。语言表达是非常灵活、非常具有创造性的，因此几乎没有特定的语言表达技巧适合所有的谈话内容。就商务谈判这一特定内容的交际活动来讲，语言表达应注意以下几点。

　　A. 准确、正确地运用语言

　　谈判就是协商合同条款，明确双方各自的责任、义务，因此轻易不要使用模棱两可或概念模糊的语言，除非在个别的时候出于某种策略需要。例如，卖方介绍产品质量时，要具体说明质量、性能所达到的标准，不要笼统地讲性能很好、质量过硬。这一问题在产品广告中可以得到明确证实。人们对广告语言使用的研究发现，使用具体、准确并有数字证明的语言比笼统、含糊、夸大的语言更能打动消费者，使人信服。

　　在谈判中，运用准确的语言，还可以避免出现误会与不必要的纠纷，掌握谈判主动权。美国谈判专家尼尔伦伯格在他的《谈判的奥秘》一书中曾举了这样一个例子：美国大财阀摩根想从洛克菲勒手中买一大块明尼苏达州的矿地，洛克菲勒派了手下一个叫约翰的人出面与摩根交涉。见面后，摩根问："你准备开什么价？"约翰答道："摩根先生，我想你说的话恐怕有点不对，我来这儿并非卖什么，是你要买什么才对。"几句话，说明了问题的实质，掌握了谈判的主动权。

谈判中用语的选择要视具体情况而定，要求能准确表达意见、意思。用语不要含糊难解，态度不要模棱两可，以避免对方做出错误理解，导致错误反应，造成谈判困难甚至破裂。出于策略需要的弹性语言必须用得心中有数，做到不含糊，不会被误解。语言尽量文雅有礼。任何出言不逊、恶语伤人的行为都会引起对方的反感，无助于谈判目标的实现。

B. 及时肯定对方

在谈判过程中，当双方的观点出现类似或基本一致的情况时，谈判者应当迅速抓住时机，用赞誉之词积极地肯定这些共同点。如有可能，还要想办法及时补充、发展双方一致的论点，引导、鼓励对方畅所欲言，将交谈推向高潮。赞同、肯定的语言在交谈中常常会产生异乎寻常的或积极或消极的作用。从积极作用方面看，当交谈中适时中肯地确认了另一方的观点，整个交谈气氛会变得活跃、和谐起来，陌生的双方从众多差异中开始产生一致感，进而能十分微妙地将心理距离拉近。在此基础上，本着求大同存小异、互惠互利的原则达成协议就比较可行了。从消极作用方面看，有时交谈一方虽然注意了对对方观点的赞同和肯定，但其态度虚伪，多用谄媚之词讨好对方，这容易引起对方的怀疑和警惕，也可能招致对方的怒火，从而使自己失去与对方对话的平等地位。因此，赞美要态度诚恳，肯定要恰如其分，既不要言过其实，又不可词不达意。

在对方赞同或肯定己方的意见和观点时，己方应以动作语言，如点头、微笑等进行反馈交流。这种有来有往的双方交流，易于使双方谈判人员感情通融，从而为达成一致协议奠定良好的基础。

C. 尊重对方，谅解对方

在交谈活动中，只有尊重对方、谅解对方，才能赢得与对方感情上的接近，从而获得对方的尊重和信任。因此，谈判人员在交谈之前，应当调查研究对方的心理状态，考虑和选择令对方容易接受的方法及态度，了解、分析对方讲话的语言习惯、文化程度、生活阅历等因素对谈判可能造成的种种影响，做到多手准备、有的放矢。千万不可信口开河、不分场合，更不可咄咄逼人、自诩师尊。

尊重对方，谅解对方，还应包括发现对方失言或有语病时，不要立即加以纠正，更不要当场表示惊讶。当对方在谈判中摆出虚假、傲慢、冷漠的态度时，不应持同样错误的态度。要分析原因，对症下药。如有必要做出某种表示，可于事后根据双方关系的亲疏程度妥善处理。例如，双方有较好的感情基础，在适当场合、适当时机，善意指出其不足，可博得对方由衷的感谢。若对方固执己见、骄傲自负，又确有必要指出其不足时，应当婉转地告诉对方："对您的意见，我还需要进一步考虑，等考虑较为成熟时咱们再谈好吗？"或使用转移话题的方法，使谈判按计划程序继续进行下去，切忌批评，更不能当场揭短，冒犯对方尊严。交谈时应当意识到，说和听是相互的、平等的，双方发言时都要掌握各自所占用的时间，不能出现一方独霸的局面。特别是当对方发言时，一定要注意认真倾听，并适当跟讲话者交流目光，或用点头、微笑、手势等方式鼓励对方继续讲下去。如果对方是位健谈者，不管对方的话是否顺耳，不要轻易打断对方的讲话，要让对方尽兴。即使对方的讲话已离题万里，但仍在滔滔不绝，也不要心不在焉，或做其他的事，或以同其他的人交谈等方式表示不耐烦。否则，对方还可能会见怪于你，那样你将因小不忍而失掉全局。每当遇到这种情况，谈判者应坚信，交谈的目的，并不是帮助对方改变平素存在的缺点，也不是帮助对方学会交谈，而是使对方最终按己方意向达成协议。

交谈时还应注意，一旦自己出现失言或失态时，应当立即向对方道歉，说声"请原谅""对不起"，一定不要自我辩解。实践证明，失言或失态者仅为自我觉察、对方尚未完全察觉或尚未做出反应时，应镇定自若，运用随机应变之术伺机将话题引开，或用补充说明作掩护，避免对方产生不满和反感。

D. 不伤害对方的面子与自尊

在谈判中，维护面子与自尊是一个极其敏感而又重要的问题。多数专家指出，在谈判中，如果一方感到失了面子，即使是最好的交易，也会留下不良后果。当一个人的自尊受到威胁时，他就会全力防卫自己，对外界充满敌意，在谈判中或者反击，或者回避，或者变得十分冷淡。这时，要想与他沟通、交往，则会变得十分困难。在多数情况下，丢面子、伤自尊心都是由语言不慎造成的。最常出现的情况是由双方对问题的分歧发展到对对方的成见，进而出现对人身的攻击与指责。这种没能很好地区别人与问题而造成的双方隔阂或感情上的伤害，在谈判中屡见不鲜。因此，要避免上述问题，必须坚持区别人与问题的原则，对问题硬，而对人软，对运用的语言尤其要进行认真推敲。例如，当对方提出某种观点，而你并不同意时，你可以说"根据你的假设，我可以知道你的结论，但是你是否考虑到……"或者说"有些资料你可能还不晓得"，这要比说"你们的意见是建立在片面考虑自身利益的基础上，我们不能接受"要好得多。前者既指出了对方用意的偏颇，表明了己方不能接受，又避免了直接正面冲突，从而避免了招致对方不满的可能。后者虽然维护了己方立场，但很可能激怒对方，使谈判陷入僵局。

E. 注意说话的方式

一些被称为副语言的信息，如重音、停顿、声调变化、说话的速度等，在沟通中起着十分重要的作用，会在不同程度上影响说话的效果。

语速和说话的节奏对意思的表达有较大的影响。说话太快，一下子讲得很多而无停顿，就会使对方难以抓住你说话的主要意思，难以集中注意力正确领会和把握你的实际表达内容，有时还会使对方误认为你在为完成某项工作而敷衍了事，于是他不再费神倾听，从而导致双方的语言交流不畅、难以沟通。在有翻译的情况下，要注意照顾翻译的工作，不要长篇大论，只顾自己发挥。一般来讲，如果说话者要强调谈话的某一重点时，停顿是非常有效的。实验表明，说话时应当每隔30秒钟停顿一次：一是加深对方印象；二是给对方机会，让对方对提出的问题做出回答或加以评论。当然，适当重复也可以加深对方的印象。同样，说话太慢、节奏不当、吞吞吐吐、欲言又止，易被人认为不可信任或过于紧张。因此，谈判中陈述意见应尽量平稳中速进行，特殊需要时适当改变一下语速，以期引起对方特别注意或加强表达效果。

说话时的语调、声音大小对表达也有一定的影响。不同语调可以使同一句话表达出不同的含义，声音的大小则反映说话者一定的心理活动、感情色彩或某种暗含的意思。在谈判中，一般问题的阐述应使用正常的语调，保持能让对方清晰听见而不引起反感的高低适中的音量。适当的时候为了强调自己的立场、观点，尤其在针对有分歧的问题表达意见时，可调整语调和音量来增加话语的分量，加强表达的效果。一般说来，升调表达的是一种惊讶、不可思议、难以接受或不满的感情和意思；降调则反映某种遗憾、无可奈何或失望、灰心的心理活动；声音高低的起伏表明说话者的某种情绪波动。谈判时说话的音调、音量有时是有意识的表达需要，有时则是潜意识的自然流露，需对谈判对手的话语敏锐把握，同时对自己的话语表达加强控制，不能出现音调、音量失控的情况，不然就不符合谈判活动的本来目的，也有损自己的礼仪形象了。

在商务谈判中，应注意根据对方是否能理解你的讲话及对讲话重要性的理解程度，控制和调整说话的速度。在向对方介绍谈判要点或阐述主要议题的意见时，说话的速度应适当减慢，要让对方听清楚并能记下来。同时，也要密切注意对方的反应。如果对方感到厌烦，那可能是因为你的表述过于详尽，要做出适当调整。

总之，要收到良好的说话效果，就必须注意说话的方式。语言表达要努力做到：态度诚恳，观点明确；准确真实，通俗易懂；主次分明，层次紧凑；语言生动，叙述流畅。

F. 富有感情色彩

语言表达应注入感情因素，以情感人，以柔克刚，以谐息怒。人皆有理性的一面，也有情绪的一面。谈判桌上的劝说，不仅意味着晓之以理，还意味着动之以情。有时候在理说不通的情况下，可先从情绪上打动对方。

语言表达时要在考虑时间、地点、对象、事项等外部条件的基础上，重视语言的感情因素，温文尔雅、委婉含蓄、轻松自如、冷静耐心，使语言在主观和客观上协调、在身份和情感上协调、在目的和对象上协调、在内容和形式上协调，通过恰如其分地表示己方的感情倾向，达到帮助对方稳定情绪、解除窘迫、减低愤怒、消除敌意的效果，争取对方的理解和支持。

4）掌握商务沟通技巧

谈判过程本身就是一个沟通说服的过程。在商务谈判中，谈判者之间的沟通贯穿始终。谈判双方在各自向对方提供一定信息的同时，也会从对方获得一定的信息。在接受对方某些观点的同时，也努力使对方接受自己的某些观点。这样，掌握必需的沟通技巧就十分必要。沟通技巧主要包括两个方面：有声语言沟通技巧和无声语言沟通技巧。

A. 有声语言沟通技巧

商务谈判中运用的有声语言主要包括外交语言、商业法律语言、文学语言和军事语言，无论多么复杂的商务谈判都不会脱离这四种语言，其中商业法律语言是商务谈判的主体语言。

谈判是借助于谈判者各方面的信息交流来完成的，而谈判中的信息传递与接受，则需要通过谈判者间的听、问、答、叙、辩及说服这些基本方法来完成。也就是说，听、问、答、叙、辩及说服这六种方法，是完成谈判工作的必要手段。

（1）聆听的技巧。谈判中聆听的技巧主要是在谈判中怎样听、听什么，以保证谈判者在谈判中能够及时、准确、恰当地接受或反馈信息。聆听的技巧可以归纳为以下几个方面。

第一，要专心致志地听。

谈判人员在听对方发言时要聚精会神，同时，还要配以积极的态度去倾听。专心致志，就要避免出现心不在焉、"开小差"的现象发生。即使是自己已经熟知的话题，也不可充耳不闻，万万不可将注意力分散到研究对策问题上去，因为万一讲话者的内容为隐含意义时，就会因没有领会到或理解错误，造成事倍功半的效果。精力集中地听，是倾听艺术中最基本、最重要的问题。

在倾听时应注视讲话者，主动地与讲话者进行目光接触，并做出相应的表情以鼓励讲话者。例如，可扬一下眼眉，或是微微一笑，或是赞同地点点头，抑或否定地摇摇头，也可不解地皱皱眉头等，这些动作配合，可帮助谈判者精力集中并起到良好的聆听效果。在商务谈判过程中，如果谈判者不太理解对方的发言甚至难以接受时，千万不可塞住自己的耳朵，表示出拒绝的态度，因为这样的行为对谈判非常不利。

第二，要通过记笔记来集中精力。

通常，人们当场记忆并将内容全部保持的能力是有限的，为了弥补这一不足，应该在听讲时做大量的笔记。

记笔记的好处在于：一方面，笔记可以帮助自己回忆和记忆，而且有助于在对方发言完毕之后，就某些问题向对方提出质询，同时，还可以帮助自己作充分的分析，理解对方讲话的确切含义与精神实质；另一方面，通过记笔记，可以给讲话者留下重视其讲话的印象，同时会对讲话者产生一种鼓励作用。对于商务谈判这种信息量较大且较为重要的活动来讲，一定要作记录，过于相信自己的记忆力而很少动笔作记录，对谈判来讲是不利的。因为，在谈判过程中，人的思维在高速运转，大脑同时接收和处理大量的信息，加上谈判现场的紧张气氛，每个议题都需要认真对待，而这只靠记忆是办不到的。实践证明，即使记忆力再好也只能记住主要部分，有的内容会忘得干干净净。因此，记笔记是不可少的，这也是比较容易做到的用以清除倾听障碍的好方法。

第三，要有鉴别地倾听对方发言。

在专心倾听的基础上，为了达到良好的倾听效果，可以采取有鉴别的方法来倾听对方的发言。通常情况下，人们说话时总是边说边想，有时一个意思的表达方式可能十分零散，难以捕捉到重点，因此，倾听者就需要在用心倾听的基础上，鉴别传递过来的信息的真伪，去粗取精、去伪存真，这样才能收到良好的倾听效果。

第四，要克服先入为主的倾听做法。

先入为主地倾听，往往会扭曲说话者的本意，忽视或拒绝与自己心愿不符的意见。这种倾听者不是从谈话者的立场出发来分析对方的讲话，而是按照自己的主观想法来听取对方的谈话。其结果往往是使听到的信息变形地反映到自己的脑海中，导致自己接收的信息不准确、判断失误，从而造成行为选择上的失误。

第五，不要因轻视对方而抢话、急于反驳而放弃听。

谈判中，抢话的现象也是经常发生的，抢话不仅会打乱别人的思路，也会影响自己倾听对方的全部讲话内容。因为在抢话的同时，大脑的思维已经转移到如何抢话上去了。抢话指急于纠正别人说话的错误，或用自己的观点来取代别人的观点的行为，抢话是一种不尊重他人的行为。因此，抢话往往会阻塞双方的思想和感情交流的渠道，对创造良好的谈判气氛非常不利，对取得良好的收听效果更是不利。

另外，谈判人员有时也会在没有听完对方讲话的时候，就急于反驳对方的某些观点，这样也会影响收听效果。事实上，如果我们把对方的讲话听得越详尽、全面，反驳时就越准确、有力；相反，如果在对对方谈话的全部内容和动机尚未全面了解时，就急于反驳，不仅使自己显得浅薄，而且常常会使己方在谈判中陷入被动，对自己十分不利。

第六，不要为了急于判断问题而耽误听。

当听了对方讲述的有关内容时，不要急于判断其正误，因为这样会分散我们的精力而耽误倾听下文。虽然人的思维速度快于说话的速度，但是如果在对方还没有讲完的时候就去判断其正误，无疑会削弱己方听话的能力，从而影响倾听效果。因此，切记不可为了急于判断问题而耽误听。

如果能从以上几个方面进行努力，谈判过程中"听"的障碍就可以减轻或消除，也就很少或不会发生因听不见、听不清、没听懂而使双方相互猜忌、争执不下的现象。

（2）提问的技巧。谈判中的提问是摸清对方的真实需要、掌握对方的心理状态、表达自己的观点意见进而通过谈判解决问题的重要手段。在日常生活中，问是很有艺术性的。例如，有一名教士问他的神父："我在祈祷时可以抽烟吗？"这个请求遭到断然拒绝。另一名教士说："我在抽烟时可以祈祷吗？"抽烟的请求得到允许。为什么在相同的条件下，一个被批准，另一个被拒绝呢？原因就是问话的艺术性。被同意的理由是"在抽烟休息时还念念不忘祈祷，不忘敬拜上帝"；没被同意的理由是"祈祷时心不专一，用吸烟来提神，对上帝不恭不敬"。其实，这就是提问题的艺术，哪些方面可以问，哪些方面不可以问，怎样问，什么时间问，这在谈判中是非常重要的。因此，要做到有效地发问，就要掌握问话的艺术与技巧。

为了获得良好的提问效果，谈判人员需掌握以下提问要诀：第一，要预先准备好问题；第二，要避免提出那些可能会阻碍对方让步的问题；第三，不强行追问；第四，既不要以法官的态度来询问对方，也不要接连不断地提问题；第五，提出问题后应闭口不言，专心致志地等待对方做出回答；第六，提问的态度要诚恳；第七，提出的问题应言简意赅；第八，不提有关私人方面的问题，不提带有敌意的问题。

以上几点技巧，是基于谈判者之间的诚意与合作程度提出的，切忌将这些变成教条。

（3）回答的技巧。人际交往中，有问必有答。要能够有效地回答问题，就要预先明确对方可能提出的问题。在谈判前，一个优秀的谈判者往往会自己先针对谈判假设一些难题来思考，考虑的时间越多，所得到的答案将会越好，在谈判中获胜的可能性也就越大。因此，在进行一些比较重要的谈判前，谈判者一般在事先都要进行模拟谈判，让自己的人扮演谈判对手的角色，借以发现在一般情况下难以发现的问题。

在商务谈判中，谈判者所提问题往往千奇百怪、五花八门，多是对方处心积虑、精心设计之后才提出的，可能含有谋略、圈套，如果对所有的问题都直接回答，反而未必是一件好事，所以回答问题必须要运用和掌握一定的技巧。常见的答复技巧有以下内容。

第一，争取足够思考时间。谈判中对问题回答的好坏不是看回答的速度是否快，而是看回答的内容是否最大化地保证己方利益。有些问题即使得知答案，准备充分，也不要不加思考地马上回答，因为谈判桌上或多或少总有些情况我们事先无法预料，我们一定要根据具体情况对原来准备的答案，在内容、表达方式等方面作一些调整，否则，把准备的答案不经任何处理"快言快语"地和盘托出，当意识到把不该说的都说出去之后，后悔也来不及了。因此，谈判中，面对对方提问务必为自己争取足够多的思考时间。争取时间的具体方式有利用款待、利用"打岔"、利用翻译、让对方重述问题、处理一些小事等。必要的话，还可以通过调换谈判人员或是建议休会等来为己方争取思考时间。

第二，善于运用"不"。具体来说有以下内容。

不知不答。在未完全了解问题本身之前，不要回答，否则，不仅影响谈判进程，而且会把一些不该说的内容透露给了对方，使本方在以后的谈判中陷于被动，所以，在答复之前，一定要把问题搞清楚。为避免出错，本方人员最好把对方所提问题简单重述一遍，在得到对方确认后再作答复。另外，对于不知道答案或者对答案只是一知半解的问题，应坦率地告诉对方不能回答，或暂不回答，千万不要为好面子或急于求成而盲目地回答，以免付出不应付出的代价。

不正面答。回答者似答非答，含糊其辞。例如，甲乙双方进行新技术买卖的谈判。买方问这种新技术投入使用的费用是多少。卖方知道这种新技术一旦投入，一期费用必然很高，而如果正面如实回答，买方很可能会被前期高额的费用吓跑，从而导致谈判破裂，于是卖方说："请让我来说明一下这种新技术的特殊功能及开发远景好吗？听完我的介绍后，您对这种新技术带来的远期收益会非常满意的，我相信您对这种新技术转让的价格也一定会满意的。"

不确切答。用留有余地的答复方法来回答那些若明确回答会陷己方于不利的问题。例如，甲乙双方就大米进出口进行谈判。甲方为大米严重过剩的国家，双方在价格上久久相持不下。后来，在新一回合中，乙方提出增加进口量，这正好可以解决甲方大米过剩问题。但甲方并没有立即答复增加供应量，而是说："关于贵方增加进口的要求，由于事先未跟我方打招呼，所以我方没法对这一要求作肯定答复。由于临时增加大米出口，我方回去后还要重新征集以凑齐贵方需求量，能否凑齐，还未可知。当然，我们会尽量争取。价格方面的问题，也请贵方考虑考虑。"

不彻底答。不要彻底地答复对方的提问，因为有些问题如果完全彻底地回答，可能会有损己方形象或者泄密，这时，将对方问话的范围缩小或者回答之前加以修饰和说明以缩小回答范围是最好的处理办法。例如，对方问："不知贵方的产品质量如何？"对此，己方不必把所有反映产品质量的因素都一一进行详细介绍，而只需从中选择几个主要因素进行回答即可。

第三，针对提问者的真实心理答复。有时，提问者为获取更多信息，会有意识地含糊其辞，使所提问题模棱两可，若没有摸清对方真实心理，就可能在答复中出现漏洞。

因此，在答复前，一定要先探明对方的真实心理。例如，在谈判最后阶段，对方问："贵方产品的价格怎么这样高呢？"显然这时他们是希望我方降低产品价格，而不是想知道产品价格的构成，所以，我们应介绍产品的优点，或强调产品给对方带来的利益，或说明相关政策规定，或坚持声称这已是最优惠的价格了，否则，如果我们答的是价格的构成，必然使对方有机可乘。

第四，以问代答。谈判中对于一些难以回答的问题，可以以问代答，把问题又"踢"给对方。例如，双方合作进展得不是很顺利时，对方问"您对我们之间合作的前景怎么看？"此时，我们可以以问代答把这个难题又抛给对方："那么，请问您对我们之间合作的前景又是怎么看的呢？"显然，这对于打破窘境是很有效的。此外，对于一些自己不想回答又想探探对方虚实的问题，也可用这一技巧。

第五，答非所问。对于一些不便回答或一些无聊的问题可采用答非所问的方式来回答。例如，对方问："你们的产品究竟是怎么生产出来的？"这显然涉及我们的商业秘密，不便直接回答，但可以说："你放心，我们产品的质量绝对可靠。"又如，对方问："你们公司怎么都用女业务员？"这是一个无关紧要的问题，对方也是随便问问而已，此时我方可以答："你放心，我们的售后服务是有保障的。"

第六，找借口拖延答复。当对方提问时，我方尚未思考出满意的答案，而对方又紧追不舍，此时，我方应设法找借口拖延答复。例如，可以这样回答："我们回去再研究一下"或者"您的提问超越了我的授权范围，我现在暂时无法给您答复"或者"对您所提的问题，我还没有第一手资料，我想您是希望我为您做详尽并圆满的答复的，但这需要时间，您说对吗？"

第七，降低对方追问兴致。如果对手就某些情况刨根问底地追问，我们可用此法来堵住对方的口。例如，可以说，"这个问题容易解决，但现在还不是时候"或"现在讨论这个问题还为时尚早，是不会有什么结果的"或"这是一个暂时无法回答的问题"，从而降低提问者的追问兴致。

（4）叙述的技巧。谈判中的叙述是一种不受对方提出问题的方向或范围制约而带有主动性的阐述，是谈判中间传递信息、交流沟通的方法之一。谈判者能否正确、有效地运用叙述的功能，把握叙述的要领，直接影响谈判的效果。谈判过程中的叙述包括"入题"和"阐述"两部分。

入题技巧。为了避免谈判时单刀直入、过于直白，影响谈判的气氛，首先可以采用迂回入题的方法。例如，可以先从题外话入题，从介绍己方谈判人员入题，从"自谦"入题，从介绍本单位（企业）的生产、经营、财务状况等入题，做到巧妙、新颖、不落俗套。其次，可以先谈细节，再谈原则性问题。即围绕谈判主题，开始先谈细节，解决了全部或大部分细节问题后，再达成原则性的协议。由于细节问题一般比较容易达成协议，通过讨论细节问题建立起融洽的谈判气氛，有助于双方做出妥协，解决原则性问题。再次，先谈一般原则，后谈细节问题。较大型的经贸谈判，要商谈的问题千头万绪，高级谈判人员不可能也不应该介入全部谈判，因此往往主要分成多轮次的不同议题和内容的谈判。这就需要采取先谈一般原则，后谈细节问题的方法入题。最后，从具体议题入手。大型的谈判总是由具体的一次次谈判组成的，在具体的每一次谈判会议上，双方首先确定本次会议的商谈议题，然后确定会谈程序，并按程序进行，具体的谈判议题不宜过大，一般可按单位时间（半天或一天）考虑。

阐述技巧。从谈判的角度考虑，叙述问题、表达意见应当态度诚恳、观点明朗；语言生动、流畅；层次清楚、紧凑。具体而言，商务谈判中的阐述应把握以下要领：第一，慎用语种。尤其是在国际贸易中，这一点尤为重要。如果不能应用母语，世界上使用最普遍的语种——英语就是首选。另外，要特别要注意，禁用方言、土语。第二，准确传递。即观点、见解的表达要准确；提供的事实、数字及其他各种信息、资料要准确；语言的运用要准确。总之，要让对方真正完全弄懂你要表达的真实见解和事情，因为任何一个谈判对手都不会接受他所不了解或误解的事情。第三，简洁鲜明。阐述中，语言要简洁明了、紧扣主题、主次分明、层次清楚，不要转弯抹角、东拉西扯，更不要随便发表与谈判主题无关的意见。第四，掌握分寸。谈判要求表达准确、鲜明，并不排除表达时的留有余地。要舍弃那些绝对化、过分偏激的语言。尽可能避免使用诸如"绝对""绝不可能""最"等用语。第五，讲究策略。为了达成目标，阐述语言运用的策略不同，效果也会截然不同。应当力求做到自始至终重视阐述语言的策略，既要避免使自己陷于被动，也要避免挫伤对方的感情。例如，谈判中产生了分歧，当己方发表意见时，不要把自己摆在绝对正确的位置上，即使不能同意对方观点时，也不妨先承认对方意见中的合理成分；评论和反驳对方的见解时，要把目标对着观点，而不要针对个人；表示不同意见时，不要直揭对方的错处，而是强调对方所忽视的好处，把着眼点始终放在谋求双方的利益上。另外，会谈结束时的阐述，也切莫以否定性的言语进行小结，无论己方的目标是否达成，都应给对方以正面的评价。总之，谈判中的阐述不同于文章里面的阐述，不能单纯从语文的观点理解，而要从谈判的实际需要出发，去把握该阐述什么，不该阐述什么，以及阐述的要领。

（5）辩论的技巧。商务谈判的讨价还价集中体现在"辩"上。谈判中的辩与听、问、答、叙不同，它具有双方相互依赖、相互抵抗的二重性，是人的思维艺术与语言艺术的综合运用，具有较高的技巧性。作为一个谈判者，要想训练和提高自己的辩论能力，使谈判获得良好的效果，应当注意把握以下要领。

第一，立场坚定、观点明确。谈判中的辩论，就是论证己方观点、反驳对方观点的过程。因此，辩论时首先要亮出自己的观点，说明自己的立场。同时要运用一些客观材料和能支持己方论点的有关证据，来论证自己观点和立场的正确性与公正性。

第二，思辩要敏捷、严密，富有逻辑性。谈判中的辩论过程往往是在谈判双方相互非难中进行的。一个优秀的谈判者应当头脑冷静、思维敏捷，能应付各种各样的非难。同时，要使自己的论证严密，运用逻辑力量，以理服人。是非与真理是在相互辩驳的过程中明确的。在谈判实力不相上下的情况下，谁在辩驳过程思辨更敏捷、严密，更富有逻辑性，谁就能占上风。

第三，坚持原则，枝节问题不纠缠。在谈判的辩论中，要将精力集中于主要问题上，不要陷于枝节问题的无谓纠缠。反驳对方的观点时也要抓住要害问题，有的放矢。坚决舍弃断章取义、强词夺理等不健康的辩论方法，这样做只能妨碍谈判。论证己方的观点时要突出重点、层次分明、简明扼要，切忌东拉西扯、言不对题。

第四，措辞准确、态度客观、进取有度。不论辩论双方如何针锋相对，态度力求客观，措辞尽量准确，绝不能侮辱诽谤、尖酸刻薄，甚至进行人身攻击。这样做只能损害己方的形象，不能为谈判带来丝毫好处。在辩论中一旦达成目的，就要适可而止，不要得理不饶人，穷追不舍，以避免将对方逼入绝境，从而强化对方的敌对心理和反击的念头。

第五，处理好辩论中的对比优势、劣势。当辩论中己方占上风时，可以滔滔雄辩、气度恢宏，并注意借助语调、手势的配合，阐明己方的观点，但不可轻狂、放纵和得意忘形。因为谈判中的优势、劣势是相对的，而且是可以转化的。当己方在辩论中暂时处于劣势时，也应当沉着冷静、从容不迫，既不能沮丧泄气，也不可怄气和无理搅三分。只有保持己方的阵脚不乱，才能对对方的优势构成潜在的威胁，使对方不敢寸进尺。

此外，在辩论中还应当注意仪表和举止气度，这样不仅会在谈判桌上给人留下良好的印象，而且在一定程度上可以左右辩论气氛的健康发展。有时，一个人的良好形象会比其语言更具有感召力。

（6）说服的技巧。谈判中的说服，就是综合运用前面所讲的听、问、答、叙及辩的各种技巧，来改变对方的起初想法，接受己方的意见。在谈判中，说服工作十分重要，往往贯穿于谈判的始终。那么谈判者应当如何说服对方呢?这里，从谈判者的行为心理角度，结合谈判实际，提出以下说服的技巧。

第一，寻找共同点。谈判者要想说服对方，首先要赢得对方的信任，消除对方的对抗情绪，用双方共同感兴趣的问题为跳板，因势利导地解开对方思想的纽结，这样说服才能奏效。也就是说，谈判既有合作，又有冲突。谈判的成败一般取决于合作与冲突因素的强弱。而要合作，就要共同充分认识双方利益的一致性。因此，在说服对方时，要尽可能地强调利益的一致性与互利互惠的可能性。这样才有利于激发对方在自身利益认同的基础上接受你的建议。

第二，由易到难。谈判的说服，也要和谈判讨论问题的次序一样，按"先易后难"的原则来进行，这样容易取得成效。彼此在容易问题上达成共识，就显示了合作的诚意和彼此的信任，从而创造了更加热情、友好的气氛，减少了双方的戒备心理，增强了双方对谈判成功的信心与愿望。在这样的情况下再谈判时，要说服另一方做出适当让步，会比较容易获得成功。也就是说，说服应循序渐进，开始时避开难题，先进行那些容易说服的问题，打开缺口，逐步扩展，一时难以解决的问题可以暂时抛开，等待适当的时机，待双方合作意向增强了再来说服，困难会相对减少。

第三，把握时机。说服成功的一个重要方面在于把握时机，时机会给谈判说服工作增添力量。这包含两方面的含义：一是己方要把握说服工作的有利时间，趁热打铁，重点突破，拿出确凿的证据或有说服力的资料来证实己方的解释；二是向对方说明，这正是接受建议的最佳时机。人往往由于会因未能很好地听取别人的意见而失去了机会，道理讲透，对方就会做出抉择。

第四，趋利避害。人都有趋利避害的心理。在谈判中，谈判者最关心的问题是接受对方的意见，能否为己方带来利益和多大的利益。如果说服工作不能为对方解开这个心中的疑团，就不能奏效。因此，说服时应当先陈之以利，来激发对方的兴趣和热情，给对方开出一张光明的"包票"，然后再以委婉的口气陈述弊的一面，这样对方就比较容易接受了。

第五，耐心。说服必须有耐心，不厌其烦地动之以情、晓之以理，把对方接受你的建议的好处和不接受建议的害处讲深、讲透，不怕挫折，一直坚持到对方能够听取你的建议为止。在谈判实践中，往往会感到对方的工作已经做通，但对方基于面子或其他原因，一时还下不了台。这时谈判者不能心急，要给对方时间，直到瓜熟蒂落。

第六，揉面说服。揉面说服指把尚未解决的问题掺在已经解决了的问题中来说服。也就是说，为了顺利达成协议，在说服对方时，不要单纯强调未解决的争议问题，而要结合已解决的问题一起来谈，这样可以增强双方合作的信心。但是这种说服方法不可以把相互抵触的问题放在一起进行，这样只能使问题复杂化。

第七，变换角度。前面提到说服工作要有耐心，但耐心不等于谈判者反复唠叨已经陈旧和令人厌烦的问题，这样只能增加对方的抵触情绪，而不会收到什么好的效果。当说服的角度不对路时，谈判者应及时更换新的角度，寻找新的方法，再把说服工作有效地进行下去。

第八，及时做出结论。说服到一定程度，对问题该作结论之时，就不要推辞。与其让对方作结论，不如先由己方简单明了、准确无误地陈述出来。对于那些经过双方反复讨论和修正的部分，及时做出结论是十分关键的。

第九，不可用胁迫或欺诈的方法说服。说服不是压服，更不是骗服。成功说服的结果必须体现双方的真实意见。采取胁迫或欺诈的方法使对方接受意见，只会对谈判和今后的合作埋下危机。

谈判中的说服，还应基于谈判的需要理论，结合前面所讲的听、问、答、叙、辩等要领和技巧综合运用、统筹兼顾。例如，当别人陈述自己观点进行说服时，己方就不能不顾"听"的要领而急于反驳，这只能使人产生抵触情绪，不可能达到让别人接受你的意见的目的。

B. 无声语言沟通技巧

无声语言的沟通就是指肢体语言的沟通。美国传播学家艾伯特·梅拉比安曾提出一个公式：信息的全部表达=7%语调+38%声音+55%肢体语言。可见，肢体语言在商务谈判中也发挥着不可替代的重要作用。

（1）目光。目光接触，是人际间最传神的非言语交往。"眉目传情""暗送秋波"等成语形象地说明了目光在人们情感交流中的重要作用。

在商务谈判中，听者应看着对方，表示关注；而讲话者不宜再迎视对方的目光，除非两人关系已密切到了可直接"以目传情"。讲话者说完最后一句话时，才可将目光移到对方的眼睛。这是在表示一种询问"你认为我的话对吗"或者暗示对方"现在该轮到你讲了"。

　　在商务谈判过程中，彼此之间的注视还因人的地位和自信程度而异。在一次实验中，让两个互不相识的女大学生共同讨论问题，预先对其中一个说，她的交谈对象是个研究生，同时却告知另一个人说，她的交谈对象是个高考多次落榜的中学生。观察结果显示，自以为地位高的女学生，在听和说的过程都充满自信地不住地凝视对方，而自以为地位低的女学生说话时就很少注视对方。在日常生活中能观察到，往往主动者更多地注视对方，而被动者较少迎视对方的目光。

　　（2）衣着。在谈判桌上，人的衣着也在传播信息。意大利影星索菲亚·罗兰说："你的衣服往往表明你是哪一类型的人，它代表你的个性，一个与你会面的人往往不自觉地根据你的衣着来判断你的为人。"

　　衣着本身是不会说话的，但人们常在特定的情境中以穿某种衣着来表达心中的思想和建议。在商务谈判中，人们总是恰当地选择与环境、场合和对手相称的服装衣着。谈判桌上，可以说衣着是销售者"自我形象"的延伸扩展。同样一个人，穿着打扮不同，给人留下的印象也完全不同，对谈判对象也会产生不同的影响。

　　美国有位营销专家做过一个实验，他本人以不同的打扮出现在同一地点。当他身穿西服以绅士模样出现时，无论是向他问路或问时间的人，大多彬彬有礼，而且本身看来基本上都是绅士阶层的人；当他打扮成无业游民时，接近他的多半是流浪汉，或是来找火借烟的。

　　（3）体势。达·芬奇曾说过，精神应该通过姿势和四肢的运动来表现。同样，商务谈判中，人们的一举一动，都能体现特定的态度，表达特定的含义。

　　谈判人员的体势会流露出他的态度。身体各部分肌肉如果绷得紧紧的，可能是由于内心紧张、拘谨，在与地位高于自己的人交往中常会如此。一般认为，身体的放松是一种信息传播行为，向后倾斜15°以上表示极其放松。人的思想感情会从体势中反映出来，略微倾向于对方，表示热情和兴趣；微微起身，表示谦恭有礼；身体后仰，显得若无其事和轻慢；侧转身子，表示嫌恶和轻蔑；背朝人家，表示不屑理睬；拂袖离去，则是拒绝交往的表示。

　　中国传统上很重视在交往中的姿态，认为这是一个人是否有教养的表现，因此素有"站如松，坐如钟，行如风"之说。在日本，百货商场对职员的鞠躬弯腰还有具体的标准：欢迎顾客时鞠躬30°，陪顾客选购商品时鞠躬45°，顾客离去时鞠躬45°。

　　如果你在商务谈判过程中想给对方留下一个良好的第一印象，那么你首先应该重视与对方见面的姿态表现，如果你在谈判时耷拉着脑袋、无精打采，对方就会猜想也许自己不受欢迎；如果你不正视对方、左顾右盼，对方就可能怀疑你是否有谈判的诚意。

　　（4）声调。有一次，意大利著名悲剧影星罗西应邀参加一个欢迎外宾的宴会。席间，许多客人要求他表演一段悲剧，于是他用意大利语念了一段"台词"，尽管客人听不懂"台词"的内容，然而他那动情的声调和表情，凄凉悲怆，不由使大家流下同情的泪水。可一位意大利人却忍俊不禁，跑出会场大笑不止。原来，这位悲剧明星念的根本不是什么台词，而是宴席上的菜单。

恰当、自然地运用声调，是谈判顺利和成功的条件。一般情况下，柔和的声调表示坦率和友善，在激动时自然会有颤抖，表示同情时略为低沉。不管说什么样的话，阴阳怪气的，就显得冷嘲热讽；用鼻音哼声往往会显得傲慢、冷漠、恼怒和鄙视。这都是缺乏诚意的，会引人不快。

（5）微笑。微笑来自快乐，也会创造快乐，在商务谈判过程中，微微笑一笑，双方都从发自内心的微笑中获得这样的信息，"我是你的朋友"，微笑虽然无声，但是它说出了许多意思，如高兴、欢悦、同意、尊敬。若想成为一名成功的谈判人员，请时时处处把"笑意写在脸上"。

3. 管理谈判人员

要想使谈判取得成功，不仅要组建一支优秀的谈判队伍，而且要通过积极有效的管理，使整个队伍朝着共同的方向努力，实现谈判的最终目的。

1）直接管理和间接管理

从企业高层角度出发，对谈判队伍的管理可以分为直接管理和间接管理两种基本方式。

直接管理，即通过对谈判过程和具体谈判行为的直接干预，对谈判实施过程的管理。高层领导对谈判队伍的直接管理包括确定谈判的基本要求及直接参加谈判两方面。

间接管理，即通过选择有效的谈判队伍负责人，通过小组负责人职责的行使来实现对整个谈判队伍的管理。谈判队伍负责人必须有较强的组织管理能力，在整个队伍中具有一定的权威性，善于运用各种管理技巧，防止管理不善所可能导致的任何损害整体利益现象的出现。

2）强化谈判纪律

谈判人员必须严格遵守以下的谈判纪律：①严格遵守保密制度，不得泄露有关谈判的一切信息；②必须绝对服从领导的工作安排，顾全大局；③班子集体决定的事情，必须严格执行，个人的不同意见只能保留；④严格执行请示报告制度，如实反映谈判情况；⑤在谈判中各成员间必须相互支持，不得相互拆台或制造事端；⑥讲究礼仪，谈吐文明，举止大方，行为规范。

3）激励谈判人员

通过对谈判人员的激励，可以充分调动谈判人员的积极性，促成谈判的成功。对谈判人员的激励通常包括以下方式。

（1）目标激励。设置适当的目标，对于调动谈判人员的积极性作用显著。在谈判活动中，如果目标制定得切实可行，又有一定的挑战性，最能激发和调动谈判人员的积极性；如果目标制定得过低，没有挑战性，或目标制定得过高，难以实现，都会使谈判人员缺乏工作积极性、主动性，失去激励作用。

（2）授权。适当授权，给予谈判者一定自主权，可激发其责任心，调动其谈判热情。

（3）正反激励。正向激励是指针对谈判人员良好的谈判表现及显著的谈判效果予以奖励，以表示肯定、赞扬。正向激励包括晋升、奖金、休假、学习机会和表扬等。

反向激励是指针对谈判人员表现出的工作疏忽、懈怠、失误、不团结及造成谈判损失的情况，予以警戒和处罚。反向激励包括批评、撤换和降职降薪等。

（二）商务谈判的背景分析

商务谈判的背景是指开展商务谈判的时间条件、地点条件和谈判信息。

1. 时间条件准备

时间条件，是指商务谈判当事人选择并经参加各方协商一致确定的谈判日程。在选择商务谈判时间时，一定要把握好时机。如果你是买方，则最好避免卖方市场；如果你是卖方，最好能避开买方市场。更不能在无准备或准备不充分时谈判，力争取得天时之利。所以，商务谈判中的时间条件准备相对简单明了，在充分考虑上述情况的条件下与谈判对方协商最终确定谈判的时间和日程安排。

2. 地点条件准备

地点条件，是指商务谈判当事人所选择的谈判地址及其环境。商务谈判地点的选定一般有三种情况：一是在己方国家或公司所在地谈判；二是在对方所在国家或公司所在地谈判；三是在谈判双方之外的国家或地点谈判。不同地点均有各自的优点和缺点，需要谈判者充分利用地点的优势，克服地点的劣势，变不利为有利，变有利为促使谈判成功的因素。在选择商务谈判地点时，还要考虑到要有利于制造良好的谈判环境。例如，商务谈判场所的选择、商务谈判场所的布置、商务谈判双方座位的安排及食宿安排等，力争取得地利之便。

A. 商务谈判场所的选择

在商务谈判的准备阶段，谈判双方不仅需要协商谈判地点所在的城市，更要将地点具体到谈判场所，即确定谈判室。商务谈判场所的选择应该满足以下几方面要求：谈判室所在地交通、通信方便，便于有关人员来往，便于满足双方通信要求；环境优美安静，避免外界干扰；生活设施良好，使双方在谈判中不会感觉到不方便、不舒服；医疗卫生、保安条件良好，使双方能精力充沛、安心地参加谈判；作为东道主应当尽量征求客方人员的意见，使客方满意。

B. 商务谈判场所的布置

较为正规的谈判场所可以有三类房间：一是主谈室；二是密谈室；三是休息室。

（1）主谈室布置。主谈室应当宽大舒适、光线充足、色调柔和、空气流通、温度适宜，使双方能心情愉快、精神饱满地参加谈判。主谈室的总体色调一般采用暗红色、褐色、暗黑色或褚石色。谈判桌居于房间中间。主谈室一般不宜装设电话，以免干扰谈判进程，泄露有关秘密。主谈室也不要安装录音设备，录音设备对谈判双方都会产生心理压力，难以畅所欲言，影响谈判的正常进行。如果双方协商需要录音，也可配备。主谈室也应设有类似白板、投影等的视觉设备，供谈判双方计算和图表分析时使用。所配椅子要尽量舒适，会谈所需的其他设备和服务也应周到，如网络接口及网线、电脑、麦克风等。

（2）密谈室布置。密谈室是供谈判双方内部协商机密问题时单独使用的房间。它最好靠近主谈室，有较好的隔音性能，室内配备黑板、桌子、笔记本等物品，窗户上要有窗帘，光线不宜太亮。作为东道主，绝不允许在密谈室安装微型录音设施偷录对方密谈信息。作为客户在外地对方场所谈判，使用密谈室时一定要提高警惕。

（3）休息室布置。休息室是供谈判双方在紧张的谈判间隙休息用的，休息室应该布置得轻松、舒适，以便能使双方放松一下紧张的神经。室内最好布置一些鲜花，放一些轻柔的音乐，准备一些茶点，以便于调节心情、舒缓气氛。

C. 商务谈判双方座位的安排

谈判双方座位的安排对谈判气氛、对内部人员之间的交流、对谈判双方便于工作都有重要的影响。谈判座位的安排也要遵循国际惯例，讲究礼节。通常可安排两种方式就座。

（1）双方各居谈判桌的一边，相对而坐。谈判桌一般采用长方形条桌。按照国际惯例，以正门为准，主人应坐背门一侧，客人则面向正门而坐；若谈判桌窄的一端面向正门，则以入门的方向为准，右边坐客方人员，左边坐主方人员。主谈人或负责人居中而坐，翻译安排在主谈人右侧紧靠的座位上，其他人员依职位或分工分两侧就座。

这种座位安排方法适用于比较正规、严肃的谈判。它的好处是双方相对而坐，中间有桌子相隔，有利于己方信息的保密，一方谈判人员相互接近，便于商谈和交流意见，也可形成心理上的安全感和凝聚力。它的不利之处在于人为地造成双方对立感，容易形成紧张、呆滞的谈判气氛，对融洽双方关系有不利影响，需要运用语言、表情等手段缓和这种紧张对立的气氛。

（2）双方人员混杂交叉就座。可用圆形桌或不用桌子，双方在围成一圈的沙发上混合就座。这种就座方式适合于双方比较了解、关系比较融洽的谈判。它的好处是双方不表现为对立的两个阵营，有利于融洽关系、活跃谈判气氛、减轻心理对立情绪。不利之处是双方人员被分开，每个成员有一种被分割、被孤立的感觉。同时也不利于己方谈判人员之间协商问题和资料的保密。

总之，谈判场景的选择和布置要服从谈判的需要，要根据谈判的性质、特点、双方之间的关系、谈判策略的要求而定。

D. 食宿安排

谈判是一项艰苦复杂、体力消耗大、精神高度紧张的工作，对谈判人员的精力及体力有较高的要求。因此，东道主一定要妥善安排谈判人员的食宿问题，应体现周到细致、方便舒适的原则。要根据谈判人员的饮食习惯，尽量安排可口的饭菜。本着友好的态度，尽量提供方便、安全的住宿条件，这样才有利于谈判者精力、体力的恢复，这也是东道主应持有的态度。

3. 谈判信息准备

谈判信息是指影响谈判的一切信号和消息，在商务谈判准备过程中，及时地收集、筛选和分析有关信息及资料，是十分必要的。准确而全面的信息能帮助己方在谈判中走向主动和成功，不准确和片面的信息则会使己方在谈判中陷于被动及失败。在谈判过程中，谈判双方要不断根据谈判的情况变化做出决策，而正确的信息是做出科学决策的基础。

1）谈判信息搜集的原则

（1）可靠性。搜集的信息要力求真实可靠，要选用经过验证的结论、经过审核的数据和经过确认的事实。不要满足于用一种方法搜集信息，可以采用几种方法，从不同角度来反映客观事实，不要凭主观判断片面做出结论。如果搜集的信息不可靠甚至是错误的，就会给谈判工作埋下隐患，造成不可估量的损失。

（2）全面性。信息资料力求全面系统，应该从整体上反映事物的本质，不能仅仅靠支离破碎的信息来评估某些事物。尤其对一些重要信息，如经济环境、市场状况、商品销售情况、谈判对手的实力和商誉情况，在时间上和空间上都会存在差异，只有将调查工作做得更全面一些，才能保证所获得信息的完整、准确性。

（3）可比性。信息资料要具备可比性。一方面，可以横向比较，针对同一问题收集多个资料，就可以在比较中得出正确的结论；另一方面，可以纵向比较，如比较市场行情、产品销售状况、企业商誉情况等，有了不同时期的资料，就可以通过事物的过去分析其现在和未来的发展趋势，找出事物发展的规律。

（4）针对性。搜集资料工作是一项内容繁杂的工作，需要耗费大量的精力和时间，短时间内不可能把所有的资料都调查清楚。要将与谈判有最密切联系的资料作为重点调查内容，要将最急需了解的问题作为优先调查内容，这样才能提高搜集信息的工作效率，争取时间，占据主动。

（5）长期性。信息搜集既是谈判前的一项准备工作，又是企业的一件长期任务。在企业经营管理工作中重视信息的重要作用，建立完善的信息收集网络，不间断地将各种重要信息随时进行搜集存档，就可以为企业经营、商务谈判不失时机地提供各种决策依据。如果平时不重视信息搜集工作，事到临头匆匆忙忙搞调查，就很难保证调查工作的周密和完善。从这个角度来看，信息搜集工作不仅是谈判人员的临时任务，更应该是企业各方面都要承担的长期任务。

2）谈判信息搜集的途径

通常情况下，搜集谈判信息有以下几种途径。

（1）从国内的有关单位或部门搜集资料。可能提供有关信息资料的单位有：中华人民共和国商务部；中国国际贸易促进委员会及其各地的分支机构；中国银行的咨询机构及有关的其他咨询公司；与该谈判对手有过业务往来的国内企业和单位；国内有关的报纸、杂志、新闻广播等。

（2）从国内在国外的机构及与本单位有联系的当地单位搜集资料。可能提供有关资料的单位有：我国驻当地的使馆、领事馆、商务代办处；中国银行及国内其他金融机构在当地的分支机构；本行业集团或本企业在当地开设的营业分支机构；当地的报纸、杂志；国外的许多大银行，如巴克莱银行、劳埃德银行、大通银行等都发行自己的期刊，这些期刊往往有最完善的报道，而且一经获取就可得知许多信息；本公司或单位在当地的代理人；当地的商会组织；等等。

（3）从公共机构提供的已出版和未出版的资料中获取信息。这些公共机构可能是官方的，也可能是私营的。它们提供资料的目的，有的是作为政府的一项工作，有的则是盈利，也有的是自身的长远利益需要。因此，作为企业或单位的业务洽谈人员，应该熟悉一些公共机构，甚至要熟悉这些机构里的工作人员，同时，还要熟悉他们提供资料的种类及发行途径。现列举几种资料来源如下：国际统计机关公布的统计资料，如工业普查资料、统计资料汇编、商业地图等；行业协会发布的行业资料，这些资料是同行企业资料的宝贵来源；图书馆里保存的大量商情资料，如贸易统计数字、有关市场的基本经济资料、各种产品交易情况统计资料及各类买卖机构的翔实资料等；出版社提供的书籍、文献、报纸、杂志等，如出版社出版的工商企业名录、商业评论、统计丛书、产业研究等，目前，许多报刊为了吸引读者，也常常刊登一些市场行情及其分析报道；专业组织提供的调查报告，随着经济的发展，出现了许多专业性组织，如消费者组织、质量监督机构、股票交易所等，它们也会发表有关统计资料和分析报告；研究机构提供的调查报告，许多研究所和从事商业调研的组织，除了完成单独委托人的工作以外，为了提高自身的知名度还经常发表市场报告和行业研究论文等，这些都是搜集信息的很好的途径。

（4）本企业或单位直接派人员到对方国家或地区进行实地考察，搜集资料。如果派人员进行实地考察，在出国之前应尽量地搜集对方的有关资料，在已有的资料中分析出真实资料、不真实资料、资料新增内容、尚需进一步考察资料等几个部分，以便带着明确的目的和问题去考察。在日程安排上，应多留些时间供自己支配，切不可让对方牵着鼻子走，并且要善于捕捉和利用各种机会，扩大调查的深度和广度，以便获取更多的第一手资料。

3）谈判信息搜集的内容

A. 与谈判有关的环境因素信息

在商务谈判中，不同的社会背景对具体的谈判项目的成立、谈判进程和谈判结果会起到相当重要的影响。

（1）政治状况。政治状况关系到谈判项目成立和谈判协议履行的结果，这一点对于国际商务谈判尤其重要。必须了解对方国家的政治制度和政府的政策倾向、政治体制、政策的稳定性、非政府机构对政策的影响程度及谈判双方政府间的政治关系。

（2）法律制度。主要是了解与商务谈判有关的法规，使自身的商务行为符合相关立法的规定。如若某企业拟就购并另一企业而进行有关谈判，就必须要了解反垄断法及反不正当竞争方面的政策法律规定，如美国的反垄断法就比较严厉而中国只有反不正当竞争法，没有反垄断法。微软公司因为在出售其 Windouws 的操作系统时，为了打击它的竞争对手 Netscape——网景公司，搭配出售其网络浏览器——IE，被诉违反谢尔曼反托拉斯法，要求对其进行拆分。在与当地代理商讨论进入某一国家市场的方法和策略时，要尽可能避免倾销嫌疑；在与广告媒体讨论广告设计及宣传内容等问题时，则要注意广告法规和保护消费者权益方面的规章；在分析法律环境时，必须注意到国际商务活动中的法律冲突问题，即商务活动所涉及的不同国家法律规定的差异，还必须对有关立法的健全程度及法规的执行情况有较清楚的了解。

（3）社会文化。文化看不见也摸不着，但是它的影响却是实实在在的。因此，对社会文化的研究有利于谈判者更好地理解对方的谈判行为，避免因价值观念的不同而引起不必要的冲突和误会。社会文化主要包括文化教育、宗教信仰、生活方式和社会习俗等。在众多的社会文化中，要特别注意对宗教信仰和社会习俗的分析，了解宗教信仰和社会习俗对谈判行为提出的特定要求。麦当劳曾经试图进入印度，但失败了，并受到当地人的讥讽，麦当劳用了 13 个月的时间才发现印度人不吃牛肉。

（4）商业习惯资料。商业习惯不同会使商务谈判在语言使用、礼貌、效率、接触报价及谈判重点等方面存在极大的差异。例如，有些国家习惯上以个人的信誉与承诺为准，有些国家则以文字合同为准。一般还要了解企业的决策程序、律师在洽谈和签订协议中的作用、谈判人员在谈判中的自主权、在业务工作中是否存在贿赂现象、业务洽谈的常用语种及是否存在商业间谍活动等。

（5）财政金融。随时了解各种主要货币的汇兑率及其浮动现状和变化趋势，了解国家的财税金融政策，以及银行对开证、承兑、托收等方面的有关规定等情况。

B. 市场信息

市场因素及其变化与谈判的成功有着密切的联系，商务谈判中的任何一方都要受到市场供求状况变化的影响。市场供求力量的对比，在很大程度上决定了交易双方所具备的谈判实力。市场供大于求，卖主之间竞争激烈，对买主有利而对卖主不利；市场供不应求，买主之间竞争激烈，对卖主有利而对买主不利。在分析了解市场信息时，不仅要看市场分布的大势，也要看谈判当时的具体情况，有时可能从总体上来看不利，但在谈判当时却有一些有利因素可以利用。

处于买方地位的谈判者在分析对方的市场地位时，应分析对方企业和产品的市场地位，包括对方企业和产品的声誉、对方产品的市场占有率及其在竞争中的优势和劣势等。对方的声誉越好，一般情况下买者购买的安全需要越能得到保障，但需要付出的代价越大，谈判过程中为促使对方做出一定让步所需付出的努力通常就越大。产品的市场占有率是反映卖者市场地位的重要指标。绝对市场占有率越高，相对市场占有率系数越大，市场上买主数量越多，卖主市场地位越高，小批量的买主与其进行讨价还价的能力就越弱。一旦市场占有率高到完全垄断了市场，买主讨价还价的能力就几乎为零。例如，在 19 世纪末的南非，对钻石矿的矿主来说，拥有钻石矿是一个包袱，因为没有人想自己拥有钻石矿，矿主们几乎不能将钻石矿转手卖给他人。这并非因为钻石不受欢迎，恰恰相反，钻石颇受欢迎，人们愿意用很高的价钱购买它们。可是生产钻石并不能赚钱，赚钱的是销售钻石的商人。钻石矿矿主们各自开采钻石，销售时又互相竞争，而商人们则组成了一个小的"卡特尔"，压低钻石的收购价格，迫使矿主们低价出售其产品，不少矿主被逼破产。后来，塞西尔·罗兹出资购买了许多钻石矿，逐步垄断了钻石的生产，进而垄断了向钻石商的销售，话语权大大增强，钻石商的同盟瓦解，钻石商们不得不同意罗兹提出的任何价格，只要罗兹把钻石卖给他们。

处于卖者地位的谈判者对对方市场地位的分析应侧重于对买方在购买活动中的竞争能力的分析。买方的竞争能力主要体现在其购买批量、购买频率、支付能力、支付方式及对交货的时间要求等方面。大批量的买主往往要求获得数量折扣。大批量买主比小批量买主有更强的竞争力，长期客户比一次性客户更有竞争力，用现金支付的买主比赊账的买主更有竞争力。市场上某种商品的卖主越多，单个买主的讨价还价能力就越强；某一买主要求的交货时间越短，其讨价还价能力就越弱。

C. 有关谈判对手的信息

孙子曰："知彼知己，百战不殆。"分析对手是取得谈判成功的重要保证。对谈判对方的个性缺乏一定的了解，很难在谈判中较为迅速地融洽双方间的关系；对谈判对方的需要缺乏充分的了解，就很难达成双方共同满意的协议；对谈判对方在谈判中可能采用的谈判策略缺乏足够的分析，谈判者就无法有针对性地制定谈判策略，就不可能取得理想的谈判效果；对谈判对方的资信状况缺乏足够的了解，在未来的合作中就可能会蒙受巨大的损失。

（1）对方的资信情况。对谈判对手资信状况进行调查了解，是谈判的前提。如果缺少对资信情况的必要分析，有可能会出现谈判对手主体资格不合格或是不具备与合同要求相当的履约能力，致使最终签订的协议无效或是没有保障，从而造成不必要的损失。

对资信情况的了解包括两个方面。

第一，对方主体资格是否合格，这就要搞清楚对方公司的性质，是有限公司还是无限公司，是母公司、子公司还是分公司，作为谈判交易的对方，必须具有法律所规定的合法资格。

第二，对方的资本信用与履约能力，如对方的财务状况、可流动资金状况、经营状况或生产状况、可能的付款期限和付款方式、市场信誉及相关组织之间的关系等。

作为一家信息咨询公司，邓白氏集团在与若干中国公司的长期业务合作中，发现不少中国公司存在着某些对国际商务活动中风险和信用认识上的误区，如"外商是我们的老客户，信用应该没问题""对方商号是大公司，跟他们做生意，放心"等。针对这些误区，邓白氏提出了若干忠告，如"对老客户的资信也要定期调查，特别是当其突然下大订单或有异常举措时，千万不要掉以轻心""防人之心不可无"等。

（2）对方真正的需要。需要和对需要的满足是谈判进行的基础。谈判者要能正确地分析了解对方谈判的目的，把握对方在谈判过程中的行为规律，就必须要了解对方的需要，包括了解对方为什么要进行谈判，对方的需要满足状况，对方对不同层次、不同类型需要的重要程度的认识如何等。

有的谈判对手主动寻找己方进行谈判，其目的并非真正要购买企业的产品，而是借谈判之名向第三者施加压力，这样的谈判无疑会使企业徒费精力而没有结果。有的可能是试探，有的可能还有别的企图。无论是哪一种目的，都应当事先查明，以便采取适当对策。

（3）对方的谈判时限。时间越短，谈判者受到的压力就越大；可供谈判的时间的长短与谈判者的技能发挥状况成正比。由于必须在一定的时间内完成特定的任务，而随着时间的流逝，时间越短，对谈判者而言，用以完成该项特定任务的选择就越少。等到谈判的最后一刻，如果不能与对方达成协议，可能就意味着不可能在特定的时间内完成任务。因此，在双方的谈判过程中，哪一方可供谈判的时间越长，其就拥有较大的主动权。美国和越南双方的"巴黎和谈"最能说明这一问题。迫于国内外形势的压力，美国谈判代表团希望在尽可能短的时间内（几天）就结束谈判。以首席代表哈里曼为首的代表团进驻丽池大饭店后，租期是按天算的。而越南方面则并不像美方那样急于在很短的时间内完成谈判。黎德寿率领的越南代表团抵达巴黎后，租了一幢别墅，租期两年。几天与两年之比迫使美国对越南做出了许多其原本不愿做出的让步。

（4）谈判对手的权限。参加谈判的对手拥有什么样的权限，了解这一点也很重要。有的谈判者在谈判过程中往往有权力说"不"，否决那些对自身不利的要求，但却无权说"行"。分析对方谈判人员的权限，就是要弄清谈判对手是否拥有决定的"全权"，还是只有部分权力，抑或连部分权力也没有。在实践中常会遇到这样的情况，谈判双方经过艰苦谈判，终于达成了共识，然而一方提出，还需要向上级汇报一下，如果没有异议，一切就能定下来，但等待的结果却往往是不同意，这样之前的一切努力就都白费了。因此，要注意了解对手所获得的授权范围有多大，在多大程度上是可以独立做出决定的，哪些问题是无权做出决定的等。

【案例 1-1-10】

> 有位汽车推销员应某家庭的电话约请前往推销汽车。推销员进门后，发现房子里坐着一位老太太和一位小姐，便认定是那位小姐要买汽车，并展开了推销攻势，对那位老太太则不予理睬。经长时间的讨论后，小姐同意可以考虑购买推销员所推销的汽车，只是还要请示那位老太太，让她做出最后的购买决定，因为真正的购买人是老太太，她要购买汽车送给那小姐。

老太太并未做出推销员所期望的反应，她不客气地打发推销员赶快离开。而另一位应约而来的汽车推销员则做出了正确的判断，他同时向老太太和小姐展开推销攻势，很快达成交易，凯旋。因此，错误地判断对手的权限，将没有足够权力的人作为谈判对象，不仅可能导致不利的交易条件，甚至可能失去交易的机会。

（5）对方的谈判风格和个人情况。谈判风格是指在反复多次的谈判中所表现出来的一贯作风，有的是强硬式的，有的是软弱式的，也有的是合作式的，还有些是介于二者之间的。了解对手的谈判风格可以更好地采取相应的对策，以适应对方的谈判风格，尽力促使谈判成功。另外，还要尽可能了解谈判对手的个人情况，包括对方谈判人员的年龄、家庭情况、个人简历、所学专业、收入水平、业余爱好和兴趣等方面。

D. 己方的信息

谈判是双方实力的一种较量，自知才能知人。谈判人员一定不要忽视对自身情况的深入了解，真正做到知彼也知己，这样才能从企业的根本利益出发，灵活处理谈判中的各种问题。因此，认识自身也是谈判准备工作的一个重要方面。对己方信息的掌握主要包括以下几个方面。

（1）企业的基本情况及市场地位。企业的基本情况包括企业的生产规模、产品方向、财务状况、员工素质、生产经营场地和设备状况、企业所具有的优势和不利条件、经营计划、广告策略、服务项目及企业的发展历史等诸多方面。

企业的市场地位是指企业在同行业竞争中所处的位置，是垄断者还是领导者，是跟随者还是补缺者等。市场地位往往关系到企业在谈判中的地位。市场地位强，谈判地位一般也强；市场地位弱，谈判地位也弱。当然，强弱只是相对而言，能否在谈判中占有优势，还要看谈判对手的具体情况及当时的环境条件。

（2）产品情况和销售政策。对于商务谈判的卖方来讲，对所交易的产品自然应该有透彻的了解。不仅要了解产品的性能、特点、价格、服务等因素，还应对产品的生产过程、生产周期和研发能力有所了解，这样，当对方在谈判中提出有关问题时，才可以做到从容应对，合理决定进退。

企业的销售政策是从企业的总体战略考虑制定的，谈判人员应深入理解政策制定的意图，避免在谈判中机械照搬，应减少对方对政策的抵触情绪，灵活运用销售政策去处理一些边缘问题。

（3）谈判人员的自身素质。主要包括以下三种：己方参加谈判的人员是否具有丰富的谈判经验、在过去的谈判中有哪些成功的做法，以及在哪些地方容易产生失误。如果是小组谈判，还需要了解小组成员内各自的性格特点、特长爱好、相互配合的默契程度、工作能力及工作作风等。

（三）商务谈判的计划拟订

作为商务谈判的构成要素之一，谈判议题是指谈判中双方共同关心并希望解决的问题，是谈判活动的中心。在商务谈判的准备阶段，谈判议题具体表现为对谈判计划的制订。谈判计划是人们在进行谈判之前，预先拟定的谈判目标和实现目标的具体步骤。信息搜集为制订出合理的谈判计划提供了条件。

1. 制订商务谈判计划的基本要求

1）谈判计划要简明扼要

谈判计划越简单，执行人员执行的可能性才越大。商务谈判是一项十分复杂的活动，参与谈判的所有谈判人员必须准确把握谈判的主题方向和计划的主要内容。只有这样，在与对手谈判时才能按既定目标，应对错综复杂而又多变的局面，驾驭谈判局势的发展。所以谈判计划要用简单明了、高度概括的文字加以表述，这样才可能使每一个谈判人员在头脑中对谈判问题留下深刻印象。

2）谈判计划内容要具体明确

谈判计划虽然要简明扼要，但谈判计划中的内容则要具体明确。如果没有具体内容，计划也就失去了意义，但也要避免面面俱到。

3）谈判计划要有灵活性

谈判过程千变万化，谈判计划只是谈判单方的主观设想，是事前行为，不可能把所有的影响谈判的因素都考虑在内，总有不可控和预测因素，因此，谈判计划要有一定的弹性，有较强的适应性，在谈判计划中相应做粗略的安排。

2. 商务谈判计划的内容

1）确定谈判主题

谈判的主题是指参加谈判的目的，不同内容和类型的谈判有不同的主题。谈判的主题必须简单明了，最好能用一句话加以概括和表述，而且一次谈判一般只有一个主题。

2）确定谈判目标

谈判目标则是谈判主题的具体化。例如，招商谈判的主题是"更好地开拓销售市场"，至于怎么开拓市场，那就是谈判目标的问题。谈判的目标可以分为三个层次。

（1）最低限度目标。最低限度目标是在谈判中对己方而言毫无退让余地，必须达到的最基本的目标。对己方而言，宁愿谈判破裂，放弃商务合作项目，也不愿接受比最低限度目标更低的条件。因此，也可以说最低限度目标是谈判者必须坚守的最后一道防线。

（2）可接受目标。可接受目标是谈判人员根据各种主、客观因素，经过对谈判对手的全面估价，对企业利益的全面考虑、科学论证后所确定的目标。这个目标是一个区间或范围，己方可努力争取或做出让步的范围，谈判中的讨价还价就是在争取实现可接受的目标，所以可接受的目标的实现，往往意味着谈判取得成功。

（3）最高期望目标。最高期望目标是对谈判者最有利的一种理想目标，实现这个目标，将最大化地满足己方利益。当然己方的最高期望目标可能是对方最不愿接受的条件，因此很难实现。但是确立最高期望目标是很有必要的，它能激励谈判人员尽最大努力去实现最高期望目标，也可以很清楚地评价出谈判最终结果与最高期望目标存在多大差距。在谈判开始时，以最高期望目标作为报价起点，有利于在讨价还价中使己方处于主动地位。

谈判目标的确定是一个非常关键的工作。首先，不能盲目乐观地将全部精力放在争取最高期望目标上，而很少考虑谈判过程中会出现的种种困难，造成束手无策的被动局面。谈判目标要有一点弹性，定出上、中、下限目标，根据谈判实际情况随机应变、调整目标。其次，最高期望目标不是只有一个，可能同时存在几个目标，在这种情况下就要将各个目标进行排队，抓住最重要的目标努力实现，而其他次要目标可让步，降低要求。最后，己方最低限度目标要严格保密，除参加谈判的己方人员之外，绝对不可透露给谈判对手，这是商业机密。如果一旦疏忽大意透露出己方最低限度目标，就会使对方主动出击，己方陷于被动。

3）制定谈判策略

谈判目标明确以后，就要拟定实现这些目标所采取的基本途径和策略。谈判策略是指谈判者为了达到和实现自己的谈判目标，在对各种客观情况充分估量的基础上，确定采用的基本途径和方法。谈判策略有多种，如开局策略、报价策略、磋商策略、成交策略、让步策略、打破僵局策略等，制定谈判策略的过程可以分以下三步。

第一，确定双方在谈判中的目标是什么，包括最高、最低、可接受目标的目标体系；

在交易的各项条款中，哪些条款是对方重视的，哪些是他们最想得到的，哪些是对方可能做出让步的、让步的幅度有多大等。

第二，确定在我方争取最重要条款的时候，将会遇到对方哪些方面的阻碍，对方会提出什么样的交换条件等。

第三，确定针对以上情况，我方应采取怎样的策略。

要根据谈判过程可能出现的谈判风险，事先有所准备，心中有数，在谈判中灵活运用各种策略，同时也要制定应急对策。

4）确定谈判议程

谈判议程的安排对谈判双方非常重要，议程本身就是一种谈判策略，我们必须高度重视这项工作。谈判议程一般要说明谈判时间的安排和谈判议题的确定。议程包括通则议程和细则议程，前者由谈判双方共同使用，后者供己方使用。

A. 时间安排

时间安排即确定谈判在什么时间举行、举行多长时间、各个阶段时间如何分配、议题出现的时间顺序等。谈判时间的安排是议程中的重要环节。如果时间安排得很仓促，准备不充分，匆忙上阵，心浮气躁，很难沉着冷静地在谈判中实施各种策略；如果时间安排得很拖延，不仅会耗费大量的时间和精力，而且随着时间的推延，各种环境因素都会发生变化，可能会错过一些重要的机遇。从"时间就是金钱，效益就是生命"观点来看，精心安排好谈判时间是很有必要的。

B. 确定谈判议题及顺序

谈判议题就是谈判双方提出和讨论的各种问题。确定谈判议题首先要明确己方要提出哪些问题，要讨论哪些问题。要把所有问题全盘进行比较和分析：哪些问题是主要议题，列入重点讨论范围；哪些问题是非重点问题；哪些问题可以忽略；这些问题之间是什么关系，在逻辑上有什么联系；预测对方要提出哪些问题；哪些问题是需要己方必须认真对待、全力以赴去解决的；哪些问题是可以根据情况做出让步；哪些问题是可以不予以讨论的。

安排谈判议题前后顺序的方法是多种多样的，应根据实际情况来选择采用哪一种程序：其一，可以首先安排谈论一般原则问题，达成协议后，再具体讨论细节问题；其二，也可以不区分重大原则问题和次要问题，先把双方可能达成协议的问题或条件提出来讨论，再讨论会产生分歧的问题。

C. 典型的谈判议程

谈判议程的内容要能体现己方谈判的总体方案，统筹兼顾；要能够引导或控制谈判的速度及对方让步的限度和步骤等。典型的谈判议程至少包括以下三项内容。

（1）谈判应在何时举行？为期多久？若是一系列的谈判，分几次谈判为好？每次所花时间大约多久？休会时间多久？

（2）谈判在何处举行？

（3）哪些事项列入讨论？哪些不列入讨论？讨论的事项如何编排先后顺序？每一事项应占多少讨论时间？

D. 通则议程与细则议程的内容

（1）通则议程。通则议程是谈判双方共同遵照使用的日程安排，一般要经过双方协商同意后方能正式生效。在通则议程中，通常应确定以下内容：谈判总体时间及各分阶段时间的安排；双方谈判讨论的中心议题，尤其是第一阶段谈判的安排；列入谈判范围的各种问题，问题讨论的顺序；谈判中各种人员的安排；谈判地点及招待事宜。

（2）细则议程。细则议程是对己方参加谈判策略的具体安排，只供己方人员使用，具有保密性。其内容一般包括以下几个方面：谈判中的统一口径，如发言的观点、文件资料的说明等；对谈判过程中可能出现的各种情况的对策安排；己方发言的策略，如何时提出问题、提什么问题、向何人提问、谁来提问、谁来补充、谁来回答对方问题、谁来反驳对方提问、什么情况下要求暂时停止谈判等；谈判人员更换的预先安排；己方谈判时间的策略安排、谈判时间期限。

以上四个方面是制订谈判计划比较重要的内容，此外还包括确定谈判人员、谈判地点与场所、谈判费用和联络汇报。关于谈判人员和谈判地点方面的内容已在前文分别阐述了，这里就不赘述了。制订谈判计划需要确定和控制谈判费用，同时为了便利请示、沟通和汇报，还要有相关的联系人、联系方式等。具体见表 1-1-1。

表 1-1-1　商务谈判计划的基本样本

谈判当事人	买方		
	卖方		
谈判时间			
谈判地点			
谈判主题			
谈判目标	最高期望目标		
	可接受目标		
	最低限度目标		
谈判策略	包括应急策略		
谈判人员	己方	姓名	谈判角色
	对方		
谈判议程	通则议程		
	细则议程		

续表

谈判费用	费用名称	金额	合计

联络汇报	联络人	联络方式	联络时间

【案例 1-1-11 】

关于××建材公司保健品项目合资合作的谈判计划书

一、谈判主题

××建材公司与我公司谈判保健品项目合资合作。

二、谈判团队人员组成

主谈：王力（公司谈判全权代表）。

决策人：李新（负责重大问题的决策）。

财务顾问：王非（负责财务问题）。

法律顾问：姚玲（负责法律问题）。

三、双方利益及优劣势分析

（一）己方权益及优劣势分析

1. 己方核心利益

（1）要求对方尽早签约和出资。

（2）要求对方出资额度不低于 50 万元人民币。

（3）保证我公司控股。

2. 己方利益

解决合作问题，争取双方长期合作关系，获得利益。

3. 己方优势

我公司已注册生产"一品"牌野生苦丁茶，品牌和创意都十分不错，品牌效应在省内正初步形成。也已经拥有一套完备的策划、宣传战略，并且已经初步形成了一系列较为顺畅的销售渠道，在全省某一知名连锁药房及其他大型超市、茶叶连锁店都有设点，销售状况良好，未来发展前景广阔，若无法与我方达成合作则是对方的巨大损失。

4. 我方劣势

（1）品牌的知名度还不够，但相信此品牌在未来几年内将会有非常广阔的市场前景。

（2）缺乏足够的资金，需要吸引资金。

（二）对方优劣势分析

1．对方优势

经营建材生意多年，积累了一定的资金。准备用闲置资金进行投资，由于近几年来保健品市场行情不错，投资的初步意向为保健品市场。

2．对方劣势

对保健品市场的行情不甚了解，对苦丁茶的情况也知之甚少，需要我公司对产品提供相应资料。

四、具体日程安排

第一阶段：10 月 17 日上午 9：00～12：00，下午 3：00～6:00。

第二阶段：10 月 18 日上午 9：00～12：00。

第三阶段：10 月 19 日上午 7:00～9:00。

五、谈判地点

第一、二阶段的谈判安排在公司 12 楼洽谈室。

第三阶段的谈判安排在郑州国际大厦。

六、谈判目标

（一）战略目标

体面、务实地进行保健品项目合资合作的谈判，选一步扩大宣传力度，提高品牌知名度，扩大生产规模的需要，并争取双方长期合作关系。

原因分析：让对方尽快合作远比要求对方出资重要，迫切要求与对方达成长期合作关系。

（二）己方报价

（1）品牌估算价值 100 万元人民币。

（2）现有的茶叶及制成品评估价值为 80 万元人民币。

（3）其他共 120 万元人民币（包括生产资料、宣传资料等）。

（三）利益目标

（1）保证我方的利益最大化。

（2）利润分配问题：在对方投资 150 万元人民币的前提下，同意对方年收益率在 20%以上的要求，但必须保持在 25%以内。

（3）派生产、宣传及销售顾问小组到对方公司提供生产、宣传及销售指导，并对其产品提供相应资料。

（4）风险分担问题：用 50 万元人民币购买茶叶险（保险费用可计入成本）。

（5）最终使双方达成保健品项目合资合作，使双方实现共赢。

（四）谈判底线

（1）要求对方出资额度为 50 万元人民币。

（2）保证我公司控股。

（3）由对方负责进行生产、宣传及销售。

（4）争取对方与我方长期合作。

七、程序及具体策略

（一）开局

方案一：感情交流式开局策略。通过谈及双方合作情况形成感情上的共鸣，把对方引入较融洽的谈判气氛中。

方案二：进攻式开局策略。营造高调谈判气氛，强调我方优势地位，要求对方出资额度不低于 50 万元人民币并保证我方控股，以制造心理优势，使我方处于主动地位。

对方提出有关知名度不足、生产规模小问题时的应对策略如下。

（1）借题发挥的策略。认真听取对方陈述，抓住对方问题点，进行攻击、突破。

（2）前景与事实相结合原则。提出未来我方产品的趋势依据，并对现实销售情况进行剖析，对其进行反驳。

（二）中期阶段

（1）层层推进、步步为营的策略。有技巧地提出我方预期利益，先易后难、步步为营地争取利益。

（2）把握让步原则。明确我方核心利益所在，实行以退为进策略，退一步进两步，争取更大的投资，充分利用手中筹码，适当时可以退让出资金额来换取其他更大利益。

（3）突出优势。以资料作支撑，以理服人，强调与我方协议成功将给对方带来的利益，同时软硬兼施，暗示对方若与我方协议失败将会有巨大损失。

（4）打破僵局。合理利用暂停，首先冷静分析僵局原因，再运用肯定对方形式、否定对方实质的方法解除僵局，适时用声东击西策略，打破僵局。

（三）休局阶段

如有必要，根据实际情况对原有方案进行调整。

（四）最后谈判阶段

（1）把握底线。适时运用折中调和策略，严格把握最后让步的幅度，在适宜的时机提出最终报价，使用最后通牒策略。

（2）埋下契机。在谈判中形成一体化谈判，以期建立起长期合作关系。

（3）达成协议。明确最终谈判结果，出示会议记录和合同范本请对方确认，并确定正式签订合同时间。

八、准备谈判资料（略）

九、制订应急预案

双方是第一次进行商务谈判，彼此不太了解，为了使谈判顺利进行，有必要制订应急预案。

若对方同意投资，愿意出额不低于 50 万元人民币的投资金额，但对我方资产价值 300 万元人民币表示异议。

应对方案：就赔款金额进行价格谈判，运用妥协策略，换取在交货期、技术支持、优惠待遇等方面的利益。

附录：

合同书（略）。

对方背景资料：

（1）经营建材生意多年，积累了一定的资金。

（2）准备用闲置资金进行投资，由于近几年来保健品市场行情不错，投资的初步意向为保健品市场。

（3）投资预算在150万元人民币以内。

（4）希望在一年内能够见到回报，并且年收益率在20%以上。

（5）对保健品市场的行情不甚了解，对苦丁茶的情况也知之甚少，但我公司为产品提供了相应资料。

（6）据调查得知我公司的苦丁茶产品已经初步形成了一系列较为畅通的销售渠道，在全省某一知名连锁药房销售状况良好，但知名度还有待提高。

河南茶叶市场现状的资料（略）。

财务资料（略）。

资料来源：李冬芹，张幸花.推销与商务谈判.大连：大连理工大学出版社，2010：170-173

3. 制订和实施商务谈判计划的步骤

1）分析商务谈判的背景

分析商务谈判的背景包括分析与谈判有关的环境因素、市场、谈判对手及己方的信息，比较各自的优劣势、面临的机会和威胁。

2）制订谈判计划

根据对谈判背景的分析，围绕谈判双方寻求的利益，按相关内容制订谈判计划。

3）模拟谈判

围绕谈判主题展开模拟演练，将谈判过程逐一演绎，找出既定谈判计划的漏洞与缺陷，分析漏洞或缺陷的弥补方法，调整、完善谈判计划。

4）计划报批

完善后的计划报主管部门审批，听取主管领导意见，依照主管领导意见调整。

5）信息反馈

依据谈判计划形成"谈判通则议程"，并将其发送给对方，听取对方意见。

6）确定计划

根据谈判对方的意见，对谈判计划进行修改，主管领导审批通过后即可实施。

三、能力训练

小林需要完成以下任务。

（1）思考一个商务谈判人员应该具备哪些素质和能力，并分析自己具备其中的哪些、欠缺哪些、应如何补足。

（2）组建一支谈判队伍，并对人员进行明确分工。

（3）着手准备谈判室及室内用具。

（4）模拟演练商务谈判的礼仪及沟通技巧。

（5）拟定谈判题目，搜集相关谈判信息。

（6）为拟定的谈判题目制订完整的谈判计划。

四、知识拓展

一个成功的商务谈判应该遵循怎样的路径呢？基于双赢谈判理念的 PRAM 谈判模式为谈判人员提供了一条通向谈判成功的道路。PRAM 谈判模式的主要内容如下。

（一）制订谈判计划

在制订谈判计划（plan）时，首先要明确己方的谈判目标；其次要设法去理解和弄清楚对方的谈判目标。在确定了两者的目标之后，应该把两者加以比较，找出在本次谈判中双方利益一致的地方。对于双方利益的共同点，应该在随后的正式谈判中首先提出，并由双方加以确认。这种做法能够提高和保持双方对谈判的兴趣与争取成功的信心，同时也为后面解决利益不一致问题打下了良好的基础。对于双方利益不一致的问题，则要通过双方发挥思维创造力和开发能力，根据"成功的谈判应该使双方的利益需要得到满足"的原则，积极寻找使双方都满意的办法来加以解决。

（二）建立关系

在正式谈判之前，要建立起与谈判对方的良好关系（relationship）。这种关系不是那种一面之交的关系，而应该是一种有意识形成的，能使谈判双方的当事人在协商过程中都能够感受到的舒畅、开放、融洽的关系。换言之，就是要建立一种彼此都希望对方处于良好协商环境之中的关系。否则，就不应匆忙进入实质性问题的谈判，勉强去做不仅难以达到预期目标，反而容易适得其反。因此，可以说谈判双方之间的相互信赖是谈判成功的基础。

（三）达成使双方都能接受的协议

在谈判双方建立了充分信任的关系之后，即可进行实质性的事务谈判。在这里，首先应核实对方的谈判目标，其次应对彼此意见一致的问题加以确认，而对彼此意见不一致的问题则通过充分交换意见，寻求一个有利于双方利益需要和双方都能接受的方案来解决。

对谈判人员来说，应该清楚地认识到，达成满意的协议（agreement）并不是协商谈判的终极目标，谈判的终极目标应该是使协议的内容得到圆满地贯彻执行。因为，写下来的协议无论对己方多么有利，如果对方感到自己在协议中处于不利地位，就会很少有或者根本没有履行协议条款的动机。如果对方不遵守协议，那么协议也将变得一文不值。

（四）协议的履行与关系维持

在谈判当中，人们最容易犯的错误是：一旦达成了令自己满意的协议就认为万事大吉，会鼓掌欢呼谈判的结束，以为对方会立刻毫不动摇地履行其义务和责任。这实在是一种错觉，因为，履行职责的不是协议书而是人，协议书不管规定得多么严格，它本身并不能保证得到实施。因此，签订协议书是重要的，但维持协议书，确保其得到贯彻实施更加重要。

因此，从为以后继续进行交易往来考虑，对于在本次交易协商中开发出来的与对方的关系，应想方设法予以保持和维护（maintenance）。维持与对方关系的基本做法是：保持与对方的接触和联络，主要是个人之间的接触。

图 1-1-8 很清晰地表明了成功的 PRAM 谈判模式的主要内容及彼此之间的关系。

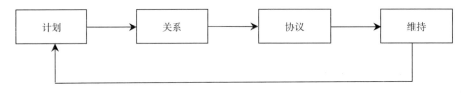

图 1-1-8　PRAM 谈判模式

任务二　商务谈判开局

一、任务描述

从现在开始，小林和他新入职的同伴们要开始学习从幕后走到谈判桌前。首先要认知的就是根据谈判的实际情况，开好预备会议、营造适合的谈判气氛、做出适当的开局陈述和报价并制定合适的谈判开局策略。

二、知识学习

商务谈判开局是谈判双方进入正式谈判后所要面临的第一个环节。在开局谈判中，谈判各方的了解往往还停留在谈判前的信息收集，并未有实质的感性认识，这时谈判各方的心理比较紧张，态度更加谨慎，谈判的主要意图更倾向于相互试探。所以这个环节的时间虽然很短但往往经历了从介绍、寒暄、谈判外话题的讨论等平和过程到谈判各方观点的陈述及谈判策略的实施等激烈过程的突变。需要谈判者快速进入状态。

商务谈判开局主要是指正式谈判开始时，谈判双方相互介绍、寒暄、表态，营造谈判气氛，各自阐明己方的观点，并为在接下来的谈判中赢得优势、奠定基础的行为与过程。商务谈判开局主要有预备会议、谈判气氛的营造、开场陈述及报价、开局阶段谈判策略四部分内容。预备会议是指正式谈判前谈判双方就谈判的目标、计划、进度及人员进行协商的过程；谈判气氛的营造是指在谈判开局阶段营造适宜的谈判气氛，包括高调气氛、低调气氛、自然气氛和无所谓气氛等；开场陈述是指谈判每一方各自阐述己方的谈判立场和观点及己方对问题的理解的过程，主要分为书面陈述和口头陈述两种，报价则是指谈判各方对自己交易条件的阐述；开局策略是谈判者谋求谈判开局中有利地位和实现对谈判开局的控制而采取的行动方式与手段，常见的有坦诚式开局策略、保留式开局策略、协商式开局策略和挑剔式开局策略等。

$$商务谈判开局\begin{cases}预备会议\\谈判气氛的营造\\开场陈述及报价\\开局阶段谈判策略\end{cases}$$

（一）预备会议

在商务谈判中，常常需要在正式谈判前召开预备会议以磋商谈判的目标、计划、进度和人员等谈判双方共同关心的问题。预备会议可以为接下来的谈判打下基础，成功的预备会议是成功谈判的开端。

1. 预备会议的主要内容

谈判各方初次见面，要相互介绍双方的谈判人员，这种介绍应包含己方谈判人员的姓名、职位；然后双方进一步明确谈判所要达成的目标，即双方的利益共同点；同时谈判各方还要协商确定谈判进度和议程的大致时间，以及谈判中双方应共同遵循的谈判规则等。总的来说，预备会议的主要内容可以归纳为 personality（人员）、plan（计划）、purpose（目的）、pace（进度）四个方面，即 4P。

为更好地获得一致感和认同感，预备会议应主要围绕 4P 进行。商务谈判的各方有时会因为目标、对策相距甚远而导致谈判在一开始就陷入僵局。这时，谈判各方可以努力把谈判的核心从具体问题转向会谈的人员、计划、目的、进度上，这些与谈判密切相关却不涉及根本性冲突的问题，更加容易达成一致，可以有效创造出谈判各方的"一致感"。谈判者应有意识地创造这种"一致感"，从而避免在谈判之初就陷入僵局。

2. 预备会议应遵循的原则

为了更多地增强谈判各方的"一致感"，建立起各谈判方人员的认同感，一般情况下预备会议应遵循轻松氛围、均等发言机会、简练表达的原则。轻松的开端更容易消除谈判各方的心理紧张情绪，有助于减少整个谈判的激烈对抗，为谈判的成功奠定基础；均等的发言机会可以消除谈判各方的对抗情绪，有利于增强各方的"一致感"；通常预备会议只占整个谈判过程中的较少的时间，因此，简练的表达可以节省谈判各方的时间。

3. 预备会议应注意的事项

谈判者应在预备会议阶段快速进入谈判状态，调整、确定适合的语速，同时避免谈判开始时的紧张和慌乱。谈判中应明确自己每一句话所要达到的谈判目的，做到有的放矢，避免过于啰嗦，不知所云。对于谈判对手要察言观色，尤其是注意其眼睛和肢体语言，尽可能了解其思维模式。同时谈判者在谈判过程中应避免居高临下、出言不逊或者卑躬屈膝、一味忍让的极端态度，在谈判中应做到有理、有据、有节。

（二）谈判气氛的营造

1. 谈判气氛及其作用

谈判气氛就是弥漫在谈判现场空间中能够影响谈判进程和结果的心理因素和心理感受的总和。虽然谈判气氛既看不到，也摸不着，但却客观存在并不断影响着各方的谈判人员，进而影响着谈判的进行和发展。因此，在谈判的开局阶段是否能营造一个适宜的谈判气氛将影响到谈判的进程，进而影响到整个谈判的目标能否达成。一般来说，谈判气氛可划分为以下四种类型。

1）高调气氛

高调气氛即热烈、积极、友好的谈判气氛。双方互谅互让，共同努力签订一个皆大欢喜的协议，以双方的目标都能实现的态度来参加谈判，使谈判变成一件轻松、愉快的事情，把谈判成功看成是友谊的象征，它适合以下场合。

（1）己方占有较大优势。如果己方谈判实力明显强于谈判对手，为了使对方能够清醒地认识到自己的弱势，从而在谈判中更多地减少自己的期望，同时，也不至于将对方吓跑，在开局阶段，己方在语言和姿态上，既要表现出礼貌友好，又要充分显示出己方的自信，以气势压迫对方。

（2）各方企业有过业务往来，关系很好。有友好关系作为双方谈判的基础，开局阶段的气氛应该是热烈的、友好的、真诚的、轻松愉快的。己方谈判人员在开局时，语言上应该热情洋溢；内容上可以畅叙双方过去的友好合作关系，阐述双方谈判人员一直以来的友谊，也可以适当地称赞对方企业的发展和进步；姿态上应该更加自由、放松、亲切。谈判可以通过畅想本次谈判对双方带来的利益及对公司未来发展的积极作用来引入正题。

（3）各方谈判人员的个人关系密切。谈判是人们相互之间交流思想的一种行为，个人感情会对交流的过程及结果产生很大的影响。如果双方谈判人员有过交往，并且结下了一定的友谊，那么，在开局阶段应该畅谈友谊，即可以回忆过去交往的情景，讲述最近的旅行、读书等较为轻松的经历，互相问候对方的亲人，聊一聊双方共同的朋友。一旦双方谈判人员建立和发展了私人感情，那么，提出要求、做出让步、达成协议也就变得简单了。

（4）己方希望尽早与对方达成协议。己方的成交愿望强烈，希望把握时机，担心失去机会，或者对谈判成交前景判断乐观，希望提高谈判效率，迅速成交，因而全力投入，态度恳切，积极烘托热烈、向上的谈判气氛。

（5）谈判本身可以为己方带来巨大收益。由于谈判的公司实力雄厚，和其合作本身就是对己方公司实力的说明，对公司的品牌和信誉都会带来巨大的提升。这时应该尽全力烘托友好、热烈的气氛，从而方便公司宣传、媒体报道从而进一步提升公司的价值。

营造高调气氛通常采取以下几种方法。

（1）感情渲染法。感情渲染法是指通过某一特殊事件来引发存在于人们心中的感情因素，并使这种感情迸发出来，从而达到营造高调气氛的目的。

【案例 1-2-1】

> 中国一家彩电生产企业准备从日本引进一条生产线，于是与日本一家公司进行了接触。双方分别派出了一个谈判小组就此问题进行谈判。谈判那天，当双方谈判代表刚刚就座，中方的首席代表（副总经理）就站了起来，他对大家说："在谈判开始之前，我有一个好消息要与大家分享。我的太太在昨天夜里为我生了一个大胖儿子！"此话一出，不但中方职员纷纷站起来向他道贺，日方代表也纷纷站起来向他道贺。整个谈判会场的气氛顿时高涨起来，谈判进行得非常顺利。中方企业最终以合理的价格顺利地引进了一条生产线。
>
> 资料来源：吴湘频. 商务谈判. 北京：北京大学出版社，2014

（2）称赞法。称赞法是指通过称赞对方来削弱对方的心理防线，从而激发对方的谈判热情，调动对方情绪，营造高调气氛。采用称赞法要选择恰当的称赞目标、恰当的称赞时机和恰当的称赞方式。

【案例 1-2-2】

> 南亚某个国家的华人企业想要成为日本一著名电子公司在当地的代理商。双方几次磋商均未达成协议。在最后的一次谈判中，华人企业的谈判代表发现日方代表喝茶及取放茶杯的姿势十分特别，于是他说道："从××君（日方的谈判代表）喝茶的姿势来看，您十分精通茶道，能否为我们介绍一下？"这句话正好点中了日方代表的兴趣所在，于是他滔滔不绝地讲述起来。结果，后面的谈判进行得异常顺利，那个华人企业终于拿到了他所希望得到的地区代理权。
>
> 资料来源：吴湘频. 商务谈判. 北京：北京大学出版社，2014

（3）幽默法。幽默法是指用幽默的方式来消除对方的心理戒备，使其积极参与到谈判中来，从而营造高调气氛。采用幽默法要选择恰当的时机、采取适当的方式，做到收发有度。

（4）诱导法。诱导法是指投其所好，提及对方感兴趣或值得骄傲的一些话题来调动对方的谈判情绪与欲望，从而营造高调气氛。

【案例 1-2-3】

　　　1972 年 2 月，美国总统尼克松访华，中美双方将要展开一场具有重大历史意义的国际谈判。为了创造一种融洽和谐的谈判环境和气氛，中国方面在周恩来总理的亲自领导下，对谈判过程中的各种环境都做了精心而又周密的准备和安排，甚至对宴会上要演奏的中国和美国两国民间乐曲都进行了精心挑选。在欢迎尼克松一行的国宴上，当军乐队熟练地演奏起由周总理亲自选定的《美丽的亚美利加》时，尼克松总统简直听呆了，他绝没有想到能在中国的北京听到他如此熟悉的乐曲，因为，这是他平生最喜爱的并且指定在他的就职典礼上演奏的家乡乐曲。敬酒时，他特地到乐队前表示感谢，此时，国宴达到了高潮，而一种融洽而热烈的气氛也同时感染了美国客人。一个小小的精心安排，营造了和谐融洽的谈判气氛，这不能不说是一种高超的谈判艺术。

　　　资料来源：马克态. 商务谈判理论与实务. 北京：中国国际广播出版社，2004

　　2）低调气氛

　　低调气氛即冷淡、对立、紧张的谈判气氛。双方抱着寸土不让、寸利必夺、尽可能签订一个使自己的利益最大化的协议的态度来参加谈判，使谈判变成没有硝烟的战争，它适合以下场合。

　　（1）己方有讨价还价的砝码，但是并不占有优势。如果己方谈判实力相对弱于对方，为了不使对方在气势上占上风和轻视己方，谈判人员应做好充分的心理准备并要有较强的心理承受能力，始终显示内在的信心和展示顽强作战、不屈不挠的斗争精神，也可以向对方表示一定的合作姿态，同时要善于运用己方的砝码迫使对方让步。

　　（2）双方企业有过业务往来，但本企业对对方企业的印象不佳。这时，开局气氛通常是严肃的、凝重的。己方谈判人员在开局时，语言上在注意礼貌的同时，应保持严谨，甚至可以带一点冷峻；内容上可以对过去双方业务关系表示不满、遗憾，以及希望通过本次交易磋商来改变这种状况，也可以谈谈途中见闻、体育比赛等中性话题；姿态上应该充满正气，注意与对方保持一定的距离。

　　营造低调气氛通常采取以下几种方法。

　　（1）感情攻击法。感情攻击法是指诱发对方产生消极情感，致使一种低沉、严肃的气氛笼罩在谈判开始阶段。

【案例 1-2-4】

　　　在克莱斯勒破产风波中，虽然公司获得了政府的支持和贷款担保，但银行界却一直持否定态度。要想争取贷款给公司的 400 家银行同意延期收回 6.6 亿美元的到期债款，十分困难。公司董事会委托杰里·格林沃尔德和史蒂夫·米勒与各银行协调处理这一问题。同银行的谈判十分复杂。起初，史蒂夫·米勒分别找一家家银行谈。后来，他发现这个办法行不通。于是，改成把大家召集在一起谈，效果好一些。最后，他宣布说："我给你们一个星期的时间考虑，4 月 1 日，也就是下星期二，我们再开会。"

有些银行代表威胁说他们将不到会，结果都来了。

如果银行家们在这次会议上还达不成协议，那么，后果将不堪设想。因为，当时全国经济衰退形势已很严重，克莱斯勒宣布破产，很可能意味着一个更为可怕的经济灾难即将来临。

当4月1日全体成员都到会时，史蒂夫·米勒宣布会议开始。他的开场白实在让人震惊："先生们，昨天晚上，克莱斯勒董事会举行了紧急会议。鉴于目前的经济衰退，公司的严重亏损，利率的节节上升——更不要说银行家的不支持态度——公司决定今晨9点30分宣布破产。"

整个会议室里鸦雀无声，空气异常沉闷。这时，杰里·格林沃尔德目瞪口呆。他是董事会成员之一，他到现在才知道有这个会，这么重要的会议，怎么没有让他参加呢?接着，史蒂夫·米勒补充说："也许我应提醒诸位，今天是4月1日。"

人们大大松了口气。不幸的是，欧洲人从来没有听说过愚人节。他们仍然眼睛盯着墙上，搞不清4月1日到底与这件事有何相干。

这是史蒂夫·米勒在开会前5分钟想出来的一条奇谋。它有很大的冒险性，但结果证明很灵验。它使会场中的每一个人把焦点集中在一幅更大的可怕图景中，想象不达成协议可能产生的后果。而史蒂夫·米勒制订的让步计划也终于为全体与会者所接受：6.6亿美元到期贷款延期收回；4年内以5.5%的利率支付40亿美元贷款的利息。

（2）沉默法。沉默法是指以沉默的方式来使谈判气氛降温，从而达到向对方施加心理压力的目的。但是，沉默不是一言不发，而是己方尽量避免就谈判的实质问题发表议论。采用这种方法要有恰当的沉默理由，沉默有度，并适时反击，迫使对方让步。

【案例1-2-5】

日本一家航空公司就引进法国飞机的问题与法国的飞机制造厂商进行谈判。为了让日方了解产品的性能，法国方面做了大量的准备工作，各种资料一应俱全。谈判一开始，急于求成的法方代表口若悬河，滔滔不绝地进行讲解，翻译忙得满头大汗。日本人埋头做笔记，仔细聆听，一言不发。法方最后问道："你们觉得怎样?"日本代表有礼貌地回答道："我们不明白。""不明白? 这是什么意思?"法方代表焦急地问道。日方代表仍然以微笑作答："不明白，一切都不明白。"法方代表看到一切都要前功尽弃，付之东流，沮丧地说："那么……你们希望我们怎么办?"日方提出："你们可以把全部资料再为我们重新解释一遍吗?"法方不得已，又重复一遍。这样反复几次的结果是日本人把价格压到了最低。

资料来源：鲁小慧. 商务谈判. 郑州：河南出版集团，2007

（3）疲劳战术法。疲劳战术法是指让对方就某一个问题或某几个问题反复进行陈述，从生理和心理使对方疲劳，降低对方热情，从而控制对方并迫使其让步。采用疲劳战术法要求多准备一些问题，而且问题要合理，每个问题都能起到使对方疲劳的作用；要求认真倾听对方的每一句话，抓住错误，记录下来，作为迫使对方让步的筹码。

【案例 1-2-6】

> 第一次世界大战后，土耳其与希腊发生冲突。英国政府准备"教训"土耳其，纠集了法国、美国、意大利、日本、俄国、希腊等国，各派代表与土耳其在瑞士洛桑谈判。英国代表是外交大臣、将军刻遵。此人是当时颇有名气的外交家，身材高大，口若悬河，声音洪亮。土耳其的代表是伊斯美。此人身材矮小，耳朵有些聋，是个名不见经传的人物。会谈伊始，刻遵便轻视伊斯美，在会谈时表现得十分嚣张傲慢，不可一世，其他国家代表也盛气凌人，以势压人。伊斯美十分镇静，通常一声不响地仔细倾听，遇到大的原则问题却总是据理力争，毫不妥协。在这种十分不利的情况下，伊斯美从容不迫，不卑不亢。一次，刻遵大发雷霆时，伊斯美却若无其事地吸烟。等到刻遵精疲力竭时，他才不慌不忙地张开右手，靠在耳边，把身体移近刻遵，十分温和地说："你说什么呢？能不能重复一遍！"刻遵无可奈何地摆手。因为他不可能再像刚才那样暴怒。暴怒是一种激情，如海浪咆哮之后便是沉寂。几次交锋之后，刻遵已经失去了原有的傲气和锐气，显得有些力不从心。但伊斯美这时却精神百倍，展开了一场有理、有利、有节的谈判拉锯战。经过谈判桌上 3 个月的周旋，伊斯美终于在不伤英国面子的前提下，维护了土耳其的利益。

（4）指责法。指责法是对对方的某项错误或礼仪失误严加指责，使其感到内疚，从而达到营造低调气氛、迫使对方让步的目的。

【案例 1-2-7】

> 中国一家公司到日本去采购设备。在谈判开始后，中方就用详细的数据说明上一次采购设备延迟交货给中国公司带来的巨大损失和巨大的信誉影响，并且表示出了对日方公司的不信任。日方公司感到理亏只能不断道歉。谈判开始后，中方代表并没有放弃这一问题，不断地从工序流程和服务等方面对日方公司提出质疑，日方谈判代表惶惶不安，最终草率地签订了对自己十分不利的合约。

3）自然气氛

自然气氛即平静、严肃、严谨的气氛。通常各方既不是谈判生手，也不是初次见面。各方自信而严谨，进入谈判场所速度适中，默默缓缓而行，处于一种相互提防、似有成见的气氛之中。

通常，可以在以下几种情况下营造自然气氛。

（1）谈判各方势均力敌或实力相差不大。因为谈判各方实力相当，谈判的主动权更容易在不断交锋中转移，所以谈判中更容易产生戒备心理和敌对情绪。谈判人员应该努力防止开始就强化谈判对手的戒备心理和激起谈判对手的敌对情绪，致使这种气氛延伸到实质性谈判阶段而使双方一争高低，导致两败俱伤。因此，在开局阶段谈判人员要保持沉稳大方，语言和姿态要做到轻松而不失严谨，礼貌而不失自信。

（2）双方企业有过业务往来，但关系一般。开局目标是要争取创造一个比较友好、随和的气氛。但是本方在语言的热情程度上应该有所控制；在内容上，可以随意地聊一聊双方过去的业务往来及人员交往，也可以谈一谈双方人员在日常生活中的兴趣爱好；在姿态上应亲和、自然但有距离。

（3）双方企业在过去没有业务关系往来，是第一次业务接触。开局目标是要争取创造一个比较友好、真诚的气氛，以淡化和消除双方的陌生感，以及由此带来的防备甚至是稍含敌意的心理，为后面的实质性谈判奠定基础。因此，本方谈判人员在语言上应该表现得礼貌、友好，但又不失身份；在内容上以旅途见闻、体育消息、天气状况、个人业余爱好等比较轻松的话题为主，也可以就个人在公司的任职时间、负责范围、专业经历进行一般性的询问和交谈；在姿态上应该是不卑不亢，沉稳中不失热情，自信但不骄傲。

许多谈判都是在自然气氛中开始的。谈判双方在自然气氛中传达的信息往往要比在高调气氛和低调气氛中传送的信息准确、真实。营造自然气氛要注意自己的行为、礼仪；要多听、多记、多问；询问方式要自然；对于对方的提问，能正面回答的一定要正面回答，不能正面回答的要采用恰当方式回避。

4）无所谓气氛

无所谓气氛即松弛、缓慢、旷日持久的谈判气氛。谈判人员进入谈判会场时姗姗来迟、衣冠不整、精神不振、表情麻木、眼视他方，或入座时左顾右盼。

通常，谈判的无所谓气氛是由外界环境决定的。

谈判时，受到外界政治、文化等因素的影响，谈判的各方尽管明知道谈判不会取得结果，但仍旧必须进行谈判。谈判仅仅是对外界释放的信号，并不具有实际的谈判目的。

总而言之，谈判人员需要根据实际情况来营造于己方有利的谈判气氛。同时，在营造谈判气氛时，一定要注意外界客观因素的影响，如节假日、天气状况、突发事件等，它们对谈判的气氛都具有重要影响。

2. 语言之外的谈判气氛的主观影响因素

影响谈判气氛的因素较多，除最直接的言语表达外，归纳起来主要有以下几种。

1）表情、眼神

谈判人员的心情可以在人的表情上反映出来。反映表情最敏感的器官是头部、背部和肩膀。要特别注意脸上的表情：面无表情，就会容易使气氛趋于冷淡、对立、紧张；而率真、自然的面部表情更容易使对方产生认同感，形成积极、友好的谈判气氛；面部表情的表达关键在于眼神的变化，通过眼神变化可以窥测其心理情况。眼睛是心理的窗户，个人的情绪最容易从眼神中透露出来。

2）气质

气质是指人们相当稳定的个性特征、风格和气度。谦和的气质更容易使谈判在积极友好的气氛中展开，而进攻性强的气质更容易使谈判进入平静、严肃、严谨的氛围，懒散的俱乐部式的气质会将谈判的气氛引入到高调气氛或者无所谓气氛的两个极端。在谈判的预备阶段，一定要围绕己方谈判所需的气氛选择相应的人员。

3）风度

风度是知识、素质、文化的外在表现。当谈判对手是非常注重风度的国家时，如英国，这点将会变得更为重要。谦和有礼、不卑不亢的待人，侃侃而谈、旁征博引的发言，使谈判者更容易让谈判对手产生认同感，进而达到引导谈判气氛的结果。

4）服饰

谈判人员的服饰是决定其形象的重要因素。服装的色调与款式，深刻反映着谈判人员的心理特征。一般来说，过于正式的服装通常会将谈判气氛引入到严肃、严谨中；比较流行的西装款式更容易产生高调的气氛；T恤和牛仔容易使谈判进入无所谓的气氛当中。当然这些并不是绝对的，应依据情况而定，如沙滩鞋和短裤有时会被认为是对谈判对手的一种羞辱，但有时会被认为是一种关系极端亲密的表现。

5）个人卫生

谈判人员的个人卫生对谈判的气氛也会有所影响。某种程度上说个人卫生的脏乱是对谈判对手的不尊重，除非关系极为稳定的谈判者，否则很容易造成谈判的破裂。

6）动作

动作包括语言、手势和触碰行为。由于各国文化习俗的差异，对各种动作的反应也不相同。以握手为例，在初次见面寒暄时，握手用些力气，有些人会认为这是相见恨晚的表现，心里油然而生亲近的感觉；也有些人会觉得这是对方在炫耀力量，心里会有些不是滋味；更有甚者，有人认为这是故弄玄虚，是有意谄媚，从而产生厌恶之感。可见，必须了解谈判对手的文化背景和性格特点，根据不同情况，采取不同做法。

7）谈判座次

谈判双方一旦在各自的座位上坐定，谈判的气氛就随之形成。座次的安排代表了许多用语言难以表达的意义，其细微之处，对谈判者的心理以至整个谈判氛围都可能产生显著的影响。在长桌谈判时，双方谈判人员各居一方，面对面而坐，双方谈判小组的首席代表居中，其他代表分别坐在首席代表的两边，双方的首席代表相对坐在平等的座位上，这种方式更容易建立严肃、严谨的气氛。而圆桌自由式的坐法更容易产生热烈、积极、友好的谈判气氛。

8）传播媒介

谈判的一方通过传播媒介向对方传递意图，施加心理影响，制造有利于自己的谈判气氛。在现代社会，许多谈判在没有正式开始以前，舆论准备往往已经开始，制造谈判舆论气氛的重要性日益突出。因此，传播媒介已成为商务谈判，尤其是大型商务谈判不可或缺的工具。

3. 营造良好的谈判气氛

为了创造一个合作的良好气氛，谈判人员应该做到以下几点。

（1）以开诚布公、友好的态度出现在对方面前。

（2）运用中性话题，加强沟通。中性话题就是一些非专业性的、轻松的话题，如气候、体育、艺术、应邀进行的游览、曾经到过的地方、接触过的人等。中性话题容易引起双方感情的共鸣，有助于缓和气氛，缩短双方在心理上的距离，给彼此接话荐提供方便。

（3）在服装仪表上，谈判者要塑造符合自己的形象。服饰要美观、大方、整洁，颜色不要太鲜艳，样式不能太奇异，尺码不能太大或太小。

（4）注意利用正式谈判前的场外非正式接触（如欢迎宴会、礼节性拜访等）影响对方人员对谈判的态度。这有助于在正式谈判时形成良好的谈判气氛。

（5）合理组织。对谈判的合理组织，包括对谈判时间和谈判前活动的合理安排、谈判室的科学布置等，有助于积极友好的谈判气氛的形成。

（三）开场陈述及报价

开场陈述，是指在实质性的磋商阶段之前，谈判各方往往要做一个正式的开局发言去阐明自己对所谈判的议题的观点、立场，以及阐明对对方陈述观点及建议的理解。因此，开场陈述的内容一般应包括：己方对谈判问题的观点；己方希望通过此次谈判获得的利益；己方对合作的立场，包括双方的信誉、以前合作的结果、今后合作可能出现的机会或威胁。

1. 开场陈述的方式

开场陈述的方式一般有两种方式：一种是由一方提出书面陈述；另一种是会晤时双方口头陈述。

1）书面陈述

书面陈述是正式谈判前由一方提交的书面提案。

书面陈述的优点如下。

（1）正式清楚。书面陈述可以在提案时详细清楚地表达自己的意见，逻辑更清楚且不容易产生歧义。

（2）有备案。书面陈述具有可保存的优点，在耗时较长的谈判中有助于随时查阅，而且有利于在谈判后期说明自己的让步幅度以表明己方的诚意。

（3）可以插入图表。书面表达更容易加入更多的信息，在一些产品较多，或者比较复杂的谈判中，可以更好地说明己方的观点和立场。

书面陈述的缺点如下。

（1）易暴露意图。书面陈述容易使对方过多了解己方的意图，从而更好地制定谈判对策。

（2）缺乏灵活性。书面文字大多都使用较为正式的表达方式，从而有可能使建议缺乏灵活性和影响轻松气氛的营造。

（3）缺乏感情。书面文字可以更好地承载信息，却很难承载感情，而一些谈判中，感情是十分重要的因素。

若开场陈述是由对方提出一份书面方案时，己方需要注意以下事项。

（1）务必要把问题的每个要点搞清楚，即使需要再三询问也在所不惜，并且切忌过早地表示同意或反对对方的陈述。

（2）若遇到对方有某些概念性错误或故意制造一些不良气氛时，应委婉地加以指出，并说明这样做对双方均无益，切忌不闻不问、过于迁就或激烈指责。同时当对方被己方说服之后，要注意顾全对方的面子。

（3）要有全局观念、不要固执于一点，整个谈判是一盘棋，要灵活运用"弃车保帅"的策略，以求全盘的胜利。

若开场陈述是由己方提出一份书面方案时，需要注意以下事项。

（1）书面方案以己方在开始阶段必须陈述的内容为限，切忌无保留地暴露己方所有的立场、观点和意向。

（2）在回答对方的提问前，尽量利用反问的方式，引导对方对己方所提出的反问发表意见，并且越多越好，然后综合对方的看法去回答对方的提问。

（3）在回答对方的提问时，首先应该弄清对方提问的目的，其次根据己方的策略慎重回答。回答问题时应明白：在商谈中有些问题是不必要回答的，有些问题只回答一半就已足够，在没有弄清对方的提问之前，针对问题的实质作正面回答，往往是愚蠢的。

2）口头陈述

口头陈述是指会晤前双方不提交任何书面方案，仅仅在开场陈述时，由双方口头陈述各自的立场、观点和意见。这种陈述方式在谈判中也比较多见。

口头陈述的优点如下。

（1）灵活性。谈判者可以根据在开始阶段中对方所表现出来的立场、诚意及谈判中所出现的具体情况，去灵活变更自己的立场和策略，从而使谈判气氛更加活跃。

（2）能动性。因为采用此种方式的谈判双方，均有很多问题是事先无法估计的，谈判者可以更好地临场发挥。

（3）感性。一般来讲，采取口头陈述观点、立场比用书面陈述更能充分地利用感情因素。因为他们可以充分利用谈话的内容、语气、声调等方式及对时机的把握等去建立某种人际关系，从而使对方不好意思提出异议。

口头陈述的缺点如下。

（1）中心不明。口头陈述时很容易离开中心问题，且要叙述清楚一些复杂问题时往往不太容易。

（2）易误解。口头陈述中，言语不清等方面的因素容易造成误解，并且如果不能很好地控制个人情绪也往往容易出现冲动，从而有可能使谈判陷入僵局。

（3）临场发挥要求高。由于在开场陈述之前，要使对方看出己方的基本观点和立场，又不能使己方的全盘意图暴露在对方面前，同时还需给予己方谈判者灵活机动的自主权，所以对谈判人员的能力及在组织中的地位都有较高要求。

口头陈述的注意点如下。

（1）在陈述时，明确和牢记本阶段陈述的目的、任务和内容，按事先确定的陈述方法和策略，使本阶段的陈述一直围绕着本阶段安排任务和问题的中心进行，切忌顾此失彼、弃重就轻。

（2）尽量引导对方发表意见，并给予对方足够的时间陈述其观点、立场，己方应在弄清对方意图的基础上，有的放矢地发表己方的陈述。

（3）掌握好本阶段的进度，要使谈判内容横向铺开，而不是纠缠某一个具体问题作纵向深入的洽谈。

2. 开场陈述应涵盖的内容

1）己方的立场、观点及对问题的理解

谈判陈述最主要的是对己方立场、观点及对问题理解的表达，这是开场陈述的重点。

2）表现出己方公司实力

在很多谈判中，开场陈述是谈判者最直接的展示自己实力的平台，谈判不但需要人员的对等性更需要公司的对等性，若未能很好地展示己方的公司实力，很有可能导致谈判的失败。

3）表现出谈判者对谈判的决策权力

谈判时，如果谈判者未能表示出自己在己方公司的权利、地位，容易使谈判对手对谈判者的决策权产生怀疑，从而使谈判陷入停滞，甚至怀疑谈判者及谈判者公司的诚意。

4）表现出谈判者及谈判者公司的信誉

谈判中，尤其是准备并不充分的初次谈判中，个人及公司的信誉是各方谈判者必须考量的因素。用实力来说明谈判者及谈判者公司的信誉，有利于谈判的顺利展开。

5）表现出谈判者的友好和公正

在谈判中表现出谈判者的友好并适当表示出对利益获取的公正，使谈判对手产生认同感，并愿意和你展开友好而愉快的谈判，而不是进行锱铢必较的漫长谈判。

【案例 1-2-8】

A 公司是一家实力雄厚的房地产开发公司，在投资的过程，相中了 B 公司所拥有的一块极具升值潜力的地皮，而 B 公司正想通过出卖这块地皮获得资金，以将其经营范围扩展到国外。于是双方精选了久经沙场的谈判干将，对土地转让问题展开磋商。

A 公司代表："我公司的情况你们可能也有所了解，我公司是××公司、××公司（均为全国著名的大公司）合资创办的，经济实力雄厚，近年来在房地产开发领域业绩显著。去年在你们市开发的××花园，收益很不错，听说你们的周总也是我们的买主啊。你们市的几家公司正在谋求与我们合作，想把他们手里的地皮转让给我们，但我们没有轻易表态。你们这块地皮对我们很有吸引力，我们准备把原有的住户拆迁，开发一片居民小区。前几天，我们公司的业务人员对该地区的住户、企业进行了广泛调查，基本上没有什么阻力。时间就是金钱啊，我们希望能以最快的速度就这个问题达成协议，不知你们的想法如何？"

B 公司代表："很高兴能与你们有合作的机会。我们之间以前虽没有打过交道，但对你们的情况还是有所了解的。我们遍布全国的办事处也有多家住的是你们建的房子，这可能也是一种缘分吧。我们确实有出卖这块地皮的意愿，但我们并不是急于脱手，因为除了你们公司外，兴华、兴运等一些公司也对这块地皮表示出了浓厚的兴趣，正在积极地与我们接洽。当然了，如果你们的条件比较合理，价钱比较优惠，我们还是愿意优先与你们合作的，可以帮助你们简化有关手续，使你们的工程早日开工。"

资料来源：聂元昆. 商务谈判学. 北京：高等教育出版社，2009

3. 开场陈述应该注意的问题

1）只陈述，不深谈

开场陈述仅仅是对谈判中的原则性问题和己方的基本立场、观点及建议的陈述，就某一个具体问题的讨论应留在磋商阶段。陈述阶段的目的更多的是引出己方的观点，要大而全而不是纠结在每一个小的问题上面。同时过于冗长的发言会分散对手的精力，并使其产生厌烦的情绪。

2）不被对方立场和观点影响

开场陈述的主要目的是提出自己的立场、观点，因此不要被对方的立场、观点影响而过分纠缠。

3）专注己方利益

开场陈述时的注意力应放在己方的利益上，而不必去阐述双方的共同利益。但提出的立场、观点要有可行性，否则容易造成谈判的破裂。

4）以轻松诚挚的语气表达

轻松诚挚的语气往往更容易得到对方的理解和肯定答复，比较容易创造一致的感觉，更容易在接下来的谈判中达成互惠互利的协议。

5）注意语言、语调、声音、停顿和重复

通过语言、语调、声音去传递己方的真诚和友善，同时注意核心内容停顿和重复确保对手更容易理解己方的观点。

4. 在陈述的基础上进行报价

报价是一个广义的概念，并不仅是产品价格方面的要价，而是泛指谈判的一方对另一方提出的所有要求，包括商品的数量、质量、包装、价格、装运、保险、支付、商检、索赔、仲裁等交易条件。其中价格条件具有重要地位。商务谈判虽然多种多样，但一般情况下，都是围绕着价格进行的。

报价标志着商务谈判进入实质性阶段，也标志着双方的物质性要求在谈判桌上"亮相"。报价是商务谈判过程中的关键一步，它是整个谈判的核心内容，因为一旦谈判的一方报出价来，整个商务谈判的轴心即以此建立，整个谈判也将以此为轴心展开。许多贸易谈判成功与否，都与报价是否恰当密切相关。同时，它与谈判双方在价格谈判合理范围内的盈余分割息息相关，对实现己方的谈判目标具有举足轻重的意义。

1）报价的原则

A. 报价起点的基本要求

第一，期望要高。报价方期望水平的高低往往对最终成交水平具有实质性的影响。即期望高，报价水平就高，最终成交价的水平也就比较高；期望低，报价水平低，最终成交价的水平也相应比较低。

第二，留出余地。报价水平较高，能够为以后的讨论留下充分的回旋余地，使报价方在谈判中富有弹性，便于掌握成交时机。

第三，显示诚意。在商务谈判中，谈判双方即买房与卖方处于对立统一体之中，它们既互相制约又相互统一。因此，报价起点的高低不是由报价一方随心所欲就可以决定的，报价只有在显示诚意，对方能够接受的情况才能产生预期结果。因此，谈判一方在报价时，不仅要考虑报价所能获得的利益，还要考虑报价是否有诚意，能否被对方接受。

第四，要有根据。报价必须合乎情理，有根有据。对于卖方来说，期望高，即报价水平较高，但绝不可漫天要价，毫无根据，恰恰相反，高报价的同时必须合乎情理，必须讲得通才行。可以想象，如果报价过高又讲不出道理，那么对方必然会认为卖方缺少谈判的诚意，或者被逼无奈而终止谈判，扬长而去；或者以其人之道还治其人之身，相对地来个"漫天还价"；抑或一一提出质疑，而卖方又无法解释，其结果只好是被迫无条件让步。在这种情况下，有时即使卖方已将交易条件降低到较公平合理的水平上，对方仍会认为尚有"水分"可挤，因而还会紧追不舍。可见，报价脱离现实，便会自找麻烦。对于买方来说，也不能"漫天杀价"，这会使对方感到买方没有常识，而对买方失去信心，或将买方一一驳倒，使买方陷于难堪之境。所以无论是卖方还是买方在报价时都要有根有据，合乎情理。

B. 报价表达的基本要求

第一，先粗后细。报价时，先报总体价格，在必要时，再报具体的价格构成。

第二，诚恳自信。报价的态度要诚恳、自信，这样才能得到对方信任。

第三，坚决果断。报价要坚定、果断，并且毫不犹豫。这样做能够给对方留下己方认真、诚实的好印象。要记住，欲言又止、吞吞吐吐必然会导致对方的不良感受，甚至会产生不信任感。

第四，明确清楚。报价要明确、清晰而完整，以便对方能够准确地了解己方的期望。实践表明，报价时含糊不清最容易使对方产生误解，从而扰乱己方所定步骤，对己方不利。

第五，不加解释。报价时不要对己方所报价格做过多的解释、说明和辩解，因为对方不管己方报价的水分多少对方都会提出质疑。若是在对方还没有提出问题之前便主动加以说明，会提醒对方意识到己方最关心的问题，而这种问题有可能是对方尚未考虑过的问题。因此，有时过多地说明和解释，会使对方从中找出破绽或突破口，向己方猛烈反击，有时甚至会使己方十分难堪，无法收场。

C. 报价解释的基本要求

通常情况下，一方报价完毕之后，另一方会要求报价方进行价格解释。那么在做价格解释时，必须遵循一定的原则，符合以下一些基本要求。

第一，不问不答，是指买方不主动问及的问题不要回答。买方未问到的一切问题，都不要进行解释或答复，以免言多必失。

第二，有问必答，是指对对方提出的所有有关问题，都要一一做出回答，并且要很流畅、很痛快地予以回答。经验告诉人们，既然要回答问题，就不能吞吞吐吐、欲言又止，这样极易引起对方的怀疑，甚至会提醒对方，从而穷追不舍。

第三，避虚就实，是指对己方报价中比较实质的部分应多讲一些，对于比较虚的部分，或者说水分含量较大的部分，应该少讲一些，甚至不讲。

第四，能言不书，是指能用口头表达和解释的，就不要用文字来书写，因为当自己表达中有误时，口述和笔写的东西对自己的影响是截然不同的。有些国家的商人只承认笔上的信息，而不重视口头信息，因此要格外慎重。

2）报价方式

A. 按报价表达的媒介不同，报价方式分为口头报价和书面报价

第一，口头报价。口头报价是指一方以口头的方式向另一方陈述己方的交易条件。口头报价因不提供文字资料而具有很大的灵活性，但是，如果报价项目较多，会难以被对方准确记忆，容易产生误解，此外，一些复杂的要求，也难以用口头阐述清楚。一般来讲，口头报价只适合于交易条件比较简单的中、小型商务谈判中。

口头报价一般要做到以下三点。

（1）报价要态度严肃、坚决而果断。当双方在察言观色地揣摩对方的意图，判断虚实之际，无论谁的报价表现出犹豫或虚弱，都会相对地提高对方进攻的信心。这一条的真正意义在于用脸色、词语和语气向对手显示，己方立场坚定，条件合理，很难改变。

（2）报价表达要清楚、明确。即谈判人员报价时所运用的概念要准确无误，词语要恰如其分、不含糊。涉及数字时，为避免口误或记忆差错，在给予明确的表达之后，最好也写在纸上递给对方。

（3）对报价的内容尽可能地坚持不解释、不评论。因为对方若有不清楚之处，自然会提出疑问。在此之前，谈判人员若主动做出解释或评论，常会使对方察觉到己方的关注点或心有顾忌之处。

第二，书面报价。书面报价是指一方以文字、数据、图表等书面方式向另一方报出自己的交易条件。以书面形式报价在客观上成为该方承担责任的记录，限制了谈判的灵活性。在书面报价时，应力求按照合同格式及要求书写。书面报价一般要做到以下三点。

（1）粗细适中。粗的能说明问题，细的有孔可钻。例如，对产品主要性能、指标、技术条件，说明到适合于购买者的需要即可，不必把各种参数一一列出。待洽谈时根据对方要求再酌情补充说明，以创造让步条件、渲染己方态度诚意。

（2）明暗相间。明示条件投对方所好，暗含条件有利于己方。例如，报服务的价格便宜些，但其他条件，如零配件、往返机票、食宿等费用均由对方负担。

（3）留下伏笔。在报价中，把未来可能变化的因素考虑进去，为以后再做新的交易

做准备。或者在设备与备件价格上做文章，降低设备价格而保留备件的高价格，待买方日后增加备件时从中获利。

B. 按报价表达的组合方式不同，报价方式分为逐项报价和总体报价

第一，逐项报价。逐项报价是指对涉及交易的各项条款分别报价，如在成套设备贸易中，对主要设备逐台报价，对安装调试费、员工培训费、技术指导费、工程设计费、资料费等分项报价。

第二，总体报价。总体报价，即一揽子报价，是指只报出一个总体价格，不对报价进行细化。

以上报价方式哪种适合，应具体分析，不能生搬硬套，越适合于具体情况，效果就越好。

C. 按报价战术不同，报价方式分为欧式报价与日式报价

第一，欧式报价。欧式报价的一般模式：首先提出留有较大余地的价格，其次根据买卖双方的实力对比和该笔交易的外部竞争状况，通过给予各种优惠，如数量折扣、价格折扣、佣金和支付条件上的优惠（如延长支付期限、提供优惠信贷等）来逐步软化与接近买方的市场及条件，最后达成成交的目的。

这种报价战术，欧洲等西方国家经常采用，故称欧式报价，实践证明，这种报价方法只要能够稳住对方，往往会有一个不错的结果。

第二，日式报价。这是日本商人经常运用的报价方法，故称日式报价。日式报价一般的做法：将最低的价格列在价格表上，以求首先引起买主兴趣。击败竞争对手后，再和买主讨价还价。这种低价格一般是以对卖方最有利的结算条件为前提的，并且，在这种低价格交易条件下，各个方面都很难全部满足买方需求，如果买主要求改变有关条件，则卖主就会相应提高价格。因此，买卖双方最后成交的价格，往往高于价格表中的价格。

3）报价策略

商务谈判的报价是不可逾越的阶段，只有在报价的基础上，双方才能进行讨价还价。任何成功的商务洽谈，都应该以一个切实可行的、有效的报价作为序曲。在报价时，我们可以运用以下策略。

（1）报价时机策略。报价时机策略是谈判者根据自己的经验，选择适当的时机，并提出报价，以促成成交的策略。价格谈判中，报价时机的选择也是一个策略性很强的问题。作为卖方，应当首先让对方充分了解商品的使用价值，以及能为对方带来的实际利益，待对方对此产生兴趣后再来谈价格问题。提出报价的最佳时机有三种情况：对方对产品的使用价值有所了解；对方对价格兴趣高涨；价格已成为最主要的谈判障碍。

经验表明，提出报价的最佳时机，一般是对方询问价格时，因为这说明对方已对商品产生了交易欲望，此时报价往往水到渠成。有时，在谈判开始的时候对方就询问价格，这时最好的策略应当是听而不闻。因为此时对方对商品或项目尚缺乏真正的兴趣，过早报价会徒增谈判阻力。这时应当首先谈该商品或项目能为交易者带来的好处和利益，待

对方的交易欲望被调动起来后再报价为宜。当然，对方坚持即时报价，也不能故意拖延；否则，就会使对方感到不尊重甚至反感，此时应善于采取建设性的态度，把价格同对方可获得的好处和利益联系起来。

（2）报价表达策略。报价表达策略就是以口头或书面方式，用肯定和干脆的表达，说明价格不能再做任何变动和没有任何可以商量的余地的策略。"大概""大约""估计"一类词语在报价时使用，是不适宜的，因为这会使对方感到报价不实。另外，如果买方以第三方的出价低为胁迫时，你应明确告诉他，"一分钱，一分货"，并对第三方的低价毫不介意。只有在对方表现出真实交易意图时，为表明至诚相待，才可在价格上开始让步。

（3）报价差别策略。报价差别策略是根据购买数量、付款方式、交货期限、交货地点、客户性质等方面的不同，采取同一商品的购销价格不同的策略。这种价格差别，体现了商品交易中的市场需求导向，在报价策略中的应重视其运用。例如，对老客户或大批量需求的客户，为巩固良好的客户关系或建立起稳定的交易联系，可适当实行价格折扣；对新客户，有时为开拓新市场，也可给予适当让价；对某些需求弹性较小的商品，可适当实行高价策略；对方"等米下锅"，价格则不宜下降；旺季较淡季时，价格自然较高；收货地点远程较近程或区位优越者，应有适当加价，支付方式方面，一次性付款较分期付款或延期付款，价格需给予优惠等。

（4）报价对比策略。报价对比策略是指向对方抛出有利于本方的多个商家同类商品交易的报价单，设立一个价格参照系，然后将所交易的商品与这些商家的同类商品在性能、质量、服务与其他交易条件等方面做出有利于本方的比较，并以此作为本方要价的依据。价格谈判中，使用报价对比策略，往往能增强报价的可信度和说服力。

报价对比可以从多方面进行。例如，将本商品的价格与另一可比商品的价格进行对比，以突出相同使用价值的不同价格；将本商品及其附加各种利益后的价格与可比商品不附加各种利益的价格进行对比，以突出不同使用价值的不同价格。除此之外，还可将产品的价格与消费者日常开销进行比较。

（5）报价分割策略。报价分割策略是为了迎合买方的求廉心理，将商品的计量单位细分化，然后按照最小的计量单位报价的策略。卖方报价时，采用这种技巧，能使买方感到价格便宜。价格分割包括以下两种形式：第一，用较小的单位报价。此策略是把一个整体分割成小的单位进行报价。用小单位报价比大单位报价更会使人产生便宜的感觉，更容易使人接受。例如，原先用"千克"报价，可以转换成"克"等小单位报价。特别是对于一些价格比较高的产品，非常适合采用此法。第二，用较小单位商品的价格进行比较。用此策略的关键是，将价格与产品使用寿命周期结合起来，折合计算出单位时间的用度及其所对应的支出，以表明产品的价格并不算贵。

（6）心理定价策略。人们心理上一般认为9.9元比10元便宜，而且认为零头价格精确度高，给人以信任感，容易使人产生便宜的感觉。像这种在心理上被人们认为较小的价格称为心理价格。因此，市场营销中有奇数定价这一策略。例如，标价79元，而不标价80元；标价19.9元，而不标价20元，这1角钱、1元钱之差，会给人"大大便宜"

的感觉。心理价格在国内外都已被广泛应用。

（7）中途变价策略。中途变价策略是指在报价中途改变原来的报价趋势，从而争取谈判成功的报价方法。改变原来报价趋势是说，买方在一路上涨的报价过程中，突然报出一个下降的价格，或者卖方在一路下降的报价过程中，突然报出一个上升的价格来，从而改变了原来的报价趋势，促使对方考虑接受你的价格。

大量谈判实践告诉我们，许多谈判者为了争取更好的谈判结果，往往以极大的耐心，没完没了地要求、要求、再要求，争取、争取、再争取，碰到这样的对手实在让人头痛，尽管已经满足了对方许多要求，使对方一次又一次受益，可对方似乎还有无数的要求。这时对付对方的有效方法就是"中途变价法"，即改变原来的报价趋势，报出一个出乎对方意料的价格来，从而遏制对方的无限要求，促使其尽早下决心交易。

（四）开局阶段谈判策略

在整个商务谈判的过程中，会用到各种各样的谈判策略，而在正式谈判开始前，谈判各方在相互问候、寒暄中，谈判人员便开始了开局策略的比拼、较量。若能在开局时，就能有效地执行己方的谈判策略，不但有助于强化有利于己方的谈判气氛，而且有助于掌握谈判的主动权，进而影响谈判的进程和结果。因而，谈判阶段的策略在商务谈判中就显得尤为重要了。

在商务谈判中，开局阶段的策略有常用与不常用之分，但没有优劣之别，关键在于谈判的策略是否与外界环境、谈判各方的实际情况相适应，这里主要介绍几种比较常见的开局策略。

1. 坦诚式开局策略

坦诚式开局策略是指在谈判开局时，以开诚布公的方式向谈判对手陈述自己的观点或意愿，尽快打开谈判局面，适用于以下情况。

（1）双方有过商务往来，而且关系很好、了解较深、合作愉快。由于双方了解较深，不用太多客套试探，直接阐述己方的观点、要求更容易获取对方的信任，加深双方的感情，进而建立长期的良好合作关系，甚至发展成为长期合作伙伴。

【案例 1-2-9】

我国某出口公司的一位经理在同马来西亚商人洽谈大米出口交易时，开局是这样表达的："诸位先生，首先让我向几位介绍一下我方对这笔大米交易的看法。我们对这笔出口买卖很感兴趣，我们希望贵方能够现汇支付。不瞒贵方说，我方已收到贵国其他几位买方的递盘。因此，现在的问题只是时间，我们希望贵方能认真考虑我方的要求，尽快决定这笔买卖的取舍。当然，我们双方是老朋友了，彼此有着很愉快的合作经历，希望这次洽谈会进一步加深双方的友谊。这就是我方的基本想法。我把话讲清楚了吗？"

短短的谈判陈述体现了自己的坦诚与友好，大大降低了谈判的对抗气氛，为接下来的谈判打下了良好的基础。

资料来源：吴湘频. 商务谈判. 北京：北京大学出版社，2014

（2）谈判中地位处于较大弱势的一方。谈判者处于较大弱势，已经对在谈判中争取较大利润不报太大期望时，坦诚式开局可以表明自己的真诚和对谈判的重视，更容易在感情上打动对方，从而获取更大的利益。

【案例 1-2-10】

北京某区一位党委书记在同外商谈判时，发现对方对自己的身份持有强烈的戒备心理。这种状态妨碍了谈判的进行。于是，这位党委书记当机立断，站起来对对方说道："我是党委书记，但也懂经济、搞经济，并且拥有决策权。我们摊子小，并且实力不大，但人实在，愿意真诚与贵方合作。咱们谈得成也好，谈不成也好，至少你这个外来的'洋'先生可以交一个我这样的'土'朋友。"

寥寥几句肺腑之言，打消了对方的疑惑，使谈判顺利地向纵深发展。

资料来源：鲁小慧. 商务谈判. 郑州：河南出版集团，2007

2. 保留式开局策略

保留式开局策略是指在谈判开局时，对谈判各方提出的关键性问题不做彻底、明确的回答，而是有所保留，从而产生神秘感，以吸引对方深入谈判。

保留式开局策略主要适用于谈判中己方占有较大优势时，有助于了解谈判对手的需求，以及使对手产生危机感从而加大谈判中的让步。

【案例 1-2-11】

江西省某工艺雕刻厂原是一家濒临倒闭的小厂，经过几年的努力，产值发展为 200 多万元，产品打入日本市场，战胜了其他国家在日本经营多年的厂家，被誉为"天下第一雕刻"。有一年，日本三家株式会社的老板同一天接踵而至，到该厂订货。其中一家资本雄厚的大商社，要求原价包销该厂的佛坛产品。这应该说是好消息。但该厂想到，这几家原来都是经销韩国、中国台湾地区产品的商社，为什么争先恐后、不约而同地到本厂来订货？他们查阅了日本市场的资料，得出的结论是本厂的木材质量上乘，产品工艺高超是吸引外商订货的主要原因。于是该厂采用了"待价而沽""欲擒故纵"的谈判策略。先不理那家大商社，而是积极抓住两家小商社求货心切的心理，把佛坛的梁、榴、柱，分别与其他国家的产品做比较。在此基础上，该厂将产品当成金条一样销售，不仅争价钱，还论成色，使其价格达到理想的高度。该厂首先与小商社拍板成交，造成那家大商社产生失落货源的危机感。结果那家大商社不但更急于订货，而且想垄断货源，于是大批订货，以致订货数量超过该厂现有生产能力的好几倍。

资料来源：聂元昆. 商务谈判学. 北京：高等教育出版社，2009

3. 协商式开局策略

协商式开局策略是指在谈判开局时，以协商、肯定的方式，建立或加深谈判的"一致"感觉，从而使谈判双方在友好气氛中不断进行更加深入的谈判。

协商式开局策略主要适用于谈判双方并不是特别了解，双方初次合作，但都有较强的合作意愿时，有助于谈判各方快速建立认同和默契。

4. 挑剔式开局策略

挑剔式开局策略是指在谈判开局时，对谈判对手的某项错误或礼仪失误严加指责，使其感到内疚，从而产生慌乱，达到营造低调气氛、迫使对方让步的目的。

挑剔式开局策略主要适用于谈判对手比较不成熟，容易产生慌乱时。挑剔式开局策略可以有效压迫对手，使其在慌乱的情况下做出较大的让步。但如果谈判对手比较成熟，挑剔式开局策略容易起到相反的效果。

【案例 1-2-12】

> 巴西一家公司到美国去采购成套设备。巴西谈判小组成员因为上街购物耽误了时间。当他们到达谈判地点时，比预定时间晚了 45 分钟。美方代表对此极为不满，花了很长时间来指责巴西代表不遵守时间，没有信用，如果老这样下去的话，以后很多工作很难合作，浪费时间就是浪费资源、浪费金钱。对此巴西代表感到理亏，只好不停地向美方代表道歉。谈判开始以后美方代表似乎还对巴西代表来迟一事耿耿于怀，一时间弄得巴西代表手足无措，说话处处被动，无心与美方代表讨价还价，对美方代表提出的许多要求也没有静下心来认真考虑，匆匆忙忙就签订了合同。
>
> 等到合同签订以后，巴西代表平静下来，头脑不再发热时才发现自己吃了大亏，上了美方代表的当，但已经晚了。

5. 进攻式开局策略

进攻式开局策略是指通过语言或行为来表达我方强硬的姿态，从而获得对方必要的尊重，并借以制造心理优势，使得谈判顺利地进行下去。进攻式开局策略往往在万不得已情况下使用，因为它容易导致对立情绪的产生，对接下来的谈判不利。

进攻式开局策略主要用于谈判对手努力营造于己方不利的低调气氛，并且谈判结果对谈判对手比较重要时使用。

【案例 1-2-13】

> 日本一家著名汽车公司刚刚在美国"登陆"，急需找一个美国代理商来为其推销产品，以弥补他们不了解美国市场的缺陷。当日本公司准备同一家美国公司谈判时，谈判代表因为堵车迟到了，美国谈判代表抓住这件事紧紧不放，想以此为手段获取更多的优惠条件，日本代表发现无路可退，于是站起来说："我们十分抱歉耽误了您的时间，但是这绝非我们的本意，我们对美国的交通状况了解不足，导致了这个不愉快

的结果，我希望我们不要再因为这个无所谓的问题耽误宝贵的时间了，如果因为这件事怀疑我们合作的诚意，那么我们只好结束这次谈判，我认为，我们所提出的优惠条件是不会在美国找不到合作伙伴的。"日本代表一席话让美国代表哑口无言，美国代表也不想失去一次赚钱的机会，于是谈判顺利进行下去了。

　　资料来源：聂元昆. 商务谈判学. 北京：高等教育出版社，2009

三、能力训练

小林要完成以下任务。

（1）思考：如何开好预备会议？如何营造良好的谈判气氛？如何进行开场陈述和报价？

（2）掌握商务谈判开局的策略。

（3）拟定谈判题目，模拟演练该谈判开局的各个事项。

四、知识拓展

报价的前提是确定开盘价，正确的开盘价会为谈判成功奠定一个良好的基础，为谈判确立一个合理的价格磋商范围。开盘价并不是由报价方随心所欲制定的，要受成本、市场供求状况、竞争等多方面因素制约。谈判中也不存在孤立的价格问题。产品价格不仅本身有弹性，而且与其他条件有着密不可分的联系。

（1）成本因素。成本是影响报价的最基本因素，商品的报价应在成本的基础上加上合理利润。当商品的报价一定时，成本的高低直接影响着经营成果，成本越低，盈利越少，低于成本的报价会导致经营的亏损。当商品的成本一定时，降低报价是增强商品的竞争能力、占领市场、战胜竞争对手的行之有效的方法。因此，在决定商品报价时，不仅要考虑现在的成本，以及降低成本的可能性，而且要考虑竞争对手的成本，要依据有关成本资料，恰当地报出商品价格。

（2）需求因素。市场需求对价格最敏感。在一般情况下，商品价格提高，会使需求量减少；反之，商品价格下降，会使需求量增加。市场需求与价格之间这种关系可用需求价格弹性来反映。

需求价格弹性是指某种商品的需求量对价格变动的反应灵敏程度。如果某商品的价格稍加变动，而引起对该商品的需求量有较大变动，则为需求弹性大；反之，某商品价格有较大的变动，但引起需求量的变动并不大，则为需求弹性小。需求弹性的大小可用需求价格弹性系数来计算。需求价格弹性系数是指需求量变化与价格变化的比率。即

需求价格弹性系数=需求变化的百分百/价格变化的百分比

当需求价格弹性系数大于1时，该商品需求弹性大；当需求价格弹性系数小于1时，该商品需求弹性小。一般来说，有弹性的商品，其弹性系数大，报价提高，总收入减少；报价降低，总收入增加。而相对无弹性的商品，其弹性系数小，报价提高，总收入增加；报价降低，总收入减少，降价并不能刺激需求。因此，企业在确定商品报价时，必须先

确定该商品的需求弹性系数，再考虑对某种商品的报价提高或降低，以求得总收入的增加或者减少。

（3）品质因素。商品的品质是指商品的内在质量和外观形式。它是由商品自然属性决定的，包括品种、质量、规格、花色、等级、式样等特性，商品的不同特性具有不同的使用价值或用途，可以满足消费者的不同需要。商品的品质是消费者最关心的问题，也是交谈双方必须洽商的问题。因此，商品的报价必须考虑商品的品质，要按质报价。

（4）竞争因素。商品竞争激烈程度不同，对报价的影响也不同。竞争越剧烈，对报价的影响也就越大。由于竞争影响报价，所以要做好报价，除了考虑商品成本、市场需求及品质外，还必须注重竞争对手的价格，特别是竞争对手的报价策略及新的竞争对手的加入。

（5）政策因素。每个国家都有自己的经济政策，对市场价格的高低和变动都有相应的限制及法律规定。同时，国家还利用生产、市场、货币金融、海关等经济手段间接调节价格，因而产品的报价必须遵守国家政策要求。例如，国家对某种产品的最高限价和最低限价的规定就直接对产品的价格产生限制。在国际市场中，垄断组织也常常采用各种手段对价格进行调节。他们利用竞争，通过限制或扩大商品生产销售，巧妙地利用库存和其他方式，造成有利于己方的供求关系，以此来调节价格。

另外，在报价时，对方的内行程度、对方可能的还价、谈判双方相互信任的程度及合作的前景、交易的次数等都应是报价时考虑的因素。

任务三　商务谈判磋商

一、任务描述

小林和他的同伴们追随商务谈判开局的步伐进入了实质性谈判环节的学习，即商务谈判磋商阶段的学习。解决商务谈判中遇见的各种各样、五花八门的问题是这一阶段的中心任务，让步和处理僵局是其核心内容。

二、知识学习

磋商阶段是商务谈判中的重要阶段。未经过磋商阶段的相互让步就达成的交易很难使谈判各方满意，并往往会对今后的交易产生影响。因此，磋商中的相互让步是十分重要的。然而，在你来我往的让步，甚至未开始让步时往往会出现一些难以调和的矛盾，这时谈判就会陷入僵局。尽管谈判僵局的出现往往会阻碍谈判的进行，但很好地破解僵局却可以加深谈判双方的关系。在相互让步和利用僵局、破解僵局的过程中，谈判策略是必不可少的。但是谈判策略多种多样，如何选择一个符合实际并高效的策略是每一个谈判者不得不面对的问题。本任务将会从相互让步、打破僵局、磋商阶段谈判策略三个方面介绍商务谈判的磋商阶段。

商务谈判磋商 ── 相互让步
　　　　　　　　── 打破僵局
　　　　　　　　── 磋商阶段谈判策略

（一）相互让步

在商务谈判中，不能单一地为了己方的目的而坚持，更多的是双方相互让步和妥协，而商务谈判磋商阶段就是谈判双方协商、让步的过程。

【案例 1-3-1】

满意的交易

公司业务员李莉去石材店采购板材，相中了橱窗里陈列的"将军红"大理石板材。她走进商店问价钱，老板心里知道，进价是 180 元/米^2，但没有告诉她售价，只是给她倒了一杯茶。李莉开始为买"将军红"大理石打埋伏，说她想要黑珍珠石材。"这里有很漂亮的黑色大理石"，老板边说边请她看样品。李莉又改口，说想要更厚一点的，经销商说他也有这样的大理石。至此，李莉决定为"将军红"大理石与老板讨价还价。她再次问了价钱。老板说 300 元。"这太贵了"，李莉开始还价，她出价 200 元。"260 元"，老板说。"谢谢！"李莉边说边朝门口走去，老板怕失去这桩生意，终以 210 元/米^2 的价格卖给了李莉一批石材。最终皆大欢喜。

资料来源：卢海涛. 商务谈判. 北京：电子工业出版社，2013

在商务谈判中，谈判各方报价、还价之后还要反复进行讨价还价，通过不断调整己方的谈判目标，降低交易期望，使双方的利益逐步趋于一致，从而达成协议。在谈判中这种不断妥协、逐步降低谈判目标和利益诉求的行为称为让步。让步是商务谈判过程中的重要组成部分，在正规的商务谈判中，尤其是初次的商务谈判中，很少有报价之后不经过讨价还价和相互间的让步就直接成交的情况发生。在商务谈判过程中，何时让步？在哪些问题上让步？让步幅度有多大？这一系列问题都有一定的原则、方式，在谈判中必须充分考虑。否则一次不当的让步也许就会使谈判陷入困境，甚至造成巨大的利益损失。

1. 让步的原则

在谈判过程中，让步的根本目的是获取己方的利益，但是在谈判中己方的利益是多个方面的，既可能是为了换取对方均等或更大程度上的让步，又可能是为了推动谈判的进程，还可能是为了巩固双方的贸易伙伴关系，获取更大更长期的利益等。总之，己方所做出的让步应该是有意义的，是为己方利益的取得而让步，绝不是为了对方的利益而让步，因此，商务谈判中为了有效获取己方利益，让步应遵循一定的原则。

1) 让步要有必要性

让步通常意味着妥协和某种利益的牺牲。对让步一方来说，做出让步的承诺是艰难的、痛苦的，因此，让步前一定要考虑现在是否真正需要让步，要充分分析当前谈判状况是否有让步的必要，如拒绝让步是否会因为拖延了谈判时间、影响了双方关系等因素对己方造成更大的损失；拒绝让步是否会导致无法得到对方更大的让步；拒绝让步是否会影响谈判核心利益的获得；等等。如果让步不是必要的，一般不应做出让步。

2) 让步要有目的性

前面提到让步的根本目的是获取利益，无论是得到更多的经济利益、获得更好的声誉、维护与客户的关系，还是获取谈判全局的有利局面都可以作为让步的目的。在让步时必须考虑到让步是为了得到什么、是否能得到、让步的付出和得到之间是否匹配，绝不能没有目的的让步。没有明确目的的让步是不可取的，这种"善良友好"的表现在谈判中很难取得有利的结果，甚至会被对手视为无能而加以猛烈攻击。

【案例 1-3-2】

无底线的让步

法国某家外贸公司杭州办事处里正在进行一场激烈的谈判。"不行，这样我们基本没有利润"一身黑色西服的硅胶厂业务员几乎喊着说了出来。尽管这样，面对无动于衷的对手他最终还是做出了无底线的让步。没人知道当他从会议室出来时笑得像个刚偷到鸡的狐狸。一年以后这家硅胶厂通过出口欧美的噱头使厂子的规模扩大了近两倍。

谈判中的每一次让步都应有目的性，但是谈判的目的不应该仅仅局限于谈判的合同上，合作的其他利益都应给予充分的考虑。

3) 让步要有主次

商务谈判的过程实质上是一个利益交换过程，必要时可以用己方的次要利益交换得到己方关注的重要利益，因此让步是一种极有分寸的行为，应考虑哪些是主要利益，哪些是次要利益，怎样去交换。在谈判中不到万不得已时，不会首先在原则问题、重大问题，或者对方尚未迫切要求的事项上让步。明智的做法是尽量让对方在原则问题、重大问题上先让步，而己方则在对方的强烈要求下，在非原则的、次要的、较小的问题上让步。

4) 让步要有节制

商务谈判的让步的节制主要包含三个方面：让步的次数、频率和幅度。让步的次数不宜过多，过多不仅意味着利益损失更大，而且影响谈判信誉、诚意和效率；让步的频率也不可过快，过快容易鼓舞对方的斗志和士气；让步的幅度不可太大，太大反映了己方条件"虚头大"，会激发对方的进攻欲望。

一般来讲，双方的让步应同时进行，如果己方首先做出了让步，则在对方未做出相应让步前，不要再次让步。让步不一定是交换，但让步往往需要交换，绝不能让对手认为己方的让步是容易获得的，这不但会使对方对己方的让步不加重视更会加大对手的进攻欲望。要让对方感觉到己方让步是艰难的，己方做出的让步体现了己方的谈判诚意，逼迫对手显露出他们的"诚意"。但在讨价还价过程中，不可因对方让步，我就让步，对方让我"半斤"，我就必须还他"八两"，因为让步是以利益和是否是必要的为依据的。

5）让步要把握时机

让步时机的选择直接影响让步效果。如果让步过早，会使对方误认为是"顺带"得到的小让步，这将会使对方得寸进尺；如果让步过晚，除非让步价值十分重大，否则因为交易即将达成将会失去应有的作用，对谈判结果影响较小。一般而言，让步的主要部分应放在讨价还价阶段，以影响成交条件，而处于次要的、象征性的让步放在成交阶段，作为最后的"甜头"，以促成交易的最终达成，但必须注意强调这种让步的终局性。

【案例 1-3-3】

最后的让步

2011 年 7 月，中国南方某市工艺品公司作为供货方同某外商就工艺品买卖进行谈判。谈判开始后，工艺品公司谈判人员坚持 800 元/件，态度十分强硬，而外商只出 500 元/件的价格，且亦是毫不示弱。谈判进行了两日，没取得任何进展。外商提出休会再谈一次，若再不能取得共识，谈判只能作罢。我方坚决不退让，眼看谈判即将破裂。第三天谈判继续开始，双方商定最后阶段谈判只定为 3 小时，因为没有办法破解僵局，再拖延下去只能是浪费时间。谈判进行了两个多小时仍是毫无进展。在谈判还剩下最后 10 分钟时，双方代表已做好退场准备了，这时工艺品公司首席代表突然响亮地宣布："这样吧，先生们，我们初次合作，谁都不愿出现不欢而散的结局，为表达我方诚意，我们愿把价格降至 660 元，但这绝对是最后的让步。"外商代表先是一惊，而后沉默了好几分钟，就在谈判结束的钟声即将敲响之时，他们伸出了手说："成交了！"这次谈判中，工艺品公司在做了最大限度的坚持后，一步到位地让步，既使谈判顺利结束，也博得了对方的信任，双方不失时机地握手言和了。

案例来源：卢海涛．商务谈判．北京：电子工业出版社，2013

---

2. 让步的方式

在商务谈判中，怎样的让步才算得上明智可取呢？具体来看这个问题比较复杂，这既涉及谈判双方的心理、性格，也涉及交易标的的特性、市场需求状况、谈判策略、客观环境等一系列因素。然而，如果问题仅仅涉及单因素谈判，如只是因为价格，大致可以概括八种让步方式。

1）最后一步到位让步方式

这是一种开始坚决不让，到最后突然做出大的让步的方式。这种方式先让对方一直以为妥协无望，如果对方是个软弱的人早就放弃了讨价还价，但如果对方意志坚强，在等到最后重大的让步后可能会更加斗志昂扬。这种让步方式尽管常常给给人以态度强硬、缺乏合作和成交的诚意之感，但如果使用得当，也可以极大地表达己方的诚意从而促成交易。采用这种方式，必须解决好两个可能存在的问题：一是对方在再三要求让步而均遭拒绝的情况下，可能等不到最后，就会离开谈判桌，使谈判以失败告终，所以一定要把握最后一步的时间；二是最后让步虽然很晚，但幅度过大，往往会鼓励对方进一步纠缠，而且进攻可能会更猛烈，所以一定要强调最后一次让步的终局性和己方的诚意。这是一种较难把握的让步方式。

2）均衡让步方式

这是一种以相等或近似相等的幅度逐轮让步的方式，这种让步方式的缺点是每次的要求和努力都会得到满意的结果，因此会极易刺激对方更大的欲望，所以这种方式又称为"刺激型"。但如果双方谈判的时间较长，轮数较多，这种"刺激型"的让步方式就会显示出其优越性，每一轮的微小让步，刺激着对方舍不得放弃谈判，但又得不到应有的满足，这样会把谈判的时间拖得很长，最后会使对手厌烦不堪，不攻自破。采用这种方式，必须要解决一个问题，即必须使对方意识到己方最后一次的让步已经使价格降至谷底，因为在无任何暗示和仍有让步余地的情况下，拒绝让步，就较难说服对方，从而有可能使谈判陷入僵局。

3）递增让步方式

这种方式的让步幅度呈逐轮增大趋势，这样会刺激对方要求进一步让步的胃口，而且胃口可能会越来越大，使对方感到"令人兴奋鼓舞"，从而"越战越勇"，所以这是一种"激发型"的让步方式。在实际商务谈判中应尽量避免采用这种让步方式。

4）递减让步方式

这是一种让步幅度呈现逐轮递减趋势的让步方式，其优点在于：一方面显示出让步方的立场越来越强硬，暗示对手己方防卫森严，不会轻易做出让步，并且让步行为也较符合常理。另一方面让对方看来仍有让步的余地，使对方始终抱着将交易进行下去的希望。所以，这种让步方式又称为"希望型"。

5）有限让步方式

这种让步方式的特点是，开始做出一次巨大的让步，然后让步幅度急剧减少，最后一次的让步幅度很小。这种方式的优点在于，既向对方显示出己方谈判的诚意和强烈的妥协意愿，表示出了极强的合作愿望，同时又向对方巧妙地暗示出己方已经尽了最大的努力，做出了最大的牺牲，进一步的退让几乎不可能，从而显示出己方的坚定立场。这种方式表现出强烈的妥协性和艺术性。一般来说，这是一种符合常理的常见的让步方式，是"稳妥型"的让步方式。

6）快速让步方式

这是一种"风险型"的让步方式。其特点是，开始做出的让步幅度极大，但在接下来的谈判中则坚守己方立场，丝毫不让步，态度骤然转强，最后为打破僵局，通过一次小小的让步促成最终交易的达成。这种让步方式的缺点在于，第一次让步幅度太大，很难实现谈判利益的最大化。优点在于，体现出了己方强烈的谈判诚意和极强的合作愿望，也体现出了己方干脆利落、光明磊落的谈判作风，有利于长期贸易关系的维持。

7）进中有退让步方式

这种让步方式的特点是第一轮做出一个大幅度让步，第二轮让步幅度达到了极限，表现出极大的热情和诚意。但在第三轮却安排一个小小的回升，理由可以是多方面的，如最近原材料价格上涨或汇率偏高导致成本上升、数据计算失误等。一般情况下，对方显然不会接受，然后在第四轮中再假装被迫做出让步，一升一降，实际让步总幅度并未发生变化，但却使对方得到心理上的满足，从而促成交易的最终达成。这种让步方式的缺点是第一轮和第二轮做出的让步幅度达到了极限，不利于己方谈判利益最大化。这种让步方式是一种巧妙的与会式让步策略，巧妙地操纵了对方的心里，通过一升一降，有效地打消了对方的进攻欲望。

8）一步到位让步方式

这种让步方式的特点是，一开始便把己方所能做出的让步和盘托出，全部交给了对方，其用意显然是为了谋求尽快地达成协议，提高谈判效率，争取时间。但是在商务谈判中，过分坦诚会带来风险，一方面不利于己方谈判利益的最大化，另一方面它会使对方向己方发动更猛烈地进攻，逼迫己继续做出让步，如果己方拒绝让步，就很容易引起僵局或谈判的破裂。当然，如果谈判对象是老客户，彼此非常熟悉，相互之间几乎无秘密可言，采用这种让步方式可充分显示出己方的谈判诚意，体现出强烈的合作愿望，反而会促进交易达成。

以上八种让步方式只是对让步方式的大致概括，很难说孰优孰劣，要看哪种方式更加适合谈判的目的、场合和对手等谈判因素。作为谈判人员，应根据谈判具体情况，灵活选择和应用不同的让步方式，以提高谈判效果。

（二）打破僵局

谈判中的僵局，是指在谈判过程中，双方因遇到暂时不可调和的矛盾而形成的对峙和僵持。当谈判双方似乎都已妥协到不能让步的地步，相互形成了严重的分歧与对立，谈判已无法进行时，谈判就进入了僵局。因为不同企业、不同国家或地区的谈判者在商务谈判中的观点、立场不同，所以僵局在谈判中经常发生。因此一个成功的谈判者必须了解僵局，进而懂得如何破解和利用僵局。

1. 谈判僵局的成因

形成僵局的原因有很多，既有主观上因素，如谈判的手段过于激烈、谈判人员故意制造等，也有客观上因素，如语言障碍、立场性冲突等。了解谈判僵局的成因有助于我们在制造、利用、破解僵局时追本溯源、有的放矢。

1）各方立场性观点争执导致僵局

在谈判实践中，产生僵局的首要原因就在于各方坚持不同的立场和观点，因而产生争执，进而形成僵局。谈判过程中，如果对某一问题各持自己的看法和主张，并且谁也不愿做出让步时，就会争执不下，产生分歧。双方越是坚持自己的立场，双方之间的分歧就会越大。这时，双方真正的利益往往会被这种表面现象所掩盖。双方会为了维护自己的面子，不但不做出让步，并且希望用顽强的意志来迫使对方改变立场。于是，谈判就变成了一种意志的较量，谈判也自然陷入了僵局。

2）把人和事相互混淆导致僵局

许多精明的商务谈判者在实际谈判工作中，都十分注意把谈判内容与谈判者个人分开，谈判过程应该做到对事不对人。遗憾的是，在实际谈判过程中，谈判者往往人事不分，使谈判陷入僵局的情况屡见不鲜。

谈判中，对对方谈判者有恶感，因而出言不逊，使对方感受到伤害，引发不必要的冲突。或者因为双方利益的冲突，谈判者不能克制自己的情绪，说出一些偏激的话来，使问题的谈判变成了人身攻击，僵局就不可避免。这些都属于人事不分。优秀的谈判人员应该不管对对方的谈判组成员有多么大的成见或多深的感情，都应该把它搁置起来，对人讲情面，对事讲原则，就事论事，这样才能做到客观公正，保证谈判双方的利益。

3）谈判人员导致僵局

就导致谈判僵局的因素而言，不论是何种原因，在某种程度上都可以归结为人员方面的因素。

（1）谈判人员的偏见或成见导致的僵局。偏见或成见，是指由感情或是知识结构原因所产生的对对方及谈判议题的一些不正确的看法。由于产生偏见或成见的原因是对问题认识的片面性，即用以偏概全的办法对待别人，所以很容易引起僵局。

【案例1-3-4】

坚持偏见

我国曾获得一笔世界银行某国际金融组织贷款，用以建筑一条二级公路。按理说，这对于我国现有筑路工艺技术和管理水平来说是一件比较简单的事情。然而负责这个项目的某国际金融组织官员，却坚持要求我方聘请外国专家参与管理。这就意味着我方要大大增加在这个项目上的开支，我方表示不能同意。我方在谈判中向该官员详细介绍了我国的筑路水平，并提供了有关资料。这位官员虽然提不出疑义，但由于以往缺乏对中国的了解，或是受偏见支配，他不愿放弃原来的要求，谈判陷入了僵局。

资料来源：王景山. 商务谈判. 南京：南京大学出版社，2015

（2）谈判人员的失误导致的僵局。有些谈判者想通过表现自我来显示实力，从而使谈判偏离正题；或者争强好胜，提出一些没有事实依据、强词夺理的所谓独特的见解而令人诧异；或者自以为聪明，设置圈套，企图迷惑对方，使谈判的天平向着己方倾斜，以实现在平等条件下难以实现的谈判目标。但在使用一些策略时，因时机掌握不好或运用不当，往往导致了谈判过程受阻，从而出现僵局。

（3）谈判人员的故意反对导致的僵局。故意反对是指谈判者有意给对方出难题，混淆视听，甚至引起争吵，迫使对方放弃自己的谈判目标，甚至要求对方放弃合理要求，企图导致谈判的天平向己方目标倾斜。产生故意反对的原因，既可能是过去在谈判中上过当、吃过亏，特别是和眼前的对手交锋没有得到"便宜"，现在伺机报复对方，也可能是在此次谈判中，自己目前已处在十分不利的地位，希望通过给对方制造麻烦来改变自己的谈判地位，并认为即使自己改变不了不利地位也不会有什么损失，这样也会导致商务谈判出现僵局。

（4）谈判人员的强迫手段导致的僵局。谈判中，人们常常不能准确评价双方谈判实力，总是有意或无意地采取强迫手段，从而使谈判陷入僵局。这里既有高估自己实力，认为谈判对手有求于己方，于是狮子大开口，提出一些强人所难的要求并顽固坚持，迫使对方按照自己的意图达到谈判目的；或者高估对方的实力，认为在谈判中要表现出"人穷志坚，保持气节"的态度，不轻易与对方妥协，错误地将对方看成是对手甚至敌人，坚持"凡是敌人反对的，我们就要拥护；凡是敌人拥护的，我们就要反对"，将自己的意志强加于人。特别是涉外商务谈判，不仅存在经济利益上的分歧，还有维护国家、企业及自身尊严的需要，因此，某一方往往越是受到逼迫，就越是不会退让，谈判僵局也就越容易出现。

4）信息沟通障碍导致僵局

谈判本身就是靠"讲"和"听"来进行沟通的。事实上，即使一方完全听清了另一方的讲话内容并能正确理解，而且能够接受这种理解，但这并不意味着能够完全把握对方所要表达的全部思想内涵。恰恰相反，谈判双方信息沟通过程中的失真或扭曲现象是时有发生的。实践中，双方信息传递失真或扭曲，使双方之间产生误解而出现争执，并因此使谈判陷入僵局的情况是屡见不鲜的。这种失真、扭曲，可能是翻译方面的问题，也可能是合同文字表达方面的问题，但都属于沟通的障碍因素。信息沟通本身，不仅要求真实、准确，而且要求及时、迅速。但谈判实践中却往往未能达到这一要求而使信息沟通产生障碍，从而导致僵局。这种信息沟通障碍就是指双方在交流彼此情况、观点，洽商合作意向、交易条件等的过程中所遇到的由主观与客观原因所造成的理解障碍。主要表现为双方文化背景差异所造成的沟通障碍，职业或受教育程度等原因造成的一方不愿接受另一方意见的沟通障碍等，这些都可能使谈判陷入僵局。

【案例 1-3-5】

二级和二流

某跨国公司总裁访问一家中国著名的制造企业，商讨合作发展事宜。中方总经理很自豪地向客人介绍说："我公司是中国二级企业……"此时，翻译人员很自然地用"second-class enterprise"来表述。不料，该跨国公司总裁闻此，原本很高的兴致突然冷淡下来，敷衍了几句立即起身告辞。在归途中，他抱怨道："我怎么能同一个中国的二流企业合作?"

资料来源：卢海涛. 商务谈判. 北京：电子工业出版社，2013

5）合理要求的差距

从谈判双方各自的角度出发，双方各有自己的利益需求。当双方各自坚持自己的成交条件，而且这种坚持虽相去甚远，但对各方而言又都是合理的情况时，这时只要双方都迫切希望从这宗交易中获得所期望的利益而不肯做进一步的让步，那么谈判就很难进行，交易也没有希望成功，僵局也就不可避免了。这种僵局出现的原因，就在于双方合理要求差距太大，不能达成共识。在商务谈判实践中，即使双方都表现出十分友好、真诚与积极的态度，但是如果双方对各自所期望的收益存在很大差距时，那么也难免会出现僵局。

2. 谈判僵局的制造和利用

僵局有可能导致谈判破裂，因此不少谈判者对于僵局都持谨慎的态度。特别是当谈判者带着期望和诚意参加谈判时，就会竭力避免僵局的出现。如果谈判者负有签约的使命时，僵局就会对其心理产生极大的压力。这时很容易迫使其做出妥协和让步。精明的谈判者并不害怕出现僵局，反而常常把僵局作为一种讨价还价的手段，从中获取更多的利益。在谈判实践中，强者往往以僵局压迫弱者，获得谈判的胜利；弱者也可以通过制造僵局来迫使强者让步，提高自己的谈判地位。

【案例 1-3-6】

> ### 把 握 僵 局
>
> 　　1981 年初，中国哈尔滨电缆厂代表与美国一公司代表洽谈购买一套冶炼自动设备。乙方报价 218 万美元，后来压到 128 万美元，甲方不同意，谈判出现裂痕。"你们没有诚意"，乙方代表不满地把合同书扔给甲方，愤愤地说，"我们明天回国，买卖不做了"。"买卖不做，你们可以走了。"甲方以硬对硬，对方的态度反而软下来，又把价格降到 118 万美元。不过，他们明确表示这是最后的让步："这回说啥也不能再降了，不然我们就赔了。"甲方代表还是不同意。谈判破裂，美国客人第二天真的回国了。
>
> 　　哈尔滨电缆厂其实急需这种设备，有关领导特意嘱咐谈判代表："差不多就行了，别把交易压黄了。"谈判中，对方一让再让，现在已经是最低价了，怎么可以再压呢，甲方其他代表都沉不住气了。交易真的要黄了。主谈却胸有成竹："放心吧，他们会回来的。这种设备，他们卖了好几年了，成本越来越低，该降价了。"果然，一星期后乙方又回来了。买方点明对方两年前给匈牙利的价格是 98 万美元时，对方很尴尬："现在物价上涨了。""物价上涨的指数是每年 6％，怎么涨也涨不到这个数。"最后以 108 万美元成交。
>
> 　　资料来源：吴炜. 商务谈判实务. 重庆：重庆大学出版社，2008

1）僵局的制造方法

制造僵局的一般方法是向对方提出较高的要求，要对方全面接受自己的条件。对方可能只接受己方的部分条件，即做出少量让步后便要求己方做出让步。己方此时如果坚持自己的全部条件，以等待更有利的时机的到来，而对方又不能再进一步做出更大让步时，谈判便陷入僵局。常用的方法有：增加谈判议题。将可以达成共识的议题与一个难以达成共识的议题联系起来，并将两者变成因果关系，使之互为条件，以此来增加谈判的难度。注意，容易达成共识的议题应该具有实质性利益，尤其是对对方而言；难以达成共识的问题则主要关系到我方的利益，但也要与对方有密切的关系。而且，这样做的目的要能够提高我方的谈判地位，或者增加我方的谈判筹码，否则，增加议题就失去了意义。其常见的方法有小题大做和借题发挥。

（1）小题大做。这是制造谈判僵局最常用的方法，是指将原本相对较小或不太重要的议题，煞有介事地当成较大或重要的议题来讨论，并声称其对我方有多么重要，如果这个问题不解决，其他问题也会受到影响。这里的关键是"做"，要在"做"字上下工夫，把事情扩大，将原来只需要基层就可以解决的问题，上升到似乎必须要高层管理人员出面，否则不能解决问题。

（2）借题发挥。通过借对方在某一个问题上要求我方让步的议题，上纲上线到关乎双方合作的诚意，甚至关乎我方生死和对方的商业道德等问题上来。让对方感到如果不能做出比较大的让步，或者不重视我方的要求，将有愧于我方的让步。通常，实力较弱的一方在制造僵局的时候，实力强的一方或给予小利以息事宁人，或干脆断然拒绝。在息事宁人的情况下如果弱小一方接受小利而放弃僵局，则可获得一些额外利益；在断然拒绝情况下，弱小一方如果信心不足，多半会知难而退，如果坚持僵局，谈判将陷入意志的较量。

2）僵局的利用

谈判僵局并不等于谈判破裂。成功的谈判者要善于制造和利用僵局，化僵局为对自己有利的契机。

（1）僵局能够促成双方的理性合作。谈判实践中，很多谈判人员害怕僵局的出现，担心僵局导致谈判暂停乃至最终破裂。谈判中止，可以使双方都有机会重新审慎地回顾各自谈判的出发点，既能维护各自的合理利益，又可以注重挖掘双方的共同利益。如果双方都逐渐认识到弥补现存的利益差距是值得的，并愿意采取相应的措施，包括一些必要的妥协，那么这样的谈判结果也是符合谈判原本目的的。即使谈判破裂，也可以避免非理性的合作。双方通过谈判，即使没有成交，但彼此之间加深了了解，增进了信任，为以后的有效合作打下了良好的基础。

（2）僵局可以改变谈判均势。有些谈判利益在势均力敌的情况下是无法得到的。为了取得更有利的谈判条件，谈判者会通过制造僵局的办法来提高自己的谈判地位，使谈判对手在僵局的压力下不断降低其期望值。当己方的地位提高和对手的期望值降低以后，再采用折中方式结束谈判。谈判者在谈判过程中利用谈判僵局，可以改变已有的谈判均势，提高己方的谈判地位。这是那些处于不利地位的谈判者利用僵局的动机。一般来说，实力比较弱的一方，在整个谈判过程中处于不利的谈判地位，他们没有力量与实力强大的对方抗衡，为了提高自己的谈判地位，便采用制造僵局的方式来拖延谈判时间，以便利用时间的拖延对谈判各方力量和谈判热源的改变，来达到自己的目标。

【案例 1-3-7】

利 用 僵 局

20世纪80年代中期，巴西与欧洲、美国、日本发达国家或地区就债务问题进行了长时间的谈判，一方是逼债停货施加压力，另一方是拒不还款还硬顶；一方骂对手"缺乏信用"，另一方责对方"转嫁危机"。在施压与自卫发展到白热化程度时，时任巴西总统若瑟·萨尔内援引《罗马法》的一项规定，以国家元首的名义宣布丧失偿还债务能力，在一段时间内停付大部分外债本息，制造了一个轰动世界的僵局。这个僵局把西方国家弄得目瞪口呆，同时巴西摆脱了困境。过了一段时间，巴西与各大债权国恢复谈判时，西方国家不仅改变了原先咄咄逼人的气势，调整了谈判策略，而且面对巴西现实，以减免部分债额、降低部分债息、延长部分贷款的偿付期限、将部分外债转为投资等有利于巴西经济恢复发展的许诺，结束了长达数年的谈判争吵。

3. 如何打破僵局

在商务谈判中，往往会因为各种原因使谈判陷入僵局，要想打破僵持局面，不仅要分析原因，还要找出分歧的所在环节及其具体内容，如分歧是利益追求问题，还是责任分担问题等。谈判人员应该在弄清楚这些问题的基础上，进一步审视目前的谈判形势，检查自身是否存在失误，进而认真分析对方为什么不愿意在关键问题上做出让步。然后进行分析，并积极主动地做好疏通工作。打破僵局可以从以下几方面入手。

1）寻找证据，以理服人

用充分的有关证据、资料，用温和的态度、理性的语言和严密的逻辑推理影响和说服对方，从而缓和关系，打破僵局。此法在运用时应考虑对方的情感和面子，严禁说教。

2）求同存异，转移话题

求同存异是指当谈判双方在某一个问题上争执不下陷入僵局时，提议先将这个问题放下，转换另外一个新的议题讨论，当其他条款的谈判取得成功后，再回过头来谈陷入僵局的议题，这样就会使谈判继续顺利开展，并出现新的转机。

3）多种方案，寻找替代

俗话说得好，"条条大路通罗马"，在商务谈判上也是如此，谈判中一般存在多种可以满足双方利益的方案，而谈判人员经常简单地采用某一方案，而当这种方案不能为双方同时接受时，僵局就会形成。商务谈判不可能总是一帆风顺的，双方磕磕碰碰是很正常的事，这时，谁能创造性地提出可供选择的既能有效地维护自身的利益，又能兼顾对方利益要求的替代方案，谁就掌握了谈判主动权。不要试图在谈判开始时就确定什么是唯一的最佳方案，这往往阻止了许多其他可做选择的方案的产生。相反，在谈判准备时期，就构思对彼此有利的更多方案，往往会使谈判如顺水行舟，一旦遇有障碍，只要及时调拨船头就能顺畅无误地到达目的地。同时也可以针对一个方案中的某一部分采用不同的替代方法。

4）适时休会，冷调处理

休会策略是谈判人员为控制、调节谈判进程，缓和谈判气氛，打破谈判僵局而经常采用的一种基本方法。谈判出现僵局时，双方情绪都会比较激动、紧张，这时会谈很难有效进行，这时提出休会将是一个较好的缓和办法。谈判的任何一方都可以把休会作为一种战术拖延的手段。休会后，双方再按预定的时间、地点坐在一起时，经过一段时间的冷静和对谈判的重新考量、评估，会对原来的观点提出新的、修正的看法和建议，这时僵局就会较容易被打破。

【案例 1-3-8】

用休会处理僵局

北欧深海渔产公司（以下简称深海公司）的冻鱼产品质量优良，味道有自己的特色，深受各国消费者的喜爱，但从未进入到我国市场。该公司希望在国内找到合作伙伴开展冻鱼销售业务。经由我国某市经济和信息化委员会介绍，该公司派代表来我国与北方某罐头制品厂进行冻鱼产品的经销谈判。该罐头制品厂在国内有广泛的销售网络，非常愿意与深海公司合作。因此，在开始阶段，会谈气氛十分融洽。但谈到价格问题时双方出现了较大的分歧。该罐头制品厂的谈判代表表示，深海公司提出的报价过高，按此价格进入我国市场销售，很难为中国消费者接受。深海公司一方则表示，他们的报价已经比他们在国际市场上的报价降低了 4%，无法继续降低价格。谈判陷入僵局。

谈判休会期间，该罐头制品厂公关部组织深海公司代表参观了谈判所在城市的几个大型超市，使深海公司的代表对我国人们的消费习惯和消费水平有了初步了解。该罐头制品厂代表特别向深海公司代表指出，中国人口众多，人民消费水平稳步提高，市场潜力很大。超市中拥挤的人流是世界各国中少见的。这一点给深海公司代表留下了很深的印象，他们看到了一个未来极有发展前途的新市场。深海公司的代表在和总部的领导反复协商之后，为了在开始阶段打开中国市场，决定将冻鱼制品的报价降低30%并向我国的经销商提供部分广告和促销费用。

资料来源：庞岳红. 商务谈判. 北京：清华大学出版社，2011

5）场外沟通，感情联络

谈判会场是正式的工作场所，容易形成一种严肃而又紧张的气氛。当双方就某一问题发生争执，各持己见，互不相让，甚至话不投机、横眉冷对时，这种环境一方面更容易使人产生一种压抑、沉闷的感觉和烦躁不安的情绪，使双方对谈判继续下去都没有兴致；另一方面正式的谈判场所会无时无刻提醒谈判人员相对对立的谈判立场和身份，在这种情况下，将谈判的地点或双方接触地点更换至非正式的场合有助于缓解谈判的气氛，消除谈判的对立局面，有助于僵局的打破，更加有利于谈判人员友谊的建立。

6）尊重对方，有效退让

达到谈判目的的途径是多种多样的，谈判结果所体现的利益也是多方面的，有时谈判双方对某一方面的利益分割僵持不下，就轻易地使谈判破裂，这实在是不明智的。在商务谈判中有时只要在某些问题上稍做让步，而在另一些方面就能争取到更好的条件，谈判利益的获取不单在于对己方利益的坚守，也来自有效的利益交换。使用主动退让的方法在态度上向对方传递了己方的合作诚意和对谈判对手的尊重，有利于促使谈判顺利进行。

7）以硬碰硬，据理力争

当对方通过制造僵局给你施加太大压力时，妥协退让已无法满足对方的欲望，应采取以硬碰硬的办法向对方反击，让对方自动放弃过高要求。例如，揭露对方制造僵局的用心，让对方自己放弃所要求的条件，有些谈判对手便会自动降低自己的要求，使谈判得以进行下去。也可以离开谈判桌，以显示自己的强硬立场。如果对方想与你谈成这笔生意，他们会再来找你，这时，他们的要求就会改变，谈判的主动权就掌握在你的手里。如果对方不来找你也不可惜，因为如果自己继续同对方谈判，只能使自己的利益降到最低点，这样，还不如谈不成。当谈判陷入僵局而又实在无计可施时，以硬碰硬策略往往成为最后一个可供选择的策略。在做出这一选择时，我们必须要做最坏的打算，否则就会显得茫然无措。切忌在毫无准备的条件下盲目滥用这一做法，因为这样只会吓跑对手，结果将是一无所获。

商务谈判僵局处理的成功与否，从根本上来讲，要取决于谈判人员的经验、直觉、应变能力等综合素质。从这种意义上讲，僵局的突破是谈判的科学性与艺术性结合的产物。

在具体谈判中，最终采用何种策略应该由谈判人员根据当时当地的谈判背景与谈判形式等内外部因素来决定。某一种僵局破解的方式可能有效地运用于不同的谈判僵局之中，但这种方式在某次僵局突破中运用成功，并不意味着在其他同样类型的谈判僵局中也适用。只要僵局构成因素稍有差异，如谈判人员、外界环境、各方预期等，各种方法的使用效果都有可能是迥然不同的。有效破解谈判僵局关键还在于谈判人员的素质、谈判能力和己方的实力，以及实际谈判中的个人与小组的临场发挥情况。那些应变能力强、谈判经验丰富、己方在谈判中又占据了较为有利地位的谈判者能够更加有效地应对、处理谈判僵局，从而实现谈判目标。

【案例 1-3-9】

把握僵局本质

中意双方就合资兴建一个合资公司进行了十多轮的谈判。在谈判过程中，中方显示了极大的耐性，最后达成了协议。情况是这样的：关于产品的销售问题，在可行性研究中曾两次提到：一是意方负责包销出口 30%，其余 70% 在国内销售；二是合资公司出口渠道为合资公司和中国外贸公司。双方在这一表述的理解上产生了分歧，并且这一分歧使得谈判难以继续进行。意方对此两点表述的理解是：许可产品（因外方技术生产的产品）只能由意方独家出口 30%，一点也不能多，而其他两个渠道是为出口合资企业的其他产品保留的。中方的理解是：许可产品的 30% 由意方出口，其余 70% 产品的一部分，有可能的话，用两个渠道出口。双方争执的焦点在于对许可产品，中方与合资企业是否有出口权，意方担心扩大出口数量和多开出口渠道会打破自己的价格体系，占领自己的国际市场，故反对中方与合资企业出口。中方同样基于自己的利益不愿放弃出口权。双方互不相让，争执不下。在第三轮谈判的最后一天，意方宣布终止谈判，以示在此问题上绝不让步，谈判破裂。意方利用终止谈判的方式向中方施加压力，以图迫使中方全面让步，因而使中方谈判代表陷于忧心忡忡的境地。

显然，中方对谈判破裂的实质认识不清。后来，中方召集大家研究对策，经过认真分析，认识到以下几点：其一，此项目投资大，意方目光是长远的，这次来中国事先是进行过充分的可行性调查研究的。其二，意方洽谈此项目意在投石问路，打开中国市场。首先，在中国，中方公司是最佳的合作伙伴，因为它无论技术还是产品都是一流的。其次，如果意方在此领域第一个洽谈的项目就告失败，那要想在中方继续投资办厂将难上加难。因此，意方不会轻易放弃这项合作。最后，中方公司领导班子在做出了正确的分析之后，不再担心谈判破裂，并决定耐心等待。

一般来说，这种对峙局面谁先妥协谁就要先付出代价。因此中方为了掌握主动权，按兵不动。几天以后，意方吃不住了，主动发来电传，再次陈述他们的理由，并做了许多解释，在许多项目上做了适当让步。中方公司经研究之后觉得可行，于是几经讨论，终于在谈判书上签了字。

资料来源：卢海涛. 商务谈判. 北京：电子工业出版社，2013

（三）磋商阶段谈判策略

商务谈判是发挥各方谈判人员的智慧，利用谈判各方的优势、劣势，综合天时、地利、人和制订并实施合理的谈判方案为己方争取利益的过程。商务谈判作为一种复杂的智慧比拼，利用策略取得谈判的优势或者进行对己方更为有利的利益交换是商务谈判中必不可少的。

磋商阶段是商务谈判中最复杂的阶段，其复杂性体现在谈判双方需要不断、反复地面对让步、处理僵局的问题。成功的让步策略可以起到以牺牲局部小利益来换取整体巨大利益的作用。磋商阶段做出让步的同时也要不断逼迫谈判对手进行让步，也要清楚如果己方的让步无法有效换取足够利益时该如何应对。磋商阶段常用的策略如下。

1. 拖住客户策略

拖住客户的让步策略，是指在眼前的交易中暂时做出让步，以争取在今后的交易中弥补损失或者维护长期的合作关系。这种让步策略又可以分为实质性让步和非实质性让步。

实质性让步是指在谈判过程中做出实质利益的让步，其目的是争取今后的长期合作，这种让步是实实在在的。例如，为了今后的长期合作或者金钱以外的利益，用接近甚至低于成本的价格达成交易。非实质性让步是指谈判一方尽管做出让步，但是更多的目的是拖住客户，使得客户今后不得不继续与之合作。这种情况特别容易出现在交易后，即质量索赔的过程中。

【**案例 1-3-10**】

明 赔 实 赚

　　某商场订购了某电视机厂一批电视机，收货后，发现部分电视机出现了破损，只得降价销售，同时向供应商索赔。电视机厂承认是自己的包装质量存在问题，双方谈妥索赔金额后，商场即要求供应方以现金的形式赔偿，被供应方拒绝，只同意在下次的订货中扣除赔偿，虽经多方交涉，仍无法达成协议，商场只得又向该供应商订了一批货，并在支付货款时将上笔索赔款扣除。表面上看，电视机厂做出巨大的赔偿让步，实际上其不仅保住了客户，并且部分赔偿可以在该次交易的利润中冲抵。

　　资料来源：吴湘频. 商务谈判. 北京：北京大学出版社，2014

2. 给予远利谋取近惠策略

　　在商务谈判中，参加谈判的各方均持有不同的愿望和需要，有的对未来很乐观，有的则很悲观；有的希望马上达成交易，有的却希望等上一段时间。因此，谈判者自然也就表现为对谈判的两种满足形式，即对现实谈判交易的满足和对未来交易的满足。而对未来的满足程度完全凭借谈判人员自己的感觉。对有些谈判人员来说，可以通过给予其期待的满足或未来的满足而避免给予其现实的满足，即为了避免现实的让步而给予对方以远利。例如，当对方在谈判中要求己方在某一问题上做出让步时，己方可以强调保持与己方的业务关系将给对方带来的长期利益，而本次交易对是否能够成功地建立和发展双方之间的这种长期业务关系是至关重要的，向对方说明远利与近利之间的利害关系。对己方来讲，采取给予远利谋取近惠的让步策略，并未付出什么现实东西，却获得近惠，何乐而不为。同时给予近惠谋取远利同样是一种让步策略。其本质是利用对远利和近惠的认知差距达到双方都满意的交换结果。

3. 明让实不让策略

　　明让实不让策略，是指在谈判过程中，无法或不愿意就某一问题让步时，通过其他方法，如认真倾听对方所说的话去尽量给他圆满的解释或让更高级的领导出面表示出对对方的尊重等，使对方感到满意的让步策略。例如，尽管提高价格，但却降低定金、延长付款期最终导致实际交易费用不变等。在谈判中，人们对自己争取某个事物的行为评价并不完全取决于最终的行为结果，还取决于人们在争取过程中的感受，有时感受比结果更重要。这种让步更多的是给谈判双方带来心理上的满足，尽管谈判双方心知肚明，但仍然稳中有降、各取所需，从而促成交易，这种让步策略往往应用于谈判对手强烈要求但己方却很难做出让步的谈判条款或谈判的最后阶段。在这里，己方认真倾听对方的意见，肯定其要求的合理性，满足了对方受人尊敬的要求，迎合了人们受人尊敬的需要，其本质是通过满足谈判对手的"面子"需求获取谈判的和谐进行。

【**案例 1-3-11**】

朝 三 暮 四

　　宋国有一个养猴的老人，喜欢猴子，把它们成群养着，他可以理解猴子的意思，猴子也可以理解老人的心意。养猴的老人宁可减少他与家人的食物也要满足猴子的需求。不久，他家里的粮食缺了，他不得不限定猴子的食物的数量。但又怕猴子不顺从自己，就先欺骗猴子说："给你们橡实，早上三颗，然后晚上四颗，够吗？"猴子们都站了起来并且十分恼怒。他又说："给你们橡实，早上四个，晚上三个够了吧？"猴子都非常高兴，然后一个个都趴在地上。

4. 情绪爆发策略

情绪爆发策略是一种通过抓住谈判对手不适当的态度、言辞、做法及不合理的要求突然爆发出激烈的情绪，大发脾气、严加指责对手甚至要求结束谈判以达到震撼对方，打击对方士气并使对方做出较大让步的做法。情绪爆发策略在面对谈判经验较少的谈判对手时往往具有较大的作用，谈判人员容易在突然出现激烈冲突的巨大压力下，手足无措，动摇信心和立场，甚至怀疑和检讨自己是否做得太过分，而重新调整和确立谈判方针和目标，并做出某些让步。情绪爆发策略的本质是通过对谈判对手不当打击其士气而迫使其让步的策略。

5. 吹毛求疵策略

吹毛求疵策略就是专门寻找产品的缺陷，并加以放大，从而不断逼迫对手做出让步的进攻策略。这是一种比较常见的进攻策略。例如，很多女同学在买衣服时常常用颜色不好、不喜欢配饰、没有可以搭配的衣物等借口要挟店主降价就是吹毛求疵策略的具体体现。应用吹毛求疵策略时应注意尽量从自己了解的方面或者主观方面进行，避免谈判对手通过对吹毛求疵中体现的不专业部分进行情绪爆发策略的还击。例如，买衣服时用料子不好等借口还价会被店主以一大堆专业术语附带爆发的情绪拒绝还价并打压谈判士气。吹毛求疵策略的本质是降低谈判对手成交价格的预期而达到使其让步的目的。

【案例 1-3-12】

满是毛病的冰箱

美国谈判学家罗伯斯有一次去买冰箱。营业员指着罗伯斯要的那种冰箱说：259.5美元一台。接着罗伯斯导演了一台精彩的喜剧。罗：这种型号的冰箱一共有多少种颜色？营：共有 32 种颜色。罗：能看看样品本吗？营：当然可以！（说着立即拿来了样品本）罗（边看边问）：你们店里的现货中有多少种颜色？营：现有 22 种。请问您要哪一种？罗（指着样品本上有但店里没有的颜色）：这种颜色同我厨房的墙壁颜色相配！营：很抱歉，这种颜色现在没有。罗：其他颜色与我厨房的颜色都不协调。颜色不好，价钱还这么高，要不便宜一点，我就要去其他的商店了，我想别的商店会有我要的颜色。营：好吧，便宜一点就是了。罗：可这台冰箱有些小毛病！你看这里。营：我看不出什么。罗：什么？这一点毛病尽管小，可是冰箱外表有毛病通常不都要打点儿折扣吗？营：……罗（又打开冰箱门，看了一会儿）：这冰箱带有制冰器吗？营：有！这个制冰器每天 24 小时为您制冰块，一小时才 3 美分电费。（他认为罗伯斯对这制冰器感兴趣）罗：这可太糟糕了！我的孩子有轻微哮喘病，医生说他绝对不可以吃冰块。你能帮我把它拆下来吗？营：制冰器没办法拆下来，它和整个制冷系统连在一起。罗：可是这个制冰器对我根本没用！现在我要花钱把它买下来，将来还要为它付电费，这太不合理了！……当然，假如价格可以再降低一点的话……结果，罗伯斯以相当低的价格——不到 200 美元买下了他十分中意的冰箱。

资料来源：尚志平. 现代商务基础. 北京：电子工业出版社，2004

6. "红白脸"策略

磋商阶段，采用该种策略时，通常先由唱白脸的人出场，他傲慢无理、苛刻无比、强硬僵死、立场坚定、毫不妥协，让对手产生极大反感，谈判陷入僵局时，让唱红脸的人出场，他表现出体谅对方的难处，以合情合理的态度照顾对方的某些要求，放弃己方的某些苛刻条件和要求。谈判对手在唱红脸的人的要求和唱白脸的人的要求的比较之间更加容易对唱红脸的人的要求做出让步。红白脸策略可以使双方相互取长补短，在谈判对手经验较少时尤为适用。其本质是通过唱白脸的人的要求打压谈判对手的谈判预期，再通过唱红脸的人达成妥协，从而达成交易。

【案例 1-3-13】

红脸白脸

美国大富豪霍华·休斯是一位成功的企业家，但他也是个脾气暴躁、性格执拗的人。一次他要购买一批飞机，由于数额巨大，对飞机制造商来说是一笔好买卖。但霍华·休斯提出要在协议上写明他的具体要求，内容多达 34 项，而其中 11 项要求必须得到满足。由于他态度飞扬跋扈、立场强硬、方式简单、拒不考虑对方的面子，也激起了飞机制造商的愤怒，对方也拒不相让，谈判始终冲突激烈。最后，飞机制造商宣布不与他进行谈判。霍华·休斯不得不派他的私人代表出面洽商，条件是只要能满足他们要求的 11 项基本条件，就可以达成协议。该私人代表与飞机制造商洽谈后，竟然取得了霍华·休斯希望载入协议的 34 项要求中的 30 项，当然那 11 项目标也全部达到了。当霍华·休斯问他的私人代表如何取得这样辉煌的战果时，他的私人代表说："那很简单，在每次谈不拢时，我就问对方，你到底是希望与我一起解决这个问题，还是留待与霍华·休斯来解决。"结果对方自然愿意与他协商，条款就这样逐项地谈妥了。

7. 得寸进尺策略

得寸进尺策略是当谈判对手做出第一次让步时，利用其心理懈怠抓住时机提出一系列的让步要求，迫使其让步的进攻策略。在用得寸进尺策略时应注意努力打开对手的第一次让步，打破对手不进行让步的底线，然后通过各种理由不断地扩大谈判对手的让步。采用得寸进尺策略时要注意：要掌握让对方让步的信息和理由；对方让步的余地较大；要有比较准确的测算和推断能力。其本质是在第一次让步时对手士气一般会降低，通过抓住谈判对手士气降低的机会不断扩大战果。

8. 声东击西策略

声东击西策略指一方为达到某种目的和需要，故作声势地将洽谈的议题引导到某些并非重要的问题上去，以给对方造成错觉，而在主要问题上放松警惕，建立有利于己方的谈判局面的谈判策略。在运用声东击西策略时，往往采用和对方纠缠于某些方面，或在某些方面轻易让对方满意的手段，转移对方的注意力，从而获得相关的信息和有利的条件，迫使对方在另一些方面做出让步。其本质是通过使谈判对手错估己方所想要获得的利益而产生对己方更为有利的交换。

9. 受限制策略

受限制策略是指当谈判对手提出某项条件时，谈判人员为了保全己方利益以谈判团队受到权利、资料、自然环境、人力资源等客观限制等原因为借口拒绝或拖延谈判对手要求的策略。例如，在谈判中表示认同对手的要求但是由于没有决定权所以需要请示的权力受限策略或者由于资料限制所以只能研究后答复的资料受限策略等。但需要注意的是，权力受限策略和资料受限策略在谈判中尽量只在关键时刻应用，否则容易被对手抓住己方谈判诚意不足的因素展开反击。需要注意的是，资源受限虽然是完全拒绝对方的要求，但其本质只是提高谈判对手对此项要求的评估，只要谈判对手做出足够的让步，任何困难都是可以克服的。

【案例 1-3-14】

> #### 委托人没到
>
> 　　尼尔伦伯格的一位委托人安排了一次会谈，对方及其律师都到了，尼尔伦伯格作为代理人也到了场，可是委托人自己却失了约，等了好一会儿，也没见他人影。这三位到场的人就先开始谈判了。随着谈判的进行，尼尔伦伯格发现自己正顺顺当当地迫使对方做出一个又一个的承诺，而每当对方要求他做出相应的承诺时，他却以委托人未到、权力有限为理由，委婉地拒绝了。结果，他以一个代理人的身份，为他的委托人争取了对方的许多让步，而他却不用向对方做出相应的让步。
>
> 　　资料来源：杰勒德·I. 尼尔伦伯格. 谈判的艺术. 曹景行，陆延译. 上海：上海翻译出版公司，1986

10. 假痴不癫策略

假痴不癫策略是在对手趾高气扬、不断进攻时，装疯卖傻，扮猪吃虎，不断消磨其锐气使其产生疲劳并对谈判感到厌烦，从而达到获取谈判优势的策略。在商务谈判中，面对咄咄逼人的谈判对手，与其正面周旋、斗智斗勇并不一定是最好的策略。谈判人员在谈判中的精力和士气都是有限的，有时通过装傻、沉默等方式不断拖延谈判进程，消磨谈判对手的精力和士气，等到谈判对手的精力和士气耗尽，对谈判毫无耐心时再给予反击，更容易获取较大的利益。

【案例 1-3-15】

我们不懂

三位日本商人代表日本航空公司来和美国一家公司谈判。会谈从早上 8 点开始，进行了两个半小时。美国代表以大量的资料淹没了日方代表，他们用图表解说、电脑计算、屏幕显示等各种数据资料来回答日方提出的报价。而在整个过程中，日方代表只是静静地坐在一旁，一句话也没说。终于，美方的负责人关掉了机器，重新扭亮了灯光，充满信心地问日方代表："意下如何？"一位日方代表斯文有礼、面带微笑地说："我们看不懂。"美方代表的脸色忽地变得惨白："你说看不懂是什么意思？什么地方不懂？"另一位日方代表也斯文有礼、面带微笑地说："都不懂。"美方发言人带着心脏病随时将发作的样子问道："从哪里开始不懂？"第三位日方代表以同样的方式慢慢答道："当你将会议室的灯关了之后。"美方代表松开了领带，斜倚在墙旁，喘着气问："你们希望怎么做？"日方代表同声回答："请你再重复一遍。"美方代表彻底丧失了信心。谁有可能将这两个半小时的介绍重新来做？美国公司终于不再坚持，只求达成协议。

资料来源：林逸仙. 商务谈判. 上海：上海财经大学出版社，2004

11. 将计就计策略

将计就计策略是指在商务谈判中，发现谈判对手的策略漏洞，利用谈判对手谈判策略的漏洞假意中计并在关键时刻予以反击达到反制对手、获取己方利益的目的。将计就计策略具有隐蔽性强、后发制人的特点。但需要谈判者在谈判中冷静机智，既要在假意中计时装得像，又要在反击时下手果断。将计就计策略是一种利益较大，但同样风险较大的谈判策略。

【案例 1-3-16】

赔钱的大米

我国某公司在出口大米的谈判中，为了卖好价故意抬高了出口大米的标准，并提供了优于实际货物的样品，而外商几乎没有还价就接受了报价，但在合同中规定：产品品质以货到目的地的进口国的商检为准。此时，我方以为可以多赚 10%。大米发出后，外商来电，称货物经当地商检部门检验，这批货的质量比合同规定的品质标准要低，也低于样品质量。来电中还附上商检报告，并提出两个解决方案：一是将货物全部退回，由中方承担运保费，并赔偿一定金额的损失费；二是减价 40%。我方经考虑和核算，决定接受第二个方案。双方经过讨价还价，我方同意减价 35%。这样，我方原来高报的 10% 不仅没有得到，而且损失了 25%。更严重的是，我方长期以来所建立的良好信誉受到了损害。

资料来源：林逸仙. 商务谈判. 上海：上海财经大学出版社，2004

谈判策略还有投石问路策略、散布假消息策略、竞争策略、反间计策略等。谈判策略多种多样，很难穷尽，并且即使学会了所有的策略，在实际的应用过程中也未必能够做到活学活用、有的放矢。但是策略制定和执行的出发点往往是谈判者所获取的信息，其目标也往往会是己方的利益，怎样灵活运用策略，预判对手策略，不但需要谈判策略的学习更需要谈判者的不断思考和谈判经验的积累。

三、能力训练

小林要完成以下的任务。

（1）思考：如何让步最有利？如何打破商务谈判的僵局？

（2）掌握商务谈判磋商阶段的各种策略。

（3）拟定谈判题目，模拟演练商务谈判的磋商阶段。

四、知识拓展

（一）做"不情愿"的买者和卖者

在商务谈判中，交易的一方或双方会表示出对让步和最后结果的"不情愿"。这种"不情愿"并不是真正的不愿意，而是更多的出于谈判策略的需要，其"不情愿"的原因主要有三点：第一，谈判是为了取得最大化的利润，表现出不情愿是为了时刻提醒己方对利润的追求；第二，在让步时表现出不情愿是为了给对方制造其在谈判中取得胜利的假象，促进谈判的进行；第三，表现出不情愿一定程度上可以使谈判对手产生亏欠的心情，以便下一次合作的展开。

（二）谈判策略使用时应贯彻的思想

一般而言，策划谈判谋略应贯彻以下几种思想。

（1）造势。谈判中要调动一切可调动的力量为本方服务，借助于势或巧妙地造势，形成有利于本方的谈判声势，以提高本方的谈判实力。

（2）治气。使用谈判策略时应努力瓦解谈判对手的斗志和士气，培养和激励本方谈判人员的士气从而保持高昂的斗志。

（3）治心。谈判者应运用心理战突破谈判对手的心理防线，迫使对方改变谈判态度，使其认同本方的观点，直至接受。

（4）治力。谈判者应在充分了解谈判对手的实力及其主要的影响因素的基础上有针对性地制定谈判策略，以达到避实就虚、扬长避短的效果。

（5）治变。谈判中各种策略应随着谈判的进行和谈判各方的变化灵活应用，不可忽略内外部因素变化而固守一种谈判策略。

任务四 商务谈判结束

一、任务描述

解决了商务谈判中的主要问题和矛盾后，小林和他的同伴们并没有感到轻松，而是直接进入了对已取得利益的保卫和对最后利益的争夺。

二、知识学习

谈判者只有正确判定好谈判终结的时机，才能运用好结束阶段的策略。错误的判定可能会使谈判变成一锅"夹生饭"，已付出的大量劳动付之东流；错误的判定也可能毫无意义地拖延谈判成交时间，丧失成交机遇。

$$商务谈判结束\begin{cases}商务谈判结束的判定方法\\商务谈判结束的方式\\商务谈判各种可能的谈判结果\\商务谈判结束阶段的工作内容\\商务谈判结束阶段的策略\end{cases}$$

（一）商务谈判结束的判定方法

谈判终结可以从以下三个方面判定。

1. 从谈判涉及的交易条件来判定

这个方法是指从谈判所涉及的交易条件解决状况来分析判定整个谈判是否进入终结。谈判的中心任务是交易条件的洽谈，在磋商阶段双方进行多轮的讨价还价，临近终结阶段要考察交易条件经过多轮谈判之后是否达到以下三条标准，如果已经达到，那么可判定谈判终结。

1）考察交易条件中尚余留的分歧

首先，从数量上看，如果双方已达成一致的交易条件占绝大多数，所剩的分歧数量占极小部分，就可以判定谈判已进入终结阶段。当达到共识的问题数量已经大大超过分歧数量时，谈判已经从磋商阶段进入结束阶段。如果交易条件中最关键、最重要的问题都已经达成一致，仅余留一些非实质性的无关大局的分歧点，就可以判定谈判已进入终结阶段。谈判中关键性问题往往起决定性作用，也需要耗费大量的时间和精力，谈判是否成功，主要看关键问题是否达成共识；如果仅在一些次要问题上达成共识，而关键问题还存在极大的分歧，是不能判定谈判进入终结阶段的。

2）考察谈判对手交易条件是否进入己方成交线

成交线是指己方可以接受的最低交易条件，是达成合同的下限。如果对方认同的交易条件已经进入己方成交线范围之内，谈判自然进入终结阶段。因为双方已经出现在最低限度达成交易的可能性，只有紧紧抓住这个时机，继续努力维护或改善这种状态，才能实现谈判的成功。当然，己方一定想争取到更好的交易条件，但是已经看到可以接受的成果，这无疑是值得珍惜的宝贵成果，是不能轻易放弃的。如果能争取到更优惠的条件当然更好，但是考虑到各方面因素，此时不可强求最佳成果而重新形成双方对立的局面，丢掉有利时机。因此，谈判交易条件已进入己方成交线时，就意味着终结阶段的开始。

3）考察双方在交易条件上的一致性

谈判双方在交易条件上全部或基本达成一致，而且个别问题如何做技术处理也达成共识，可以判定终结阶段的到来。首先，双方在交易条件达成一致，不仅指价格，而且包括对其他相关问题所持的观点、态度、做法、原则都有了共识。其次，个别问题的技术处理也应使双方认可。因为个别问题的技术处理不恰当、不严密、有缺陷、有分歧，就会使谈判者在合同达成后提出异议，使谈判战火重燃，甚至导致已达成的合同被推翻或前面的劳动成果付之东流。因此，在交易条件基本达成一致的基础上，个别问题的技术处理也达成一致意见，才能判定终结阶段的到来。

【案例 1-4-1】

避免探寻混乱

天津某半导体工厂欲改造其生产线，需要采购设备、备件和技术。适合该厂的供应商在美国、日本各地均可找到两家以上的供应商。正在此时，香港某半导体公司的推销人员去天津访问，找到该厂采购人员表示可以协助该厂购买所需设备和技术。由于香港客商讲中文，又是华人，很快关系就熟了，工厂同意他代为采购。由于工厂没有外贸权，又必须委托有外贸权的公司做代理，A 公司接到委托后，即与美国和日本的厂商探询，结果，美国和日本的厂家有的不报价却回函问：A 公司与香港 B 公司的关系是什么？有的出价很高。A 公司拿的探询结果未达到预期目标，具体人员与工人进行了讨论，最后得出了一致的结论。

问题：

（1）A 公司的探询是否成功？为什么？

（2）天津工厂应做何种调整？为什么？

（3）天津公司的探询要做何调整？为什么？

分析：

（1）天津香港公司的探询是失败的。因为外商有的不报价，探询没结果。有结果时，条件太苛刻，非诚意报价。

（2）天津工厂的委托有时序错误，必须调整。香港公司不能代工厂签进口合同，直接找香港的工厂探询可能加快进度，但存在签约和对后续工作影响的问题。调整内容：将香港公司的外探纳入天津公司的对外探询中，并且以天津公司为主，避免探询混乱。

（3）天津公司要与工厂、香港公司统一意见——内容和策略，并把该项目的探询统一组织起来。同时要重新部署探询地区和对象，不给外商造成有多个同样项目在询价的错觉。

资料来源：https://zhidao.baidu.com/question/711580128473176365.html[2014-09-11]

2. 从谈判时间来判定

谈判的过程必须在一定时间内终结，当谈判时间即将结束，自然就进入终结阶段。受时间的影响，谈判者需要调整各自的战术方针，抓紧最后的时间做出有效成果。时间判定有以下三种标准。

1）双方约定的谈判时间

在谈判之初，双方一起确定整个谈判所需要的时间，谈判进程完全按约定的时间安排，当谈判接近规定的时间时，自然进入谈判终结阶段。双方约定多长时间要以谈判规模的大小、谈判内容的多少、谈判所处的环境形势及双方政治、经济、市场的需要和企业利益等综合而定。如果双方实力差距不是很大，有较好的合作意愿，紧密配合，利益差异不是很悬殊，就容易在约定时间内签订合同，否则比较困难。按约定时间终结谈判使双方都有时间的紧迫感，促使双方提高工作效率，避免长时间为一些枝节问题而争辩不休。如果在约定时间内不能签订合同，一般也应该遵守约定的时间使谈判告一段落，或者另约时间继续谈判，或者宣布谈判破裂，双方再重新寻找新的合作伙伴。

2）单方限定的谈判时间

由谈判一方限定谈判时间，随着时间的终结，谈判随之终结。在谈判中占有优势的一方，或是出于对己方利益的考虑需要在一定时间内结束谈判；或是还有其他可选择的合作者，因此请求或通告对方在己方希望的时限内终结谈判。单方限定谈判时间无疑会对被限定方施加某种压力，被限定方可以听从，也可以不听从，关键要看交易条件是否符合己方谈判目标，如果认为条件合适，又不希望失去这次交易机会，可以听从，但要防止对方以时间限定向己方提出不合理要求。另外，也可利用对手对时间限定的重视程度，向对方争取更优惠的条件，以对方提供的优惠条件来换取己方在时间限定上的配合。如果以限定谈判时间为手段向对方施加不合理要求，会引起对方的抵触情绪，破坏平等合作的谈判气氛，从而导致谈判破裂。

3）形势突变的谈判时间

本来双方已经约定好谈判时间，但是在谈判进行过程中形势突然发生变化，如市场行情突变、外汇行情大起大落、公司内部发生重大事件等，谈判者突然改变原有计划，如要求提前终结谈判。谈判的外部环境在不断发展变化，谈判进程不可能不受这些变化的影响。

【案例 1-4-2】

谈判中的游戏

意大利与中国某公司谈判出售某项技术，谈判已进行了一周，但进展不大，于是意方代表罗尼先生在前一天做了一次发问后告诉中方代表李先生："他还有两天时间可以谈判，希望中方配合，在次日拿出新的方案来。"次日上午，中方李先生在分析的基础上，拿出了一个方案，比中方原要求改善了 5%（由要求意方降价 40% 改为 35%）。意方罗尼先生讲："李先生，我已降了两次价，计 15%，还要降 35%，实在困难。"双方相互评论，解释一阵儿后，建议休会，下午 2：00 再谈。

下午复会后，意方要中方报新的条件，李先生将其定价的基础和理由向意方做了解释，并再次要求意方考虑其要求。罗尼先生又重申了自己的看法，认为中方要求太高。谈判到下午 4：00 时，罗尼先生说："我为表示诚意向中方拿出我最后的价格，请中方考虑，最迟明天 12：00 前告诉我是否接受。若不接受我就乘下午 2：30 的飞机回国。"说着把机票从包里抽出在李先生面前显示了一下。中方把意方的条件理清后（意方再降 5%），表示仍有困难，但可以研究。谈判即结束。

中方研究意方价格后认为还差 15%，但能不能再压价呢？明天怎么答复？李先生一方面与领导汇报，与助手及项目单位商量对策；另一方面派人调查明天下午 2：30 的航班是否存在。

结果发现没有那个时间去欧洲的飞机，李先生认为意方的最后还价——机票是演戏，判断意方可能还有余地。于是在次日 10 点时给意方去了电话，表示："意方的努力，中方很欣赏，但双方距离仍然存在，需要双方进一步努力，作为响应，中方可以在意方改善的基础上，再降 5%，即从 30% 降到 25%。"意方听到中方有改进意见后，没有走，只是认为中方要求仍太高。但经过后期的谈判，最终还是同意了中方的报价。

资料来源：https://wenku.baidu.com/view/d53d407eff00bed5b8f31d4f.html[2014-10-21]

3. 从谈判策略来判定

1）最后立场策略

谈判者经过多次磋商之后仍无结果，一方阐明己方最后的立场，讲清只能让步到某种程度，如果对方不接受该条件，谈判即宣布破裂；如果对方接受该条件，那么谈判成交。这种最后立场策略，可以作为谈判终结的判定。一方阐明自己最后立场，成败在此一举，如果对方不想使谈判破裂，只能让步接受该条件。如果双方并没有经过充分的磋商，还不具备进入终结阶段的条件，一方提出最后立场就含有恐吓的意味，即让对方俯首听从，这样并不能达到预期目标，反而会过早地暴露己方最低限度条件，使己方陷入被动局面，这是不可取的。

2）折中进退策略

折中进退策略是指将双方条件差距之和取中间条件作为双方共同前进或妥协的策

略。例如，谈判双方经过多次磋商互有让步，但还存在遗留问题，而谈判时间已消耗很多，为了尽快达成一致，实现合作，一方提出一个简单易行的方案，即双方都以同样的幅度妥协退让，如果对方接受此建议，即可判定谈判终结。折中进退策略虽然不够科学，但是在双方很难说服对方，各自坚持己方条件的情况下，也不失为一种寻求尽快解决分歧的方法。其目的就是化解双方矛盾，比较公平地让双方分别承担相同的义务，避免在遗留问题上过多地耗费时间和精力。

3）总体条件交换策略

双方谈判临近预定谈判结束时间或阶段时，以各自的整体条件做交换以求达成合同。双方谈判内容涉及许多项目，在每一个分项目上已经进行了多次磋商和讨价还价。经过多个回合谈判后，双方可以将全部条件通盘考虑，做"一揽子交易"。例如，涉及多个内容的成套项目交易谈判、多种技术服务谈判、多种货物买卖谈判，可以统筹全局，总体一次性进行条件交换。这种策略从总体上展开一场全局性磋商，易使谈判进入终结阶段。

4）成交信号识别策略

收尾在很大程度上是一种需要掌握火候的艺术。我们通常会发现，一场谈判旷日持久却进展甚微，然后由于某种原因大量问题神速解决，双方会做出一些让步，而最后的细节在几分钟内即可拍板。一项交易将要明确时，双方会处于一种即将完成的激活状态，这种激活状态的出现，往往由己方发出成交信号所致。有时，在国际商务谈判中也会出现这样的情况：到了谈判后期，我方认为可以收场了，也向外商发出了信号，可外商却认为时机未到，坚持不打出最后一张牌，使我们处于被动的局面。因此，在必要的时候，我们也可以放一些"气球"，直接试探对方，促使对方早日结束谈判。谈判者使用的成交信号是不尽相同的，但常见的有以下几种。

（1）谈判者用最少的言辞阐明自己的立场，谈判中表达出一定的承诺意愿。例如，"好，这是我最后的立场，现在就看你的了"。

（2）谈判者所提的建议是完整的、绝对的，没有不明确之处。这时，如果他们的提议不被接受，只能终止谈判。

（3）谈判者在阐述自己的立场时，完全是一种最后决定的语调。坐直身体，文件放在一边，两眼紧盯对方，不卑不亢，没有任何紧张的表示。

（4）回答对方的任何问题尽可能简单，常常只回答一个"是"或"否"。使用的论据让对方相信确实没有折中的余地。

（5）一再向对方保证，现在结束谈判对对方有利，并告诉对方不少理由。发出这些信号，目的是使对方行动起来，脱离勉勉强强或优柔寡断的状态，促成谈判达成一致并签下合同。这时应注意，不要过分地使用高压政策，否则有些谈判对手就会看出你迫切希望成交，对方就会抓准机会寸步不让，反而向你进攻。

（二）商务谈判结束的方式

商务谈判结束的方式有三种，即成交、中止、破裂。

1. 成交

成交是指谈判双方签订合同，交易得以实现。成交的前提是双方对交易条件经过多次磋商达成共识，对全部或绝大部分问题没有实质上的分歧。成交方式是双方签订具有高度约束力和可操作性的合同书，规定双方的商务交易活动的操作原则和方式。由于商务谈判内容、形式、地点的不同，成交的具体做法也有区别。成交应具备的条件如下。

1）使对方完全了解企业的产品及产品的价值

在实际谈判过程中，可以假设，如果对手比较熟悉你的商品，他们就会表现出购买的热情，容易接受谈判人员的建议。因此，作为谈判人员，应该主动地向谈判对手展示自己的商品，主动地介绍商品的各种优势、性能、用途等问题，尽可能消除对手的疑虑。一句话，根据对手的不同心理，多给他们一个了解商品的时间和机会。

2）使对方信赖自己和自己所代表的公司

从前面影响成交的几个因素中可以得出，如果对手对你及你所代表的公司没有足够的信心和信赖，那么即使你的商品质量再好、价格再优惠，对手成交的信念也会产生动摇、变化。因此，谈判人员在谈判时，必须取得对方的信任，这是成交的必要条件。

3）使对方对你的产品有强烈的购买欲望

根据市场营销学的原理，人类的需要有限，但其欲望却很多，当具有购买能力时，欲望便转化成需求。这就说明市场营销者连同社会上的其他因素，只是影响了人们的欲望，并试图向人们指出何种特定产品可以满足其特定需要，进而使产品更有吸引力，符合人们的支付能力且容易购买，进而影响需求。因此，作为谈判人员，应做好谈判中的说明工作，这样才能影响和带动顾客的购买欲望与购买能力。

4）准确把握时机，"事在人为"

只要通过努力就有可能改变或影响某一事物的发展和变化。因此，作为谈判人员，要等待合适的时机，必要时要想办法制造合适的时机，促使对方做出成交决策。

【案例 1-4-3】

事 在 人 为

某办公用品销售人员到某办公室去销售碎纸机。办公室主任在听完产品介绍后摆弄起样机，自言自语道："东西倒是挺合适的，只是办公室里这些小年轻毛手毛脚，只怕没用两天就坏了。"销售人员一听，马上接着说："这样好了，明天我把货运来的时候，顺便把碎纸机的使用方法和注意事项给大家讲讲，这是我的名片，如果使用中出现故障，请随时与我联系，我们负责维修。主任，如果没有其他问题，我们就这么定了？"

资料来源：https://wenku.baidu.com/view/8e6e02fe2af90242a995e531.html?from=search [2016-01-24]

5）掌握促成交易的各种因素

谈判者对商品的认识，谈判者的购买意图，谈判人员的性格、情绪、工作态度及业务能力都会影响成交。在谈判实践中，经常出现这样的情形，如果谈判人员业务能力较强，对商品的介绍、分析非常合理、科学，会让人深信不疑；反之则会给人一个"听不明白"，或"越听越糊涂"，或"听了以后反增加疑虑"的感受，这必然会影响商品的成交机会。如果谈判人员善于营造一种氛围，有效地诱导对方，则肯定会给商品多一些成交机会；反之，即使有了成交机会，可能也会丧失。

另外，商品的因素也会影响交易的达成。谈判者多数都比较看重商品自身的质量，如果商品质量低劣，即便是其价格特别优惠，也不愿意购买。花钱买"垃圾"，谁都不会做。这是影响成交的一个主要因素。许多时候商品的价格反映了商品的质量，然而，即使商品质量可靠、耐用，但其价格过高，对手也会感到可望而不可即，这也是影响成交的一个主要因素。一般来讲，商品品牌好，知名度高，成交的可能性就相对大些。

6）为圆满结束做出精心安排

作为谈判人员应对谈判工作有一个全面的安排方案，根据方案明确自己的工作目标和方向，同时也明确自己下一步的工作规划和要求。尤其是在洽谈的最后阶段，对对方提出来的意见要处理好，使他们自始至终对你的谈判工作及所谈判的商品保持浓厚的兴趣，同时要引导他们积极参与你的工作。

2. 中止

中止是谈判双方因为某种原因未能达成全部或部分成交合同而由双方约定或单方要求暂时终结谈判的方式。中止如果发生在整个谈判的最后阶段，为了解决最后分歧，就是终局性中止，并且作为一种谈判结束的方式被采用。中止可分为有约期中止与无约期中止。

1）有约期中止

有约期中止是指双方在中止谈判时对恢复谈判的时间予以约定的中止方式。如果双方认为成交价格超过了原计划或让步幅度超过了预定的权限，或者尚需等上级部门的批准，谈判难以达成，而双方均有成交的诚意和可能，可经过协商，一致同意中止谈判。这种中止是一种积极姿态的中止，它的目的是促使双方创造条件最后达成合同。

2）无约期中止

无约期中止是指双方在中止谈判时对恢复谈判的时间无具体约定的中止方式。无约期中止的典型是冷冻政策。在谈判中，或者由于交易条件差距太大，或者由于特殊困难存在，而双方又有成交的需要而不愿使谈判破裂，双方于是采用冷冻政策暂时中止谈判。此外，如果双方对造成谈判中止的因素无法控制时，也会采取无约期中止的做法。例如，涉及国家政策突然变化、经济形势发生重大变化等超越谈判者意志之外的重大事件时，谈判双方难以约定具体的恢复谈判的时间，只能表述为，"一旦形势许可""一旦政策允许"，然后择机恢复谈判。这种中止双方均出于无奈，对最终签订合同会造成一定的干扰和拖延，是被动的终止方式。

3. 破裂

谈判破裂是指双方经过最后的努力仍然不能达成共识和签订协议，交易不成，或友好而别，或愤然而去，从而结束谈判。谈判破裂的前提是双方经过多次努力之后，没有任何磋商的余地，至少在谈判范围内的交易已无任何希望，谈判再进行下去已无任何意义。谈判破裂依据双方的态度可分为友好破裂结束谈判和对立破裂结束谈判。

达成协议意味着谈判获得成功和基本结束，同时也标志着双方新的合作和交易工作的开始。因此，在结束阶段双方仍然要努力营造良好的气氛，表达对对方真诚合作的谢意，使谈判的履约阶段及后续合作顺利进行。

（三）商务谈判各种可能的谈判结果

商务谈判结果可以从两个方面看：一是双方是否达成交易；二是经过谈判双方关系发生何种变化。这两个方面是密切相关的，我们将这两个方面的结果联系起来分析，可以得出六种谈判结果。

1. 达成交易，并改善了关系

双方谈判目标顺利完成，并且实现交易，双方关系在原有基础上得到改善，促进今后进一步的合作。这是最理想的谈判结果，既实现了眼前利益，又为双方长远利益发展奠定了良好基础。要想实现这种结果，双方首先要抱着真诚合作的态度进行谈判，同时谈判中双方都能为对方着想并做出一定的让步。

【案例 1-4-4】

最后的友谊

在 20 世纪 80 年代，中日出口钢材谈判中，尽管我方提出了合理报价，经过反复磋商，仍未与日方达成协议，眼看谈判要不欢而散。我方代表并没有责怪对方，而是用一种委婉谦逊的口气，向日方道歉："你们这次来中国，我们照顾不周，请多包涵。虽然这次谈判没有取得成功，但在这十几天里，我们却建立了深厚的友谊。协议没达成，我们不怪你们，你们的权限毕竟有限。希望你们回去能及时把情况反映给你们的总经理，重开谈判的大门随时向你们敞开。"

日方谈判代表原认为一旦谈判失败，中方一定会给予冷遇，没想到中方在付出巨大努力、精力而未果的情况下，一如既往地给予热情的招待，非常感动。回国后，他们经过反复核算、多方了解行情，认为我方提出的报价是合理的。后来主动向我方投来"绣球"，在中日双方的共同努力下，第二次谈判终于获得了圆满成功。

资料来源：http://3y.uu456.com/bp_1536l442cq8qp2012imx4yj364q360011ka_2.html [2016-06-23]

---

2. 达成交易，但关系没有变化

双方谈判结果是达成交易，但是双方关系并没有改善也没有恶化。这也是不错的谈判结果。因为双方力求此次交易能实现各自利益，并且没有刻意去追求建立长期合作关系，也没有太大的矛盾造成不良后果，双方平等相待，互有让步，交易成功。

3. 达成交易，但关系恶化

虽然达成交易，但是双方付出了一定的代价，双方关系遭到一定的破坏或是产生阴影。这种结果从眼前利益来看是不错的，但是对今后长期合作是不利的，或者说是牺牲双方关系换取交易成果。这是一种短期行为，"一锤子买卖"，对双方长远发展没有好处，但为了眼前的切实利益而孤注一掷可能只是出于无奈。

【案例 1-4-5】

为了面子，丢了生意

乔去台湾向吉姆索赔，因为乔的老板向吉姆的公司订购的一批自行车出现问题。乔知道有其他供应商很乐意向他们提供自行车，但不愿破坏与吉姆已经建立起来的良好关系。

吉姆无权从金钱上补偿乔，他所能做的只是换货。乔说因采购错误的物资而使他在公司的名誉受损，而换货不足以补偿。

乔预定了一张机票，将在 3 小时后起飞。他发现吉姆滔滔不绝地谈话是在拖延时间，保持礼貌只会使他得不到任何东西，他生气地站起来离开了房间。吉姆非常尴尬，但不想叫他回来，以免失去面子。

乔所在的公司以后再没有与吉姆公司发生业务关系。

资料来源：http://www.doc88.com/p-7458849481817.html[2014-10-06]

4. 没有成交，但改善了关系

这种谈判结果，顾名思义，就是虽然没有达成一致的结果，但是通过谈判的沟通和交流，彼此建立或者加深了关系，为今后的合作打下了基础。

5. 没有成交，关系也没有变化

这是一次毫无结果的谈判，双方既没有达成交易，也没有改善或恶化双方关系。这种近乎平淡无味的谈判没有取得任何成果，也没有造成任何不良后果。双方都彬彬有礼地坚持己方的交易条件，没有做出有效的让步，也没有激烈的相互攻击，在今后的合作中也有可能进一步发展双方关系。

6. 没有成交，但关系恶化

这是最差的结果，谈判双方在对立的情绪中宣布谈判破裂。双方既没有达成交易，又使原有关系遭到破坏；既没有实现眼前的实际利益，也对长远合作关系造成不良的影响。这种结果是谈判者不愿意看到的，所以应该避免这种结果出现。当然在某种特殊环境中、特殊情况下，出于对己方利益的保护，对己方尊严的维护，坚持己方条件不退让，并且反击对方的高压政策和不合理要求，虽然使双方关系恶化，但却是一种迫不得已的做法。

（四）商务谈判结束阶段的工作内容

1. 争取最后的利益

在商务谈判的最后阶段，谈判双方就谈判中尚未达成的细枝末节的条款进行谈判和确认，争取最后的利益。

2. 整理记录

每次谈判之后，重要的事情应写一份简短纪要，把达成协议的每一点记录在案，并向双方公布，这样不仅可以加深彼此对谈判进程的了解，更是以文字性材料作为催促对方做最后决定的有效保证。在成交阶段，检查、整理记录，双方共同确认其正确无误，其内容是起草书面协议的主要依据。

3. 总结成果

随着谈判进入成交阶段，双方有必要进行最后的回顾和总结，明确是否所有内容都已谈妥，提炼出整个谈判过程中所谈判的主要问题，对特殊的问题加以确认，概括一下最后决定，明确结果是否已达己方期望的交易或谈判目标，查看对方对目前所有决定是否满意。

4. 为签订合同做准备

谈判的成果要靠严密的合同来确认和保证，合同是以法律形式对谈判成果的记录和确认，它们之间应该完全一致，不得有任何误差。但在实际情况中，常常有人有意无意地在签订合同时故意更改谈判的结果，如故意在日期上、数字上，以及关键性的概念上做文章。如果我方对此有所疏忽，在有问题的合同上签了字，那么合同就与以前的谈判无关了，双方的交易关系一切都应以协议为准，再后悔也无济于事了。因此，在将谈判成果转变为合同形式的成果时需要花费一定力气，不能有任何松懈。所以在签订合同之前，应与对方就全部的谈判内容、交易条件进行最终的确定。

因此，在总结谈判成果的基础上，应在签订合同之前，以备忘录为基础草拟合同。此时，不仅要反复核查书面承诺，也不能忽视核实对方的口头允诺，在签字之前重读协议，就达成的工作、条件、送货方式、品质等条款严格审阅，防止出现任何纰漏。

（五）商务谈判结束阶段的策略

谈判双方的期望已相当接近时，都会产生结束谈判的愿望。这一阶段的主要目标有三个方面：一是力求尽快达成协议；二是尽量保证已取得的利益不丧失；三是争取最后的利益收获。为达成这些目标，可以采用以下谈判策略。

1. 最后通牒策略

这种策略在一般情况下都会生效，因为人们普遍有一种心理，"得到了从不珍惜，失去了才知可贵"，给对方一个期限，告诉其过了这个时间一切免谈，对方就会发现目前的情况好像对自己有利，并会尽快做出决定。

谈判中的买方和卖方都可以采取这一策略。谈判中的买方采用期限策略的实例如下。

（1）"我方 1 月 31 日以后就无力购买了。"

（2）"如果你不同意，下星期一我们就要找别的卖主商谈了。"

（3）"我方要在 5 月 1 日之前完成全部订货。"

（4）"这是我们的生产计划书，假如你们不能如期完成，我们只好另找其他的供应商了。"

谈判中的卖方采取期限策略的例子如下。

（1）"存货不多，欲购从速。"

（2）"如果你方不能在 5 月 1 日前给我们订单，我们将无法在 6 月 30 日前交货。"

（3）"从 3 月 1 日起价格就要上涨了。"

（4）"如果我方这星期收不到货款，这批货物就无法为你们保留了。"

（5）"优惠价格将于 9 月 30 日截止。"

2. 最后报价策略

在成交阶段可委婉地表示出"这已是最后的出价"或"这已是最低的价格"的意思，让对手听起来这是你最后的决定，但在必要的时候，又能有风度地做出轻微让步。

无疑，最后报价是一把"双刃剑"，它既能帮助自己增强价格的说服力，但运用不好，不被对方相信就会损害自己的议价力量，所以如何提出最后报价是一个关键问题，适当的遣词用句和见机而行就是此时的最佳选择。

3. 最后让步策略

针对磋商阶段遗留的最后一两个有分歧的问题，需要通过最后的让步才能求得一致。求得最后的让步要把握两方面的问题：一是最后让步的时间；二是最后让步的幅度。

1）最后让步的时间

在最后让步的时间上，如果过早，对方会认为这是前一阶段讨价还价的结果，而不会认为是己方未达成协议而做出的终局性的最后让步，从而导致对方得寸进尺。如果让步时间过晚，往往会削弱对对方的影响和刺激作用，并增加后面谈判的难度。

为取得较好谈判效果，可采取两步进行：主要部分在最后期限之前做出，以便让对方有足够的时间品味；次要部分作为最后的"甜头"，安排在最后时刻做出。

【案例 1-4-6】

最后的期限

小孙由于工作需要经常出差与各地区代理商谈判，每次下飞机后对方都会首先问他："您计划在此地停留多长时间？"他一般会毫不犹豫地回答："没有具体期限看谈判的进展情况吧。"对方询问小孙的行程也许是制定谈判日程的需要或者是安排时间陪小孙转转当地的风土人情，但是小孙每次的回答都是没有具体期限。小孙这么回答有道理吗？为什么？

有道理。在谈判高手面前你流露出的任何弱点对方都会在谈判桌上大做文章。如果对手知道你谈判的最终期限，他们一定会将主要问题拖延至最后一刻，在融洽的气氛中给你施加巨大的压力，逼你在最后一刻做出让步。

资料来源：https://wenku.baidu.com/view/2c1d9398dd88d0d232d46a06.html[2013-05-12]

2）最后让步的幅度

一般情况下，谈判的最后关头，应做出能够满足对方上司的地位和尊严要求的让步，但是让步幅度不能过大，如过大，往往会使该上司指责部下没做好工作，并坚持继续谈判。

【案例 1-4-7】

以退为进的妙用

柯泰伦曾是苏联派驻挪威的全权代表。她精明强干，可谓女中豪杰。她的才华多次在外交和商务谈判上得以展示。有一次，她就进口挪威鲱鱼的有关事项与挪威商人谈判。挪威商人精于谈判技巧，狮子大开口，出了个大价钱，想迫使买方把出价抬高后再与对方讨价还价。而柯泰伦久经商场，一下识破了对方的用意。她坚持出价要低、让步要慢的原则。买卖双方坚持自己的出价，谈判气氛十分紧张。各方都拿出了极大的耐心，不肯调整己方的出价，都希望削弱对方的信心，迫使对方做出让步，谈判进入了僵持的状态。柯泰伦为了打破僵局，决定运用谈判技巧，迂回逼近。她对挪威商人说："好吧，我只好同意你们的价格啦，但如果我方政府不批准的话，我愿意以自己的工资支付差额，当然还要分期支付，可能要支付一辈子的。"柯泰伦这一番话表面上是接受了对方的价格，但实际上却是以退为进，巧妙地拒绝对方的要求。挪威商人对这样的谈判对手无可奈何。他们怎么能让贸易代表自己出工资支付合同货款呢？他们只好把鲱鱼的价格降下来。

资料来源：http://www.chinadmd.com/theme/7HtPi7fLMSon79737F37Wn4l75d654UEW/[2016-04-18]

4. 场外交易策略

当谈判进入成交阶段，双方已经在绝大多数的议题上取得了一致意见，仅在某一两个问题上存在分歧、相持不下而影响成交时，即可考虑采取场外交易，如在酒宴上或游玩场所谈判等。因为这时仍把问题摆到谈判桌上来商讨，往往难以达成协议。一是经过长时间的谈判，已经令人烦闷异常，谈判人员的情绪也受到了影响，如果继续下去，甚至还会影响谈判的结果；二是谈判桌上紧张、激烈、对立的气氛及情绪迫使谈判人员自然地去争取对方让步,如果让步方认为自己丢了面子,可能会被对方视为投降或战败方;三是即使某一方主谈或领导人头脑仍然清楚冷静,认为做出适当的让步以求尽快达成协议是符合本方利益的,但因同伴态度坚决、情绪激昂而难以当场做出让步的决定。场外轻松、友好、融洽的气氛和情绪很容易缓和双方剑拔弩张的紧张局面。轻松自在地谈论自己感兴趣的话题,交流私人感情,有助于化解谈判桌上遗留的问题,双方往往会在很大程度上相互做出让步而达成协议。

谈判桌以外的场合中,紧张、激烈、对立的气氛和情绪为轻盈、友好、融洽的气氛和情绪所代替,此时,如果谈判人员巧妙地将话题引回到谈判桌上相持不下的问题,对方往往会很大度地让步而达成交易。需要指出的是,场外交易的运用,一定要注意谈判对手的不同习惯,如有的国家的商人忌讳在酒席上谈生意等。因此,必须事先做好准备工作,以防弄巧成拙。

5. 速战速决战略

俗话说"夜长梦多",不管任何事情,拖的时间越长,情况越有可能发生变化,谈判也是如此,所以谈判人员应"趁热打铁",达成交易,结束谈判。

（1）找一个令人信服的借口。

（2）重复签订合同的要求。

（3）如果对方不同意签订合同,要分析原因。

（4）和对方商议细节问题。例如,如何草拟合同或商量送货地点等。

（5）提供特殊的优惠,作为尽快签约的鼓励,如打折、分期付款、免费安装、代培训技术人员等。

（6）以讲故事的方式暗示有人因为错过机会而陷入困境,让对方了解现在便是签约的最好时机。

（7）采取尽快结束的实际行动,如填写售货单,并和对方握手。

6. 不忘最后获利策略

通常,在双方将交易的内容、条件大致确定,即将签约的时候,精明的谈判人员往往还要利用最后的时刻,去争取最后的一点收获。

在成交阶段最后收获的常规做法是:在签约之前,突然提出一个小小的请求,要求对方再让出一点点。由于谈判已进展到签约的阶段,谈判人员已付出很大的代价,也不愿为这一点小利而伤了友谊,更不愿为这点小利而重新回到磋商阶段,所以往往会很快答应这个请求,以求尽快签约。

7. 强调双赢的策略

在商务谈判即将签约的时候,可谓大功告成。此时,我方可能心中暗喜,以为自己在交易中比对方获得的更多,但这时我方一定要注意为双方庆贺,强调谈判的结果是我们共同努力的结晶,这样就使双方的心理都得到了平衡。相反,如果我们只注意自己高兴,并沾沾自喜、喜形于色或用讥讽的语气与对方交谈,这是十分不理智的。因为如果我方这样做了，要么对方会卷土重来，要么会突然提出其他要求而停止签约，等等。不论出现上述什么结果对我方均是不利的。

三、能力训练

小林要完成以下任务。

（1）思考：如何判定商务谈判已经进入了谈判的结束阶段？

（2）掌握商务谈判结束阶段的策略。

（3）拟定谈判题目，模拟演练该谈判结束阶段。

四、知识拓展

（一）商务谈判结束的原则

谈判终结的方式可能各异，谈判终结的原则却基本相同，其基本原则如下。

1. "不二性"原则

谈判终结的"不二性"原则，指当谈判结束时，双方达成的协议破裂、中止的状态不得改变。"不二性"原则有两个特征：明确与不变。所谓明确，即指与交易相关的一切条件，无论从听觉上、视觉上、感觉上，以及实际利益上，当事人或第三者不会产生任何不同的理解。所谓不变，是指双方交易相关的一切条件达成协议后，绝不反悔，即有承担信用约束、法律约束的义务。

2. "条法性"原则

谈判终结的"条法性"原则指双方所达成的各种交易条件，以相应的法律形式表达，使之具有法律的约束力。为确保谈判终结达到"条法性"原则要求，必须满足三个条件：口头协议文字化；文字协议格式化；文本一体化（对文本进行逻辑整理、排序、穿插引证，使之成为合约不可分割的有效组成部分，并使双方不同文字的文本从格式到文字意思完全一致）。

3. 情理兼备性原则

谈判终结的情理兼备原则，是指终结谈判不论其方式如何，都应该友善与客观。尽力创造友好气氛，尽力阐明理由，使对方感到受尊重，成交固然可喜，破裂也要坦然面对。

4. 彻底性原则

谈判的彻底性原则，是指结束谈判时所论及的交易内容要全面，各内容论及的深度要透彻，不能再出现未尽事宜。

（二）重建谈判

1. 定义

重建谈判指交易各方因某种契机或原因就已经中止、终结的谈判或执行中的合同重开的谈判。在谈判中止后重开的谈判属一个谈判阶段的继续，在合同建立之后的重开谈判属特殊阶段的谈判。

2. 重建谈判的规则

（1）连贯规则。其是对重建谈判应与过去已有谈判相关联、内涵逻辑一致性的要求，注意历史过程、限定谈判范围。

（2）简介规则。其是对进入谈判应直奔主题的要求，突出主题、简明扼要。

（3）对口规则。其是对参加重建谈判的人员必须与起因及对方参加人对应的要求。

（4）中庸规则。其要求采取时差措施、分量与分时措施。

任务五　商务谈判签约及执行

一、任务描述

为了保障在商务谈判中取得的利益，谈判结束后谈判各方就要签订商务合同。在这一任务中，小林要了解商务合同的主要内容与条款，掌握谈判签约的注意事项及商务合同的履行、转让和终止等相关内容。

二、知识学习

商务谈判如以成交的方式结束，那么谈判双方就会在谈判结束后顺利进入签订合同的环节。广义合同指所有法律部门中确定权利、义务关系的协议。商务合同属于合同的一种，是一种通用合同。在贸易中，在双方对合同货物无特殊要求的条件下，一般都采用商业合同的内容和形式。随着现代商务活动的日益频繁，社会对商务合同的要求越来越迫切。

商务谈判签约及执行

- 商务合同的类型与主要内容
- 商务谈判签约应注意的事项
- 商务合同的签约仪式
- 合同的履行、转让和终止

（一）商务合同的类型与主要内容

商务合同是指有关各方之间在进行某种商务合作时，为了确定各自的权利和义务，而正式依法订立的、经过公证的、必须共同遵守的协议条文。《中华人民共和国合同法》第二条规定："合同是平等主体的自然人、法人、其他组织之间设立、变更、终止民事权利义务关系的协议。"

有效合同成立的条件有六项：①当事人必须具有订立合同的能力；②当事人之间必须达成协议，这种协议是通过要约与承诺达成的；③当事人的意思表示必须真实、明确、具体；④合同的标的和内容必须合法；⑤合同必须有对价金合法的约言；⑥合同必须符合法律规定的形式要求。

1. 商务合同的类型

商务合同属于经济合同的一种，在主要条款内容上与经济合同一致。商务合同的主要条款分为基本条款和普通条款两类。基本条款是指判定合同有效成立的必备条款。基本条款以外的其他条款，都属于普通条款。基本条款分为标的、价金和期限。商务合同的标的，决定商务合同的性质和类别，反映了双方当事人签约的经济目的和要求，是确立相互之间权利和义务的基础。没有标的或标的不明的商务合同，既无法履行，也不能成交。价金是取得标的的一方向给付标的的一方所应支付的代价，如产品的价款、劳务的费用等。期限是指合同的履行期限，它直接关系到商务合同在什么期限内履行的问题。

商务合同的普通条款又分为两种：一种是根据法律、行政法规规定应该具备的条款；另一种是当事人要求规定的条款，如双方约定合同必须经过合同鉴证机关的鉴证或公证机关的公证方才有效，那么在未鉴证或公证前就不具有法律约束力。

把商务合同的主要条款分为基本条款和普通条款的意义在于，标的、价金和期限作为合同的基本条款，是合同有效成立的必要条件。商务合同缺乏基本条款之一，就没有约束力，也不能有效成立。但是，普通条款规定不明确，或者不够完备，或者有遗漏的，并不影响合同的有效成立，双方也应根据有关法律、行政法规的规定履行。一旦发生纠纷，有关法律、行政法规的规定也是处理纠纷的依据，但是，如果基本条款缺一条，就难以判断是非，处理纠纷就没有法律依据。

2. 商务合同的主要内容

商务合同一般来说，由前言、正文和结尾三个主要部分组成。

1）前言

前言即合同总则，其主要内容有：具有法人资格的当事人的名称（字号）或姓名、国籍、业务范围、法定住址、合同签订日期和地点，感兴趣问题的约因，愿意达成协议的原则及授权范围。

注意事项如下。

（1）合同当事人：可以超过两人，人数没有法律限定；当事人的名称应使用全称，以表示法律身份。

（2）法定地址：应是固定的，而不是临时的，亦不是下属分公司的。

（3）签订日期：应为合同生效时间。

（4）签订地点：如果合同的当事人不在同一地点签约，可不必注明签订地点。

2）正文

正文是合同或协议的主体，由法律条款所组成，明确规定当事人各方的权利、义务、责任和风险等。除了对合同双方权利、义务、违约责任进行规定的条款外，以下为精选后列举的常用条款的实例。

（1）合同产品。这是合同的核心。起草者应该将产品名称、质量、标准、规格、数量、交货日期和地点在合同内写得确切无误。其中，质量和数量是合同的重要条款。

（2）合同价格。在贸易中，当事人应注意价格术语的选用。当事人应确定商品计量单位的价格、货币、运费（海/空运费、内陆运费）、装卸费、仓储费、关税、手续费及培训费等由谁承担和风险划分。技术转让补偿贸易中，当事人还应确定设计费、试验费、专门技能费等。

（3）支付方式。为了安全起见，往往必须有银行介入。支付金额即合同规定的总金额。但在履行合同过程中，按照合同支付条款规定，可采用汇付、托收、信用证、银行保证书、分期付款、延期付款、国际保理方式等。

（4）包装和运输标志。国际贸易中，绝大多数的商品需要包装，以利于保护、储存、保管和运输，特别是电子仪器设备、零配件等。在合同中应规定包装条款和包装标志。

（5）检验、试航、验收。在国际货物买卖中，买方收到货物不等于买方接受货物。收到和接受是两个不同的概念。商检应包括对商品的质量、数量等的检验。但在大型成套设备、船舶等谈判和签约中往往把商检、试航、验收、保证质量和保证期联系在一起，明确所有权转移的条件、时间、地点及风险等。

（6）质量保证。《联合国国际货物销售合同公约》规定"卖方交付的货物必须与合同规定的数量、质量和规格相符"。《中华人民共和国产品质量法》规定卖方不仅要对违约所造成的直接性经济损失负责，而且要对可能由此而引起的人身伤害和财产损失负责。

（7）交货与装运。交货日期应明确。装运条款应注明船名、装运口岸、目的港及预计到达时间，是否允许转船和分装等。

（8）保险。保险是由投保人交纳的保险费集中组成保险基金用来补偿因意外事故或自然灾害造成的经济损失。保险有很多种类，在这里主要指货物保险。货物保险的主要内容有：贸易双方的保险责任；具体明确的保险手续；支付保险费用的承担者。我国商品贸易没有明文规定保险责任该由谁来承担，只能通过谈判，双方协商解决。但在国际贸易中，商品价格条款中价格术语确定后，也就明确了双方的保险责任。对世界主要保险公司在投保手续与方式、承保范围、保险单证的种类、保险费率、保险费用的支付方式、保险的责任期与范围等有关规定加以考虑、筛选，可以确定。

（9）保密。凡具有保密的技术转让和高科技的产品，合同中应明确保密条款。

（10）不可抗力。不可抗力条款，也称意外条款，是国际经济合同中普遍采用的一项除外条款，或称免责条款。不可抗力条款通常包括：第一，确定不可抗力事故的范围。对此合同双方应达成共识，在条款写作时，应明确具体，防止含糊其辞，以免日后发生分歧。第二，不可抗力所造成的后果。通常有两种情况：合同无法继续执行，终止合同；合同仍可继续执行，但需要延长履行合同期限。第三，出具不可抗力事件证明的机构。第四，事件发生后通知合同对方的期限。

此外还有索赔和仲裁。在国际贸易中，一旦发现货物受损，当事人应根据受损的实际情况及在合同规定的范围，按照国际惯例提出索赔。当事人通过友好协商不能解决的索赔，应提交仲裁机构解决。

以上内容属于商务合同的正文。

3）结尾

合同的结尾亦称合同的最后条款，其主要内容包括合同生效、合同使用文字、补充条文及额外协议等。

具体的商务合同样本如下：

××商务合同

甲　　方：	乙　　方：
电　　话：	电　　话：
传　　真：	传　　真：

条款 1 _____

条款 2 _____

条款 3 _____

条款 4 _____

条款 5 _____

甲　　方：	乙　　方：
签约代表：	签约代表：
地　　址：	地　　址：
电　　话：	电　　话：
传　　真：	传　　真：
邮　　编：	邮　　编：
开 户 行：	开 户 行：
银行账号：	银行账号：
税务登记号：	税务登记号：
时　　间：	时　　间：

需要说明的是，由于商务合同的种类比较多，不同的商务合同采用的条款也不是完

全相同，这里列举两个例子仅供参考。买卖合同一般包括标的物交易条款、价金条款、期限条款、双方权益义务条款、违约条款，结尾和附则等。租赁合同一般包括标的物交易条款、价金条款、期限条款、双方权益义务条款、违约条款等。

【案例 1-5-1】

蔬菜采购合同

甲方：××

单位名称：钢管公司

法定代表：××

电话：

乙方：××

单位名称：蔬菜公司

法定代表：××

电话：

根据《中华人民共和国合同法》的有关规定，为明确合同双方的权利义务，经过双方友好协商，现达成以下条款。

1. 新鲜蔬菜 3500 千克，每千克蔬菜单价 1 元。合计 3500 元，即人民币叁仟伍佰元整。

2. 付款时间与方式

2.1 甲方于收到××产品××日内全额支票支付乙方合同全部货款。

2.2 乙方于货款入账××日内提供甲方全额增值税发票。

3. 交货方式、交货日期及交货地点

3.1 交货日期：合同生效后××日内乙方交付甲方××产品。乙方收到甲方货款后，交付甲方××产品。

3.2 交货地点：甲方指定地点。

4. 质量标准

4.1 乙方所提供产品应符合国家或部颁标准。

4.2 在质保期内如果乙方提供的产品出现质量问题，乙方需要在 1 个工作日内给予相应处理，3 个工作日内给予处理。

5. 违约责任

5.1 除不可抗拒事件，任何一方不得违反本合同条款。

5.2 如发生交货日期延迟，乙方每延误 1 天交货需按合同总额的 5‰向甲方支付违约金；甲方不得拖欠乙方货款，如甲方没有按期支付，每延误 1 天需按合同总额的 5‰向乙方支付违约金。违约金最多不超过合同总金额的 10%。

6. 争议的解决

凡因执行本合同所发生的争议，或与本合同有关的一切争议，双方应通过友好协商解决。如果协商不能解决，依照《中华人民共和国合同法》，由双方认可的仲裁部门解决或向人民法院起诉。本合同一式两份，甲乙双方各持一份，具有同等法律效力。合同附件与本合同具有同等法律效力。本合同自甲乙双方签字盖章之日生效，传真件具有同等法律效力。

甲方：   乙方：

签字（盖章）：   签字（盖章）：

日期：   日期：

案例分析：

该合同结构完整、格式正确、条款清晰，在条款内容上做了细致的思考，双方的利益都做了充分的考虑，并进行了保护，责任划分明确。

（二）商务谈判签约应注意的事项

商务谈判的最终目的是达成协议，签订合同。所谓合同签订工作，主要是指文本的撰写或审核及合同签字人的确认。签订合同是谈判的一个重要环节，也是双方谈判成果的见证。

合同签订的过程，一方面是用法律语言准确无误地记载双方当事人谈判达成协议的各项内容；另一方面是对谈判中尚有争议的部分进一步地探讨和协商。在签订合同时应注意以下问题。

（1）审核对方的基本信息，确认是否具有签约的资格。签订合同的目的是将来产生纠纷有依据可遵守，或者协商或者诉讼或者仲裁都要按照合同的约定说话。如果起诉或仲裁的话，一定要确定被告或者被诉人的身份。假如，对方是个人，而合同上只有对方名字和电话，没有其他任何信息，你又无从查询，那么你的诉状或者仲裁申请书就没法写，你就会面临起诉无门或者被驳回的尴尬局面，你的权利当然也不会得到保护。建议把自然人的身份证作为合同的附件，注明对方的住址和通信方式。如果对方是公司，那么就要把公司的经常营业地、公司的通信电话注明。另外，为使你的合法权益得到保证，对于那些信誉不好的小公司或者自然人（尤其是没有固定工作或外地的自然人），为约束他认真履行合同，最好让他提供担保，这样，即使他无能力偿还或者赔偿你的损失，可以要求担保人代为承担责任或者以担保的财产抵偿。

因此，签约时，要确认签订合同（协议）的主体是否明确和合法，必要时，要查验对方合法资格，要注意资格有效期限。

（2）双方确认事项拟成条款，是否与合同的目的相符，要核对合同数量、质量、价格、规格、交货时间、地点和交货方式，验收方式，以及支付款项方式、时间。

（3）确认订立合同的条款符合有关法律规定和要求。应根据有关法规来确定合同的各项内容。对国家法律有专门规定的，还应按这些法律的规定确定合同的条款。确定的合同条款，其内容不得违反我国法律和社会共同利益。仔细拟定适用法律和仲裁条款。通常当事人双方都希望适用本国法律或对自己有利的法律作为合同依据，这类条款是合同的主要条款，不能含糊不清。

（4）对合同双方权利义务、违约责任的规定要具体、明确。

一是权利义务内容要具体、明确。例如，一个土地租赁合同，一定要明确土地的四至，不能产生歧义，而且一定要有双方盖章认可的位置图，防止对方钻空子。

二是合同中的违约责任条款必须具体、明确。要针对对方最易违约的问题，如资金到位的时间、数量、产品的外销，以及违约可能给我方造成的损失，进行有的放矢的约定，避免引起纠纷。

三是要规定违约金。很多合同中虽然约定了违约方要承担损失等，但是并没有具体的标准，使得实际执行起来没法确定，造成一定的举证不能，很多损失因缺乏足够的依据和政局支持而得不到法院的支持。例如，对违约方可以这样约定：违约方支付对方货款总额的20%的违约金。基于此，对于违约的约定一定要具体、明确，否则，连违约的问题都没法确定，那损失或者违约金也就失去了意义。

（5）对对方提出的免责条款要慎重研究，弄清其范围，才能表示是否同意，对己方不利的免责条款千万不能接受。

（6）要注意明确签约地。《中华人民共和国仲裁法》明确规定："经济合同纠纷案件一般由履行地或者合同签约地的仲裁机关管辖，执行困难的也可以由被诉方所在地的仲裁机关管辖。"在合同中明确签约地，当合同发生纠纷时，可以迅速确定管辖机关。缺少签约地，不利于迅速、准确、合法地解决合同纠纷，不利于确认谈判双方的权利义务，制裁违约行为。

（7）要注意中外文本的一致性。如两种文本含义不同或外方在外文文本中留有伏笔，或使用了一些含义不明确切的词语，在发生争议时我方就有可能吃亏。更不能签订只有外文文本而没有中文文本的合同。

此外，还要注意用词的准确性及其含义。例如，定金和订金。定金是订立合同的保证或者叫担保。一旦收到定金方违约依法违约方要双倍返还对方；交付定金方违约无权要求返还定金。而订金却是订立合同的资金。合同不能履行，收到订金的一方要返还订金，不会涉及双倍返还的问题。

总之，签订合同要慎重，注意风险规避，保障好己方的权益。

（三）商务合同的签约仪式

1. 签约仪式的准备工作

为了顺利签订合同，在谈判双方协商好的签约地点后要做好签约仪式的准备工作，具体如下。

（1）要布置好签字厅。签字厅有常设专用的，也有临时以会议厅、会客室来代替的。布置的总原则是要庄重、整洁、清静。

（2）签字台前的鲜花，如需讲台，另备鲜花。

（3）手提袋若干，内附会议资料，笔和本。

（4）找好礼仪服务人员。

（5）精美的会议手册。

（6）仪式条幅或者喷绘背景。

（7）签约本和签字笔要备好。

（8）备好胸花，最好用盘子装好。

（9）做好座位牌。注意人名书写不能有误，另外，签字台前单位名称也要做好。

（10）做好照相和宣传工作。

（11）安排好接待车辆。

（12）会场配好茶叶和水。

（13）要安排好签字时的座次。在正式签署合同时，签字时各方代表的座次是由主方代为先期排定的。合乎礼仪的做法是：在签署双边性合同时，应请客方签字人在签字桌右侧就座，主方签字人则应同时就座于签字桌左侧。双方各自的助签人应分别站立于各自一方签字人的外侧，以便随时对签字人提供帮助。

（14）在签署多边性合同时，一般仅设一个签字椅。各方签字人签字时，必须依照有关各方事先同意的先后顺序，依次上前签字。他们的助签人应随之一同行动。

2. 商务谈判的签约流程

（1）仪式前期准备工作。仪式前期准备工作和具体内容如上所述，概括起来主要包括以下四项内容：准备待签文本、布置场地、人员安排和备足各种必需品。

（2）确定签字地点和签字时间。

（3）签字仪式的程序。签字仪式进程中总体礼仪要求有：①仪容整洁，服饰规范；②遵守时间，言而有信；③表情庄重，态度友好；④行为自律，发言简短。

第一，仪式开始前事项。①安排双方代表就座，发放胸花并要求主要签字人员佩戴胸花；②确认实际到会人员名单，并核对主持稿；③安排双方代表人礼节性会见；④会见结束后，按照事先安排，安排入座，助签人站在签字人左边；⑤安排应邀嘉宾和媒体人员按位置就座。

第二，签字仪式开始。①主持人宣布签字仪式开始，简要介绍合作经过；②主持人介绍参加代表和到场嘉宾及媒体；③双方代表简短讲话，表达与对方合作的荣幸及对合同约定事项在日后顺利实行的美好祝愿等。

第三，签字人员签署文本。①助签人员翻开合同夹，指明合同签字的地方；②双方先在各自保存的文本上签字，然后与对方交换签字；③助签人员在旁用吸水纸按压签字处。

第四，交接合同文本。双方签字人员互换合同文本，并互相握手。

第五，签约完成后的活动。①签约双方及到场重要嘉宾合影留念；②全场举杯庆祝；③安排媒体拍照或访问。

第六，有秩序地退场。安排到场人员退场，仪式后可以举办招待宴。

（四）合同的履行、转让和终止

1. 合同的履行

当事人应当按照约定全面履行自己的义务。

当事人应当遵循诚实信用原则，根据合同的性质、目的和交易习惯履行通知、协助、保密等义务。

合同生效后，当事人就质量、价款或者报酬、履行地点等内容没有约定或者约定不明确的，可以协议补充；不能达成补充协议的，按照合同有关条款或者交易习惯确定。

当事人就有关合同内容约定不明确，依照规定仍不能确定的，适用下列规定。

（1）质量要求不明确的，按照国家标准、行业标准履行；没有国家标准、行业标准的，按照通常标准或者符合合同目的的特定标准履行。

（2）价款或者报酬不明确的，按照订立合同时履行地的市场价格履行；依法应当执行政府定价或者政府指导价的，按照规定履行。

（3）履行地点不明确，给付货币的，在接受货币一方所在地履行；交付不动产的，在不动产所在地履行；其他标的，在履行义务一方所在地履行。

（4）履行期限不明确的，债务人可以随时履行，债权人也可以随时要求履行，但应当给对方必要的准备时间。

（5）履行方式不明确的，按照有利于实现合同目的的方式履行。

（6）履行费用的负担不明确的，由履行义务一方负担。

执行政府定价或者政府指导价的，在合同约定的交付期限内政府价格调整时，按照交付时的价格计价。逾期交付标的物的，遇价格上涨时，按照原价格执行；价格下降时，按照新价格执行。逾期提取标的物或者逾期付款的，遇价格上涨时，按照新价格执行；价格下降时，按照原价格执行。

当事人约定由债务人向第三人履行债务的，债务人未向第三人履行债务或者履行债务不符合约定的，应当向债权人承担违约责任。

当事人约定由第三人向债权人履行债务的，第三人不履行债务或者履行债务不符合约定的，债务人应当向债权人承担违约责任。

当事人互负债务，没有先后履行顺序的，应当同时履行。一方在对方履行之前有权拒绝其履行要求。一方在对方履行债务不符合约定时，有权拒绝其相应的履行要求。

当事人互负债务，有先后履行顺序，先履行一方未履行的，后履行一方有权拒绝其履行要求。先履行一方履行债务不符合约定的，后履行一方有权拒绝其相应的履行要求。

应当先履行债务的当事人，有确切证据证明对方有下列情形之一的，可以中止履行：①经营状况严重恶化；②转移财产、抽逃资金以逃避债务；③丧失商业信誉；④有丧失或者可能丧失履行债务能力的其他情形。

当事人没有确切证据中止履行的，应当承担违约责任。

当事人依照法律规定中止履行的，应当及时通知对方。对方提供适当担保时，应当恢复履行。中止履行后，对方在合理期限内未恢复履行能力并且未提供适当担保的，中止履行的一方可以解除合同。

债权人分立、合并或者变更住所没有通知债务人，致使履行债务发生困难的，债务人可以中止履行或者将标的物提存。

债权人可以拒绝债务人提前履行债务，但提前履行不损害债权人利益的除外。

债务人提前履行债务给债权人增加的费用，由债务人负担。

债权人可以拒绝债务人部分履行债务，但部分履行不损害债权人利益的除外。

债务人部分履行债务给债权人增加的费用，由债务人负担。

因债务人怠于行使其到期债权，对债权人造成损害的，债权人可以向人民法院请求以自己的名义代位行使债务人的债权，但该债权专属于债务人自身的除外。

代位权的行使范围以债权人的债权为限。债权人行使代位权的必要费用，由债务人负担。

因债务人放弃其到期债权或者无偿转让财产，对债权人造成损害的，债权人可以请求人民法院撤销债务人的行为。债务人以明显不合理的低价转让财产，对债权人造成损害，并且受让人知道该情形的，债权人也可以请求人民法院撤销债务人的行为。

撤销权的行使范围以债权人的债权为限。债权人行使撤销权的必要费用，由债务人负担。

撤销权自债权人知道或者应当知道撤销事由之日起一年内行使。自债务人的行为发生之日起五年内没有行使撤销权的，该撤销权消灭。

合同生效后，当事人不得因姓名、名称的变更或者法定代表人、负责人、承办人的变动而不履行合同义务。

2. 合同的转让

谈判合同的转让，并非转让合同本身，而是指合同主体的转让。具体说，就是合同中一方当事人由于某种原因退出原来的经济法律关系，在征得原合同当事人同意并不变更合同内容、条款的情况下，可将原合同规定的权利、义务转让给第三者。

【案例 1-5-2】

2008 年 10 月 15 日，甲公司与乙公司签订合同，合同约定由乙公司于 2009 年 1 月 15 日向甲公司提供一批价款为 50 万元的电脑配件，2008 年 12 月 1 日甲公司因销售原因，需要乙公司提前提供电脑配件，甲公司要求提前履行的请求被乙公司拒绝，甲公司为了不影响销售，只好从外地进货，随后将对乙公司的债权转让给了丙公司，但未通知乙公司。丙公司于 2009 年 1 月 15 日去乙公司提货时遭拒绝。

在上述案例中，乙公司拒绝向丙公司提供货物是有法律依据的，在合同转让时，甲公司应与乙公司事先沟通，获得乙公司的同意后，再做出转让活动。

合同的权利义务均可以依法转让。

（1）债权人可以将合同的权利全部或者部分转让给第三人，但有下列情形之一的除外：①根据合同性质不得转让；②按照当事人约定不得转让；③依照法律规定不得转让。

债权人转让权利的，应当通知债务人。未经通知，该转让对债务人不发生效力。

在上述案例中对乙公司是不具有法律效力的。

债权人转让权利的通知不得撤销，但经受让人同意的除外。

债权人转让权利的，受让人取得与债权有关的从权利，但该从权利专属于债权人自身的除外。

债务人接到债权转让通知后，债务人对让与人的抗辩，可以向受让人主张。

债务人接到债权转让通知时，债务人对让与人享有债权，并且债务人的债权先于转让的债权到期或者同时到期的，债务人可以向受让人主张抵消。

（2）债务人将合同的义务全部或者部分转移给第三人的，应当经债权人同意。

债务人转移义务的，新债务人可以主张原债务人对债权人的抗辩。

债务人转移义务的，新债务人应当承担与主债务有关的从债务，但该从债务专属于原债务人自身的除外。

法律、行政法规规定转让权利或者转移义务应当办理批准、登记等手续的，依照其规定。

当事人一方经对方同意，可以将自己在合同中的权利和义务一并转让给第三人。

3. 合同的终止

合同终止指合同当事人双方在合同关系建立以后，因一定的法律事实的出现，使合同确立的权利义务关系消灭。

合同终止与合同解除在我们生活中常常会被误认为是一个意思，以为其都与合同效力无效有着一定的联系。但是，其实两者是有一定的区别的，对于效力方面也是有较为明显区别的。

合同终止与合同解除是不同的。合同终止仅使合同关系发生将来消灭的效力，不具有溯及既往的效力，因此不能产生恢复原状的法律后果；而合同解除使合同关系发生既往消灭的效力，具有溯及既往的效力，因而对已履行的合同将产生恢复原状的后果。另外，权利专属不同。合同终止权为非专属权，可随债权或债务一同移转给第三人；而解除权为专属于债权人的权利，除可随同债权债务概括移转外，不得因单纯的债权让与或债务承担而移转给第三人。

合同终止又称为告知，是指继续性合同的当事人一方所作的合同效力向将来消灭的意思表示。合同的终止权与解除权虽然都表现为依一方当事人的意思表示使合同关系消灭的权利，在性质上均为形成权，且其产生都有依约定或法定两种途径，但二者在理论上存在不少差别。首先，适用情形不同。合同终止适用于继续性合同，而合同解除适用于非继续性合同。其次，法律效力不同。最后，发生条件不同。法定终止权因合同种类不同而发生原因各异，而法定解除权的发生原因一般为不可抗力及债务不履行的各种情形。我国合同法没有合同终止的概念，也没有合同终止的相关规定，故合同解除适用于所有合同。当它适用于继续性合同时，则表现为合同终止的一些法律特征，不具有溯及既往的效力，不产生恢复原状的法律后果。也就是说，我国合同法中的合同解除包含合同终止，二者表现为种属关系，合同解除可以代替合同终止，但合同终止不能代替合同解除来使用。

合同的解除，是指合同有效成立后，因一方或双方的意思表示，使基于合同发生的债权债务关系归于消灭的行为。作为合同体系的一项法律制度，合同解除具有以下法律性质。

（1）合同解除适用于有效成立的合同。合同只有在有效成立后、履行完毕前才发生合同解除的效力。可撤销合同及无效合同因属于效力瑕疵或欠缺的合同，不受合同解除制度调整。

（2）合同解除必须具备一定条件。为避免当事人滥用合同解除制度，从而维护合同的严肃性和社会经济生活的稳定性，法律规定合同解除必须具备法定条件或约定条件，禁止当事人任意解除合同。法定解除，是指由法律规定在一定条件下解除合同的行为。例如，《中华人民共和国合同法》第 94 条规定的五种情形。约定解除，是指当事人在合同中约定解除合同的条件，当出现解除合同的条件时，合同解除。当然，当事人不必在订立合同时就约定解除合同，也可以事后经协商一致解除合同。

（3）合同解除必须有解除行为。我国法律没有采纳当然解除主义，即具备合同解除条件，就可以解除合同。因此，当事人要解除合同，必须有解除行为。合同解除分为两种：第一种是双方协商一致解除合同；第二种是享有法定或约定解除权的一方做出解除合同的意思表示。合同解除方必须具有法定或约定解除权，没有解除权的解除行为不发生法律效力。

（4）合同解除的效力是使基于合同而发生的债权债务关系（合同关系）消灭。理论上有两种观点：第一种观点认为合同解除权的效力是合同关系自始消灭。合同关系自始消灭，是指当事人负有恢复原状的义务，即合同解除的效力溯及既往。第二种观点认为合同解除权的效力是合同关系向将来消灭。合同关系向将来消灭，是指合同关系自解除时消灭，合同解除前的关系仍然存在，即合同解除不溯及既往。《中华人民共和国合同法》第 97 条规定，合同解除后，尚未履行的，终止履行；已经履行的，根据履行情况和合同性质，当事人可以要求恢复原状、采取其他补救措施，并有权要求赔偿损失。由此可见，我国合同法采纳的是第一种观点，即合同解除的效力溯及既往。

因不可抗力致使不能实现合同目的的，当事人可以解除合同；在履行期限届满之前，当事人一方明确表示或者以自己的行为表明不履行主要债务的，对方可以解除合同；当事人一方迟延履行主要债务，经催告后在合理期限内仍未履行的，对方可以解除合同。

三、能力训练

小林要完成以下的任务。

（1）思考：签约有哪些重要的工作内容和格外需要注意的事项？如何才能成功地完

成商务谈判的签约工作?

（2）拟定谈判题目，据此撰写商务合同。

（3）模拟演练商务谈判签约。

四、知识拓展

（一）拓展一：合同的类型

社会生活的复杂性，决定了经济合同种类的多样性。特别是随着我国经济体制改革的深化和社会主义市场经济的发展，合同的种类会越来越多。

《中华人民共和国合同法》所列举的合同，是以合同的业务性质和不同内容为分类标准的，按照这个标准，可以把经济合同分为以下几类。

1. 买卖合同

买卖合同是供方将产品销售给需方，需方接受产品并支付价款的协议。它的特征如下。

（1）买卖合同是典型的转让财产合同。供方将其产品的所有权有偿转让给需方，并因此丧失了该产品的所有权。由于国家是全民所有制财产的所有权主体，所以在全民所有制单位之间转移的只是产品的经营权，而不是所有权。

（2）买卖合同的物品必须是国家法律和政策允许流通的物品。属于计划内产品的购销，必须按照分配计划指标签订合同。

2. 建设工程合同

建设工程合同，又叫包工合同。它是建设单位与承包、承建单位为完成某一工程而签订的协议。它的特征如下。

（1）建设工程的计划性强。当事人必须按规定的程序，根据国家批准的投资计划和计划任务书等文件签订书面合同。

（2）要接受国家有关部门的监督。建设银行通过信贷和结算监督建设资金的使用；物资部门管理基建材料设备的供应和使用；对大型的重要工程，国家有关单位要直接参加竣工的验收工作。

3. 承揽合同

承揽合同是指承揽方和定作方之间为完成一定的工作而明确相互权利义务的协议。它的特点如下。

（1）承揽合同的标的是承揽方为满足定作方的特定要求而制作的特定物。

（2）承揽方在发生意外情况时由自己承担风险。

（3）该合同用留置定作物的方式担保。

4. 运输合同

运输合同是托运方与承运方之间为完成一定的运输任务而明确双方权利义务的协议。它的特征如下。

（1）合同标的是提供运输服务即变更货物的存放地，不涉及所有权的转让。

（2）除托运方和承运方外，通常还有第三方（收货方）。收货方不参加签订合同，但享有一定权利，承担一定义务。

（3）承运方因过错违约，造成货物损坏或灭失的，只能按货物的价值进行赔偿。

5. 保管合同

保管合同是保管方和存货方之间，为保管一定货物而明确相互权利义务的协议。它的特征是：合同的标的是提供保管服务。保管方对所保管的货物要妥善保管，不得擅自动用，更不能随意处置。保管期届满返还的必须是被保管物。

6. 能源供应合同

能源供应合同是供用双方就供用电、水、气、热力等能源而明确相互权利义务的协议。它的特征如下。

（1）由于我国能源供应紧张，合同应根据需方的实际需要量和供方的能源可供量签订。

（2）电力、天然气生产、供应和使用同时进行，技术性强，能源供应合同的履行需要供用双方密切配合。

7. 租赁合同

租赁合同是出租人和承租人之间为租赁一定财产而明确双方权利义务的协议。它的特征如下。

（1）在所有人保持财产所有权的前提下，在出租期间暂时放弃对财产的占有和使用。

（2）合同标的是经长期使用仍保持其使用效能的物品。

（3）租赁期届满，承租人必须还其原物。

8. 借款合同

借款合同是借贷双方为借用一定数额的货币而明确相互权利义务的协议。它的特征如下。

（1）借款合同计划性强。一方面，贷款和借款都必须按计划办理；另一方面，借款合同的履行，款项的发放与使用，应当遵守国务院有关规定。

（2）借款合同的标的是货币。借款合同转移的是货币的全部所有权。

（3）贷款方为特殊主体，即贷款方只能是国家特许成立的银行和信用社。

（4）借款合同实行法定担保。

9. 财产保险合同

财产保险合同是投保方和保险方之间，为投保方的特定财产实行保险而明确相互权利义务的协议。财产保险合同是以交纳保险费为赔偿的基础，以预定的保险条件为赔偿根据。它的特征如下。

（1）赔偿不是保险公司的行为过失，保险公司在险情未出现时并不履行义务。

（2）保险方有特定的资格，只能是国家设立的中国人民保险公司及其分公司，或者是经国家批准的其他办理保险业务的法人。

10. 其他合同

其他合同包括委托合同、居间合同、行纪合同、仓储合同等。

（二）拓展二：合同签订的特点及原则

1. 合同签订的特点

合同是商品生产、货币交换的法律形式，法人、其他经济组织、个体工商户、农村承包经营户等在经营或生产协作过程中，要实现经济目的，都要通过签订合同的形式而实现。所以，合同的订立至关重要。合同的签订是指两个或两个以上的当事人，依法就合同的全部内容，经过协商一致而达成协议的法律行为。其特点如下。

第一，订立合同的当事人至少是双方的，或者是多方的，单方不能订立合同。

第二，当事人对合同的内容必须经过协商取得一致意见，合同方能成立。

第三，订立合同，确认某种事实，必须严格遵守国家法律和行政法规的规定。

2. 合同订立的原则

1）平等公平原则

合同当事人不论其资产多少、地位高低，也不论其代表的组织规模大小、生产经营状况如何，其地位都是平等的，一方不得将自己的意愿强加于另一方。双方的权利和义务应该是对等的、公平的，不能趁一方有难或奇货可居，而要挟或迫使对方接受不平等条款。

2）自愿协商原则

合同当事人依法享有自愿订立合同的权利，任何单位和个人不得非法干预，不得强迫合同当事人签订或强迫不许签订，强迫接受某条款或强迫放弃某条款。

合同当事人在自愿的基础上，对合同的签订及条款内容，在不违背法律和政策的前提下，由双方协商一致确定。

3）诚实信用原则

在订立合同前，双方应坦诚地向对方讲清楚本身的资信能力、经营权、经营能力、经营范围及合同签订人的身份和权限，并提供必要的证明文件，不能隐瞒或夸大资信能力等，更不能搞欺诈。

资信能力，具体表现为是否有"四证"，即企业等级证书、产品质量等级证书、重合同守信用证书、银行信誉等级证书。经营权和经营范围要查验其营业执照或其副本。经营能力主要是排除两种人：一是依法剥夺经营能力的人；二是不具备经营能力的未成年人和精神病患者，这两种人不能与之签订合同。订立合同应以诚信为本。

4）遵纪守法原则

签订合同是一种法律行为，当事人订立、履行合同，应当遵守法律、行政法规、党和政府的方针政策，应尊重社会公德，合同内容合乎国情民情，不得扰乱社会经济秩序，损害社会公共利益。

依法订立的合同，受法律保护，对当事人具有法律约束力。当事人应当按照合同的约定履行自己的义务，未依法律规定或未取得对方当事人同意，不得擅自变更或解除合同。

订立合同的行为是一种法律行为，能给当事人带来法律后果，产生某种权利义务关系。

（三）拓展三：合同写作的基本要求

1. 政策法律观念要强

签订合同或起草合同必须以《中华人民共和国合同法》为法律依据，必须遵守法律和行政法规。重要的合同必须经国家仲裁机关或国家司法部门鉴证或公证，否则，所签订的合同应视为无效合同。

2. 签订目的要明确

任何单位和个人在签订合同时，都必须写明签订目的，任何单位和个人不得利用合同进行违法行动，扰乱社会经济秩序，损害国家利益和社会公共利益，牟取非法收入。

3. 签订合同的双方必须具备法人或自然人资格

签订合同的双方代表必须是单位领导授权后具有法人代表或自然人资格的。在目前情况下，确定一个经济组织是否具有法人资格，主要是看其是否持有工商行政管理机关颁发的企业法人营业执照。代签合同，必须事先取得委托人的委托证明书，并根据授权范围以委托人的名义签订，只有这样所签合同才对委托人产生权利和义务。

4. 审查确定合同类别

由于经济关系的复杂性，实践中往往会混淆一些合同关系，发生合同类别认定错误。只有明确了合同的类别，才能确定合同所适用的法律，也才能设定合同的条款、当事人的权利义务及责任。

5. 条款项目全而清

经济合同一经签订就具有法律效力，这就要求合同在签订时，双方必须将合同执行过程中所发生的情况写清楚,将每一条款写具体、明确,不允许出现含糊其辞、模棱两可的现象。

6. 修订要及时商量

签订好的合同,任何一方都不得随意涂改,如果确有必须修订之处,一定要双方及时互通信息、共同协商,并于涂改处加盖双方印章。例如,经过仲裁机关或司法机关鉴证或公证的合同有修改的地方,应及时将修改内容通知原鉴证单位、公证机关。如不便在原件上修改,也可以互相通信函,双方统一意见后,将信函作为原合作的附件。

【教学建议】

在讲授该项目时,要注意以下问题。

(1)在讲授任务一商务谈判准备时最重要的是要清晰掌握商务谈判准备的切入点,即从哪个角度入手。

(2)在讲授任务二商务谈判开局时要突出以下两点:一是商务谈判开局阶段在整个商务谈判中的重要性;二是商务谈判开局阶段是提出问题的阶段,应用的策略都要与此一致。

(3)在讲授任务三商务谈判磋商时要注意:一是商务谈判磋商阶段对谈判能否达成一致具有举足轻重的作用;二是商务谈判磋商阶段是解决重大问题的阶段,所有的策略均应与此一致;三是加强校内实训和模拟。

(4)教师在指导学生学习任务四商务谈判结束的过程中,应注重引导学生对不同商务谈判结束的情况进行模拟练习,制订多种应急预案。在模拟过程中应对学生的知识应用情况给予客观评价,并及时指出需要改进的方面,以鼓励为主,逐步培养学生自我探究的能力及学习商务谈判的兴趣。在讲授该任务时要明确以下三点:一是商务谈判结束阶段在商务谈判中的重要地位;二是所有的谈判策略要紧紧围绕保护已取得的利益和争取尽可能多的最后利益;三是注重引导学生对不同商务谈判结束的情况进行模拟练习,制订多种应急预案。

(5)在任务五商务谈判签约及执行中,学生们不太注意有关合同的事情,尤其是对于合同条款的编写,不够认真,作为教师要强调条款的重要性。讲解本单元要让学生了解到商务合同的内容有争议的时候容易带来的损失,列举案例时要让人感觉是在讲一个故事,以此吸引学生,并让学生参与进来,从而达到让学生学习的目的。

项目二

商务谈判内容

□项目目标

总目标

掌握不同类型商务谈判的特点、内容及谈判过程。

能力目标

1. 具备进行产品买卖谈判的准备工作、开局工作、磋商工作、结束工作和签订产品买卖合同的能力。

2. 具备进行技术转让谈判的准备工作、开局工作、磋商工作、结束工作和签订技术转让合同的能力。

3. 具备进行服务交易谈判的准备工作、开局工作、磋商工作、结束工作和签订服务交易合同的能力。

4. 具备进行招商谈判的准备工作、开局工作、磋商工作、结束工作和签订招商谈判合同的能力。

5. 具备进行国际商务谈判的准备工作、开局工作、磋商工作、结束工作和签订国际商务谈判合同的能力。

知识目标

1. 掌握产品买卖谈判的特点及其内容。

2. 掌握技术转让谈判的特点及其内容。

3. 掌握服务交易谈判的特点及其内容。

4. 掌握招商谈判的特点及其内容。

5. 掌握国际商务谈判的特点及其内容。

□项目任务分解

任务一　产品买卖谈判

任务二　技术转让谈判

任务三　服务交易谈判

任务四　招商谈判

任务五　国际商务谈判

□项目导入

通过以上的学习，小林了解了商务谈判的整个工作流程及每个阶段的工作任务，初步具备了从事商务谈判的基本能力，但还需要操练和提升。为了尽快成长，W公司给小林等安排了商务谈判的第二期课程，将学习到的商务谈判的工作过程应用到不同类型的商务谈判实践中，学习不同类型下的商务谈判。

因为每种谈判类型都有其独特性，因此没有完全适用的、一成不变的谈判模式和策略。小林将变换各种身份，从事不同类型的商务谈判，面临更严峻的挑战和更艰巨的任务，但他信心十足、自信满满地开启了新的旅程，让我们跟着他一起进入新的篇章。

任务一　产品买卖谈判

一、任务描述

产品买卖谈判是商务谈判中最主要的类型，90%以上的商务谈判都与产品买卖相关。一个完整的产品买卖谈判要经过产品买卖谈判的准备阶段、开局阶段、磋商阶段、结束阶段及签约和执行阶段。小林在该任务中就是要进行角色扮演，参与完成一次产品买卖谈判。

【任务同步案例 2-1-1】

> 琪维食品有限公司是哈尔滨知名的老字号食品企业，它要与安徽知名的炒货企业味香源炒货有限公司就炒货产品买卖事宜进行谈判。公司要求只买优质产品，大部分用于转售，也有少量用于食品再加工。由于公司新上任的领导对过去的炒货供货商不满意，加上拓展业务需要，琪维食品有限公司决定更换炒货供货商。恰好，味香源正在寻找北方的合作企业，以期打开北方市场。两家企业一拍即合，谈判即将展开。小林在这里的角色就是琪维食品有限公司销售经理林伟。

二、知识学习

产品买卖谈判是指针对有形货物的买卖而进行的谈判，如消费品、工业用品、生产资料、工业品生活资料、农副产品等。产品买卖谈判是商务谈判中最常见的、数量最多的一种谈判，因而是非常重要的一种谈判类型。与其他类型的商务谈判相比较，产品买卖谈判具有两个突出的特点。

第一，难度相对较低。产品买卖相对较为简单，这是因为：一是大多数产品均有同行的技术标准；二是大多数交易均属于重复性交易；三是谈判内容大多围绕与实物货物有关的权利和义务。但绝不能因此而轻视该类型谈判，特别对初次合作、大宗交易、国际产品买卖更是如此。

第二，条款比较全面。产品买卖是货物交易的基本形式，产品买卖也是商务谈判的基本形态。产品买卖谈判的主要内容包括货物的价格、质量、数量、包装装运、保险、支付、检验、索赔、仲裁等交易条件，比较全面，可以作为其他商务谈判参照的一般基础。

依据本书项目一中对商务谈判工作过程的介绍可知，产品买卖谈判包括产品买卖谈判准备、产品买卖谈判开局、产品买卖谈判磋商、产品买卖谈判结束和产品买卖谈判签约及执行五个环节与过程。

$$
产品买卖谈判
\begin{cases}
产品买卖谈判的准备 \\
产品买卖谈判的开局 \\
产品买卖谈判的磋商 \\
产品买卖谈判的结束 \\
产品买卖谈判的签约及执行
\end{cases}
$$

（一）产品买卖谈判的准备

产品买卖谈判的准备工作包括三个部分，即产品买卖谈判的人员准备、产品买卖谈判的背景分析和产品买卖谈判计划的拟定。

1. 产品买卖谈判的人员准备

作为商务谈判的主体类型，产品买卖谈判在人员准备方面与其他类型的谈判并无太大的差异。

1）选择合适的谈判人员

本着产品买卖谈判的目的和企业自身的实际情况，选择思想道德素质良好、心理素质健全、了解产品性能尤其是产品技术要求的及身体健康的人员作为谈判代表，进行合理分工，明确各自的职责。根据谈判需要确定谈判的规模，派定参加谈判的首席代表、专业人员、商务人员、法律人员、翻译人员和记录人员。例如，根据上述案例，因本次谈判不是跨国谈判，所以不需要翻译人员。

2）加强对产品买卖谈判人员的培训

首先，要摒弃"你死我活""你多我少"的片面思想，强化双赢、竞争合作的谈判理念，真正地理解并掌握谈判的合作原则、互利互惠原则、立场服从利益原则、对事不对人原则、坚持使用客观标准原则和遵守法律原则。其次，学习并掌握相关的礼仪和规范，主要是化妆礼仪、着装礼仪、体态礼仪和接待礼仪等，使得谈判人员举止适当和得体。再次，还要通过各种形式的表演、演讲和模拟练习，提升谈判人员的语言表达能力，掌握语言表达的技巧，做到以下几点：能准确、正确地运用语言；及时肯定对方；尊重对方，谅解对方；不伤害对方的面子与自尊；注意说话的方式和讲话要富有感情色彩。这些都有助于融洽谈判气氛和建立良好的人际关系。最后，学习和掌握产品买卖谈判相关条款的知识。根据产品买卖谈判的内容，相关的谈判人员要通晓下列知识。

（1）与价格谈判相关的知识。价格是产品买卖谈判中的主要问题，交易价格的高低，直接关系到买卖双方的交易利益。在产品的价格谈判中，可能涉及以下几个方面的问题，因此产品买卖谈判人员要掌握相关的知识，进而能进行相关的决策。

第一，确定合理的价格水平。确定产品具体的价格水平是买卖双方在价格谈判中的重要任务。最终的价格通常是在买卖双方各自报价的基础上，经过讨价还价确定的。首先，要根据平等互利的原则，参照国际市场价格，按国别政策，并结合购销意图确定适当的成交价格；其次，价格水平的确定必须与其他各项交易条件相联系。因为价格因素如果离开了其他的交易条件，价格本身的高低就失去了衡量标准，就没有可比性。

第二，充分考虑汇率因素。世界市场的汇率变换会直接影响交易双方的利益，因而，要争取有利于己方的货币作为成交货币，即出口选用硬币，进口选用软币。当不得不采用对己方不利的货币时，应将汇率变动的因素考虑到货价中去，或者在合同中订立保值条款，一旦汇率发生变动，即按合同约定比例调整价格。

第三，贸易术语的选择。贸易术语是贸易（主要是国际贸易）中习惯采用的，用以概括价格构成，说明交易各方在货物交接方面的权利和义务的专门术语。在当前国际贸易中常用的价格术语主要有三种：装运港船上交货价格，也称离岸价格，用 FOB 表示；成本加运费价格，用 CFR 表示；成本加运费和保险费价格，又称到岸价格，用 CIF 表示。

贸易术语不但确定了商品的价格构成，而且表明了买卖双方在产品交接过程中的风险划分、费用负担及应办手续的责任，同时确定了合同的性质，再加上使用贸易术语有助于简化交易磋商的内容、缩短磋商的时间、节省交易费用，因而，谈判人员应该了解有关贸易术语的一般解释，在交易磋商和订立合同条款时，根据交易需要加以选择运用。

第四，签约后的价格变动。在商务谈判中，签约后的价格变动而引起的争议是非常频繁的，因而，如何处理这种争议，也是非常重要的。签约后，如果价格有所变动，谈判双方一般按照以下原则进行处理：凡在执行国家定价的场合下，如果在合同规定的交货期内交货，无论国家将价格调高或调低，一律按国家调定的价格执行。如果卖方逾期交货，遇价格调高，按原价格执行，价格调低，按调定的价格执行；如果买方逾期付款，遇价格调高，按调高价格执行，价格调低，则按原价格执行。凡在执行浮动价格或协议价格的场合下，无论遇到价格如何变动，一律按合同商定的价格执行。这种处理的规定，不仅可以维护国家的价格政策，而且维护了谈判双方的利益。

（2）与产品货款支付相关的知识。总的来说，产品买卖谈判支付条款的内容包括以下几项：支付的货币、支付金额、支付方式和支付期限。国内产品买卖谈判的付款方式一般均为银行转账，如电汇、托收、银行汇票等；国际产品买卖谈判的支付方式有专门的国际管理规范和解释，主要有汇付、托收和信用证三大类。

（3）与产品品质相关的知识。产品的品质是指商品的内在质量及其外观形态。品质是衡量产品使用价格的技术指标，品质具体表现为化学成分、物理性能、造型、结构、色泽和味觉等特征。品质谈判的任务是买卖双方就买卖商品的品质做出约定。具体说，有关品质谈判，主要解决以何种品质的标的物成交及其选择何种方式表示标的物品质等问题。因而，谈判者要了解以下用以表示品质的几种标准。

第一，规格表示法。规格是反映产品品质的技术指标，如成分、含量、纯度、大小、长短和粗细等。

第二，等级表示法。等级是同类产品质量差异的分类。通常用一、二、三或甲、乙、丙及正、副等数码、文字或符号来表示，以反映同类产品的品质差异。

第三，标准表示法。产品标准是指政府有关机关或行业团体统一规定并公布的规格或等级。不同的标准反映了产品品质的差异。我国的产品标准主要分为国家标准、部颁标准和地方标准等。

第四，品牌或商标表示法。品牌和商标是产品的名称和标记。品牌和商标所表示的产品在品质上稳定、规格上统一，在市场上树立了较为固定的信誉。

（4）与数量相关的知识。交易商品的数量与双方的谈判的各个因素都有关联。在产品的数量方面，应该从以下几个方面去掌握。

第一，确定计量单位。确定产品的数量，首先要根据产品的性质，明确所采用的计量单位。由于产品的性质不同，采用的计量单位也有所不同。

按重量单位计算。按重量单位计算的计量单位有吨、千克、磅等。主要适合于天然产品及其制品，如矿砂、盐、羊毛、油类、钢铁等。

按数量单位计算。按数量单位计算的计量单位有件、双、套、打等。多用于一般的杂货及工业制品。

按长度单位计算。按长度单位计算的计量单位有尺、英尺、码等。主要用于金属、绳索、纺织品等。

按面积单位计算。按面积单位计算的计量单位有平方米、平方英尺等。主要用于玻璃、纺织品等。

按体积单位计算。按体积单位计算的计量单位有立方米、立方英尺。一般应用于木材、化学气体等商品。

按容积单位计算。按容积单位计算的计量单位有公升、加仑、蒲式耳等。其中，蒲式耳是美国等国用来计算谷物的单位，但每蒲式耳代表的重量会因不同的谷物而有所不同。公升和加仑主要用于液体商品的计量。

另外，由于国际度量衡制度五花八门，即使使用同一计量单位计算，其所代表的数量也各不相同。例如，1 加仑在美国等于 3.785 411 8 升，而在英国则等于 4.546 091 9 升。

第二，确定产品重量。确定交易产品重量的方法有以下几种。

按毛重计算重量。按照产品本身的重量加包装物的重量来计算产品重量。这种方法主要适宜于量多、价值低的大宗产品。

按净重计算重量。按商品全部实际重量（毛重）除去包装物的重量来计算商品重量。在采用净重计算方法时，对于如何计算包装重量，国际上有按实际皮重计算、按平均皮重计算、按习惯皮重计算和按约定皮重计算等多种计算方法。为了避免在实际操作中的矛盾，应在签订合同时事先约定并列入合同条款。

按公量计算重量。用先进科学方法除去商品所含的实际水分，再加上标准水分来求商品重量的方法。这种方法适宜于棉花、羊毛等具有较强吸湿性的商品。

按理论重量计算重量。从某商品单件重量推算出总重量。这种方法可用于按固定规格生产和买卖的商品。但由于各种因素的影响，理论重量和实际重量之间会发生差异。所以，理论重量只能作为参考。

第三，数量规定要有机动性。有时，由于商品的特点、船舶装卸和包装等方面的原因，买卖实际交货的数量难以完全符合合同规定的数量。为了避免纠纷，双方当事人往往经磋商后对交货数量规定一个机动幅度，即在数量条款中加订"短溢装条款"，允许卖方多交或少交一定数量的产品，其机动幅度一般有两种计算方法。

一是明确规定短溢装若干百分比。例如，"大米 1000 吨，5%上下由卖方决定。"这时，只要在 1000 吨的 5%上下幅度范围内都可履行义务，有利于卖方的交货。又如，"饲料玉米，3000 吨，10%上下由买方决定。"说明，买方在 3000 吨的 10%范围内可以多要或少要。

二是在数字前加"约"字。例如，条款中加订"茶叶约 1000 公斤。"表明具体交货数量可作适当机动。但双方对"约"字的理解事先要有共识，以免今后发生纠纷。

（5）与产品包装相关的知识。在交易过程中，除少数产品，如散装货、裸装货的运输、装卸及销售不需要包装外，绝大多数产品均需包装。针对包装问题，谈判人员在谈判中应该知道以下几点。

第一，包装材料，即使用何种包装材料的问题。在国际贸易中，各国对包装材料有很多规定，因而，严格把好包装材料这一关，有利于产品交易的顺利进行。有的国家严格禁止用玻璃、陶瓷作为包装材料；也有的国家禁用稻草、干草作为包装衬垫；中国出口商品包装不准用旧报纸作为衬垫物等。作为卖方，包装材料的选用应考虑买方的要求、产品的保护和价值增值等方面的因素，但对于在实际中不能办到的要求，则不能轻易接受，以免由于包装达不到买方要求而拒收货物。而作为买方，在提出对包装材料的要求时，应当考虑到对产品效用的保护，考虑到使用和销售的方便，还应考虑到产品的成本。

第二，包装形式，即采用单个包装还是集合包装；便于识别类包装、便于陈列展销类包装还是便于使用类包装；中性包装还是定牌类包装。

第三，包装标志和标签内容。包装标志一般是指在包装外部书写、压印、刷制的图形、文字和数字，按其用途可分为运输标志和指示性、警告性标志两种。一般而言，各国均颁布了有关规定，明确有关的指示性、警告性标志。例如，中国政府颁布了《包装储运指示标志》和《危险货物包装标志》，联合国政府间海事协商组织对危险货物也特别规定了《国际海运危险品标志》。按国际管理，运输标志一般由卖方设计决定，但若买方有特定要求，也可以通过谈判解决。

标签内容及内包装的图案、色彩等也是谈判中需要解决的重要问题之一。由于各国、各地区、各民族的宗教、文化、风俗习惯的不同，加上各国、各地区规定的不同，对标签内容和包装图案、色彩等有着具体的要求。作为谈判者，要熟知这些习俗和规定。

另外，对于双方长期合作和初期合作的不同情况，包装条款的使用也有不同。例如，"适于海运"这一条款，一定是在交易双方具有长期合作的条件下才适用，否则会酿成重错。

（6）与装运相关的知识。装运是指交易双方确定运输方式、运输费用、装运和交货期及交货地点。

第一，运输方式。根据交易商品的不同性质及买卖双方费用成本来确定运输方式。不同性质、不同价值、不同面积和不同体积的货物需要有不同的运输方式。根据运输工具确定的运输方式有公路、水路、铁路、航空和管道运输，根据运营方式可以划分为自运、托运和联运。

第二，装运和交货期。在国内货物买卖中，卖方工厂或仓库交货，其装运期和交货期是一致的。但在国际货物买卖中，买卖双方谈判选定的贸易术语决定了各自在货物交接过程中应承担的责任，FOB（离岸价格）、CIF（到岸价格）等术语均属于凭装运单据交货，买方的装运时间和交货时间是一致的；但在使用其他术语时，装运并不等于交货，更不等于买方接受货物。因此，买卖双方协商具体的装运和交货期是很有必要的。在谈判中，对于装运和交货期的规定要落实到非常具体的年、月、日，避免使用"尽快装运""年内交货"之类含混不清的语句和概念。

第三，交货地点。装运和交货地点的选择关系到运费及结算价格的高低，同时也与交易双方各自所需承担的责任有关。装运和交货地点的选择一般需要考虑到便于卖方安排装运、买方接受或转售货物的需要，即装运和交货地点的选择既要考虑到谈判各方的实际需要，也要考虑到各方面的条件。并且，装运和交货地点的规定一定要非常明确。

（7）与保险相关的知识。由于货物在运输过程中可能因各种因素遭到损坏，规定保险条款可降低货物转移过程的风险。

第一，保险条款的基本内容。保险条款的基本内容包括由谁保险、保险标的、投保哪种基本险种与附加险种、保险金额、保险人和被保险人各自的责任范围等。

第二，对货物进行保险的操作。一般有两种做法：一是由投保一方向保险公司投保，即由投保方与经营保险业务的单位订立合同。参与保险的双方，一方是投保人或被保险人，即谈判中的买方或卖方；另一方是保险人，即承担保险业务的企业。在保险合同中要注明保险种类、保险标的、保险金额、保险费用、保险期限、赔偿责任范围及保险人和被保险人的名称等约定事项。同时，在合同中还应规定保险人收取保险费并在保险责任范围内负责赔偿的损失。进行保险之后，由投保的一方支付保险费，其在保险标的发生损失时有权向保险人索取赔款。二是由谈判双方共同负责保险责任，即对风险、保险手续和对支付保险费的认定和承担，由谈判双方协商决定。

第三，争取有利的条件。洽谈保险条款时，应根据平等互利、方便贸易和买方资源的原则，并根据不同地区、不同对象和不同商品，灵活地商定保险条款。

（8）与产品检验相关的知识。产品的检验是对供货方所提供的产品品质、数量（或重量）、包装等实施检查和鉴定，以确定交货与合同有关规定的一致性。为了保护谈判双方的利益，在谈判中，双方必须协商对产品进行检验。在对产品的检验中，应该掌握以下问题。

第一，商品检验的内容。检验通常针对交易标的物的数量、品种、品质、价格等进行。检验中，货物数量和质量是检验的重要内容。

第二，商品检验的时间和地点。检验时间和地点的确定，直接关系到交易各方的经济利益。贸易中，对检验时间和地点的规定，一般有以下三种。

一是以离岸品质和数量为准。由有关机构在装运港对货物进行检验，装运港的检验证明作为交货品质、数量的最后依据，买方虽可在货物到达后委托有关机构进行检验，但原则上无权对卖方的供货品质和数量提出异议。

二是以到岸品质和数量为准。以目的港商检机构所签发的品质、数量证书作为最后依据，买方可凭此证明向卖方提出任何有关产品品质或数量的异议，若属于卖方责任，卖方不得拒绝。

三是以装运港的检验证明作为议付的依据，但在货物到达目的港以后，买方有复验的权利，复验证明可作为向卖方索赔的依据。

第三种方法兼顾了双方的利益，因而也是现在国际贸易中经常运用的一种方法。

第三，商品检验机构。目前，产品检验机构类型很多，世界各国、各地区行使产品检验职能的机构有很大的差异。谈判者在选择检验机构时，应在充分了解其性质、知名度、美誉度的基础上选择。

（9）合同执行中相关问题的知识。包括不可抗力、索赔与仲裁三个方面。

第一，不可抗力。不可抗力是指在货物买卖合同签订以后，不是由于订约者任何一方当事人的过失或疏忽，而是由于发生了当事人既不能预见和预防，又无法避免和克服的意外事故，以致不能履行或不能如期履行合同，遭受意外事故的一方，可以免除履行合同的责任或延期履行合同，另一方也无权要求其履行合同或索赔。不可抗力的事故范围较广，通常分为两种：一种是自然力引起的，如水灾、火灾、大雪、地震、干旱等；另一种是社会力量引起的，如战争、罢工、政府禁令等。

有关不可抗力问题的谈判应注重解决以下问题：不可抗力事件的范围，即认定哪些事件属于不可抗力事件；不可抗力事件的后果，合同失效还是延期执行；出具不可抗力事件证明的机构；事件发生后通知合同对方的期限。

第二，索赔。索赔是一方认为对方未能全部或部分履行合同规定的责任时，向对方提出索取赔偿的要求。索赔谈判要解决三个问题：一是在什么情况下可以提出索赔；二是索赔的有效期限，应根据交易商品的特点来合理确定；三是索赔金额，包括违约金和赔偿金。

第三，仲裁。仲裁是双方当事人在谈判中磋商协定，在本合同履行过程中发生争议，经协商或协调不成时，自愿把争议提交给约定的第三者（仲裁机构）进行裁决的行为。仲裁条款的主要内容如下。

一是仲裁地点的规定。仲裁地点与仲裁法规是统一的。

二是仲裁机构的选择。世界上许多国家和一些国际组织都设有专门的仲裁机构。

三是仲裁的效力。根据《中华人民共和国仲裁法》第九条、第五十七条、第六十二条的规定，仲裁裁决是终局性裁决，裁决书一经做出，与终审法院的判决书一样，立即发生法律效力，包括既判力和强制执行力。当事人应当履行仲裁裁决。

四是仲裁费用的负担。仲裁费用按照双方争议金额的大小按递减比例收取仲裁费用，主要包括案件受理费和案件处理费。案件受理费的具体标准由仲裁委员会在仲裁案件受理费表规定的幅度内，并经当地物价管理部门核准确定。案件处理费的收费标准按照国家有关规定执行；国家没有规定的，按照合理的实际开支收取。

仲裁费用原则上由败诉的当事人承担；当事人部分胜诉、部分败诉的，由仲裁人庭根据当事人各方责任大小确定其各自应当承担的仲裁费用的比例。当事人和解或者经仲裁庭调解结案的，当事人可以协商确定各自承担的仲裁费用的比例。

3）明确对谈判人员的管理

可以对谈判队伍实施直接管理或者间接管理，这取决于组织的领导是否参与谈判。要强化谈判纪律，正确激励谈判人员，以保证谈判的顺利进行并能完成预期的目标。

【任务同步案例 2-1-2】

琪维食品有限公司领导经过决策，选定了以下谈判代表。任命公司销售经理林伟为首席代表，同时为法律主谈；刘敏为经济主谈，兼记录员；王浩为专业人员。同时对以上三位谈判代表进行了培训，并通过林伟对谈判代表实施间接管理。

2. 产品买卖谈判的背景分析

谈判背景是商务谈判的一个重要构成要素。在产品买卖谈判中，谈判背景分析就是要确定具体的产品买卖谈判时间、地点及相关信息的收集和准备。

1）产品买卖谈判时间的确定

根据谈判任务的艰巨性、复杂性和紧迫性，产品买卖双方经过协商确定谈判的时间。在选择谈判时间时，应尽量考虑到对己方最为有利，占领时间先机。

2）产品买卖谈判地点的确定

就谈判一方来讲，产品买卖谈判地点的选择主要有三种类型，即主座谈判、客座谈判和第三地点谈判。具体来说，主座谈判指在自己所在地组织的谈判，包括在自己所居住的国家、城市或办公所在地组织的谈判，是在自己做主人的情况下组织的谈判，这种谈判类型便于向上级领导请示汇报。客座谈判是指在谈判对手所在地组织的谈判，它的优点是可以集中精力在谈判上，无任何家庭、工作事务干扰。除以上两种情况以外的就是第三地点谈判，这种谈判相对来说，比较公平，但会造成谈判成本上升。每种类型各有利弊，选择时也要考虑对己方有利，占领地点先机。

在产品买卖的地点准备中还要在确定具体谈判地点的基础上选择适合的谈判室。一般来说，谈判室应选择在距谈判人员住宿地较近的地方，远离闹市区和街道。室内应整洁、宽敞、光线充足，通风设备良好，也需要一些辅助设备以便于双方展示产品、说明产品性能等。房间的布置也很重要，如选择什么样的谈判桌，是圆形的还是长方形的等。一般来讲，比较重要的、大型的谈判选用长方形的谈判桌，双方代表各居一面，相对而坐，无形中增加了双方谈判的分量，而且有助于保密；在规模较小或双方谈判人员比较熟悉的情况下，多选用圆形谈判桌，这样就可以消除谈判双方代表的距离感，双方团团围坐，会加强双方关系融洽、共同合作的印象，使谈判容易进行。所配椅子要尽量舒适，会谈所需的其他设备和服务也应周到，如烟缸、茶水及饮料等。谈判室旁边或附近应设有休息室和密谈室等。

在产品买卖谈判中，与谈判地点准备相关的还有主座方为客座方准备的食宿安排。应体现周到细致、方便舒适的原则，尽量为对方着想，这有利于建立良好的关系，融洽谈判气氛。在国际贸易中，这往往也被主座方当作策略来使用。

3）产品买卖谈判相关信息的收集和准备

收集的信息越完备，在产品买卖谈判中做出正确决策的可能性就越大。一般来讲，需要收集的信息主要有四个方面。

第一，与谈判有关的环境因素信息。其包括谈判对方所在国家的政治状况、相关的法律法规、社会文化背景、商业习惯资料、财政金融政策等。

第二，市场信息。主要是指所交易产品的市场因素及变化的信息。

第三，有关谈判对手的信息。对谈判对手的调查是谈判准备工作中的关键一环。如果同一个事先毫无任何了解的对手谈判，谈判中很可能会遇到极大的困难，甚至会冒很大的风险。谈判对手的情况是复杂多样的，主要收集对方的资信情况、对方真正的需要、对方的谈判时限、谈判对手的权限、对方的谈判风格和个人情况等。

第四，己方的信息。俗语说，知人者智，自知者明。要想在谈判中做出明智的选择，只了解对手的情况是不够的，还需要很好地分析己方自身的情况，如企业的基本情况及市场地位、产品情况和销售政策、己方谈判人员的自身素质等。

【任务同步案例 2-1-3】

通过双方的反复沟通与协商最终把谈判的时间定为 2015 年 4 月，为期 5 天。地点为味香源炒货有限公司所在地的合肥市的双龙商务酒店的四楼会议室。所谓"知己知彼，百战不殆"，为了实现谈判目的，林伟谈判小组必须摸清此次谈判的相关信息。

1. 收集相关谈判环境的信息

第一，通过互联网与查找相关文件，了解国家对炒货食品的相关规定，掌握国家质量监督检验检疫总局对炒货质量的酸价、过氧化值、铅、砷、糖精钠、甜蜜素、黄曲霉毒素 B1、矿物油、细菌总数等 14 项指标的规定。

第二，通过互联网搜索引擎输入"合肥"，可找到中国·合肥门户网站、合肥在线、合肥政府网等，通过这些网站了解与本次谈判有关的合肥政策法规、经济发展状况、文化历史、风俗习惯、自然地理等信息。

2. 收集谈判对手信息

第一，通过互联网搜索引擎输入"味香源炒货有限公司"，搜索该公司的基本信息，包括地理位置、企业规模、产品线、行业地位、文化理念、员工素质、资质信用、技术条件、联系方式等。了解到该公司设在合肥，是国内炒货前五强企业，财务状况和业内声誉均良好，无重大经济纠纷。

第二，通过互联网搜索引擎输入"安徽统计信息网"或者"合肥统计信息网"，在《统计年鉴》中查找"味香源炒货有限公司"产值、经营状况、赢利情况。若网上没有，设法通过当地统计部门获取信息。

第三，通过其他的关系渠道，进一步了解味香源炒货有限公司的内部经营情况，领导层的素质、能力、决策风格，以往的供货对象。

3. 收集市场信息

第一，通过互联网搜索炒货市场供求状况及价格变化趋势。

第二，通过互联网调查炒货主要生产厂商"姚生记""正林""顶呱呱""嗑得响""新农哥""恰恰""叶原坊""真心"等的地理位置、企业规模、技术水平、资质信用、联系方式。以顾客询价的方式打电话给这些炒货厂商的销售部，或通过在线销售服务平台，了解炒货产品品种、质量、价格、最小订货量、交货时间、地点、要求的付款方式及提供的服务。

4. 收集自己企业信息

第一，通过财务部门收集本公司资产、产值、赢利及以往采购炒货的成本、费用等。

第二，通过技术部门获取本公司对炒货食品的质量要求及行业质量标准等信息。

第三，通过人事部门了解本公司的管理、技术、人才状况。

第四，通过生产部门了解本公司为生产炒货食品需要的炒货种类及数量。

第五，通过营销部门了解以往炒货及炒货食品的销售情况、消费者对炒货食品的偏好等。

3. 产品买卖谈判计划的拟订

谈判计划是在谈判实施前预先拟订的谈判的具体内容和行动步骤的框架，制订周密细致的谈判计划是保证谈判顺利进行的必要条件，所以，拟订谈判计划是谈判准备工作的核心。谈判计划应确定谈判主题、谈判目标、谈判策略和谈判议程等主要内容。

1）确定谈判主题

谈判主题即谈判的目的。产品买卖谈判的主题就是进行产品交易。

2）确定谈判目标

谈判目标就是对谈判主题的具体化。产品买卖谈判的目标就是对产品的相关条款，如价格、数量、品质、交货期等的具体要求。可以在谈判的准备阶段设定相关条款的最低限度目标、可接受目标和最高期望目标。最低限度目标是可接受的底线目标；最高期望目标是指可实现的顶线目标；可接受目标处于两者之间，越接近最低限度目标实现的概率就越大，越接近最高期望目标实现的概率就越小。

3）确定谈判策略

谈判策略是为实现谈判目标而采取的对策。谈判策略有多种，如开局策略、报价策略、磋商策略、成交策略、让步策略、打破僵局策略等，同时要充分地考虑到谈判过程中可能出现的各种状况，制定应急对策。

4）确定谈判议程

谈判议程一般要说明谈判时间的安排和谈判议题的确定。一个典型的谈判议程至少包括以下三项内容：①谈判应在何时举行？为期多久？若是一系列的谈判，则分几次谈判为好？每次所花时间大约多少？休会时间多久？②谈判在何处举行？③哪些事项列入讨论？哪些不列入讨论？讨论的事项如何编排先后顺序？每一事项应占多少讨论时间？

【任务同步案例 2-1-4】

　　　林伟谈判团队经过前期的信息收集和调查，掌握了与味香源炒货有限公司进行炒货买卖的相关信息。也通过与对方的沟通确定了谈判的时间和地点，接着就制订了与味香源炒货有限公司的炒货买卖谈判计划。

　　1. 确定谈判主题

　　主题：以合理的价格水平与味香源炒货有限公司达成炒货购销协议。

　　2. 确定谈判目标

　　（1）最高期望目标。中等价位优质货源，与味香源炒货有限公司实现长期合作关系。

　　（2）可接受目标。与市场正常售价持平的价格水平购买优质炒货产品。

　　（3）最低限度目标。以每千克不高于市场正常售价 0.5 元的价格购买优质炒货产品。

　　3. 确定谈判策略

　　（1）开局阶段。营造融洽和谐的气氛，表达合作的意愿并制造双赢的有利因素。在我方做公司介绍时，要让对方了解我方的实力，尤其是市场实力，吸引对方进入和开拓我方市场。也要强调过去合作企业的优惠措施。根据我方的谈判目标，第一次报价时要以低于市场均价至少 5 元的价格购买优质炒货，为后面的谈判留下足够的空间。

　　（2）磋商阶段。

　　讨价还价的筹码：较高的市场份额，对味香源炒货有限公司开拓北方市场极为有利；初次合作，印象好，以求长期合作。

　　让步方面具体内容如下。

　　能做出让步的：在价格方面应该采取小幅度递减的让步策略，让对方感到我们的价格没有多少水分，避免对方对价格的过高期望。对方可能会在谈判中凭其优势地位不肯在价格上让步，我方必须突出优势，并在情感上打动对方，争取对方让步。

　　不能做出让步的：在付款条件方面，坚持"先货后款"，并在对方提出"先款后货"要求时，以本公司不开先例为由阻止对方。

　　其他的合同条款可以考虑。

　　若出现僵局，可暂时休会。同时可散布假信息以动摇对方。

　　对方可能采取我方未曾预料的策略，让我方陷入被动。对此，我方必须沉着冷静、协调一致、灵活应对。

　　（3）结束阶段。不管谈判的成果如何，我们始终都应该保持积极的态度，显示我方的诚意。要与对方谈判人员建立融洽的关系，切不可使谈判双方关系紧张。

　　4. 确定谈判议程

　　林伟等制定的谈判议程大致如下。

　　4 月 8 日：从哈尔滨出发，当晚抵达合肥。

　　4 月 9 日：上午己方考察当地的炒货市场，下午与味香源炒货有限公司的接待人员取得联系，入住酒店，接受对方参观企业的邀请，并参加欢迎晚宴。

4 月 10 日：启动谈判。

8：30~11：30：议题包括炒货品种、质量、规格、包装、订货数量、交货方式、价格及货款支付方式。

11：40：工作餐。

13：30~17：00：议题包括产品验收、提出异议、违约责任、争议解决、其他事项。

4 月 11 日：就争议问题进一步磋商，达成一致。确认炒货买卖合同内容，签订合同。拍照留念，参加庆祝晚宴。

4 月 12 日：谈判结束，返回哈尔滨。

5. 确定联络方式

谈判过程中如有紧急情况需要请示或者需要资料文件，由首席代表林伟直接与主管副总经理电话联系。首席代表林伟每天 20：00 向主管副总经理汇报工作进展和问题。

6. 确定应急预案

如出现谈判小组成员身体不适，则立刻中止谈判，另约时间续谈。

如出现与谈判预期较大的偏差，也可中止谈判。

还要注意谈判费用的预算，包括送给对方的礼物费用预算。

将谈判计划报送公司领导层，依据反馈意见完善后，副总经理审批后，即可实施。

（二）产品买卖谈判的开局

从开局阶段开始，产品买卖谈判的双方就进入了面对面沟通、协商的过程。虽然开局阶段的谈判只是见面、介绍、寒暄及谈一些非关键的问题，但这一阶段给今后的谈判定下了基调，因此，开局谈判是产品买卖谈判中的重要部分。

1. 开好预备会议

预备会议即在正式谈判前召开会前会，以确定一些交易内容以外的双方都关心的共同问题。因此，开好预备会议也是开局阶段的主要任务之一。

1）预备会议的内容

预备会议的内容一般是双方就洽谈的目标（purpose）、计划（plan）、进度（pace）和人员（personalities）等内容进行洽商，即谈判 4P——谈判通则。

目标是指本次洽谈的任务或目的；计划是指为了洽谈目标所设想采取的步骤和措施，其内容包括待讨论的议题及双方必须遵守的规程；进度是指双方会谈进展的速度或是会谈前预计的洽谈速度；人员是指双方谈判小组的单个成员情况，包括其姓名、职务及在谈判中的地位与作用等。上述问题必须在洽谈进入正题前就定好。

2）预备会议应注意的问题

一般来说，预备会议是由东道主主持并首先发言，但这并不意味着客方处于被动地位，实际上双方的地位是平等的，且双方必须真诚合作，方能开预备会议。因此，应尽量做到注意以下几点。

第一，在开始开会时，彼此都应该设法采取措施，使会议有一个轻松的开端。

第二，享受均等的发言机会。

第三，要有合作精神，在会议期间应给对方足够的机会发表不同意见，提出不同设想。同时，要尽量多提一些使双方意见趋向一致的问题，并可反复重申已取得的一致意见。

第四，提问和陈述要尽量简练。开局陈述是原则性的，不涉及具体问题，应采用横向铺开的方法，而不是深究某一问题。

商务谈判多数采用口头形式，而且大部分洽谈的目的是达成某种协议。因此，对于这种建设性的谈判，往往在洽谈之初就应具备良好的基础，即首先要营造一种合作气氛。

2. 营造适当的谈判气氛

谈判气氛看不见也摸不到，但它对谈判的影响却是实实在在的，对整个谈判过程起着相当重要的影响和制约作用。谈判开局气氛是出现在谈判开局阶段的气场或情势。良好的开局谈判气氛有助于顺利地打开谈判局面。

1) 影响谈判气氛的因素

第一，双方之间是否有过业务往来。谈判双方的业务关系包括以下四种情况：双方有业务往来且关系很好；双方有业务往来，但关系一般；双方有业务往来但关系不佳；双方没有业务往来且第一次见面。在这四种关系中，除了"双方有业务往来但关系不佳"以外，都有利于谈判双方直接建立起融洽的谈判关系。

第二，双方谈判人员间的个人关系。如果双方之间没有私人感情，一切交往皆是因为工作上的事情，那么开局阶段的气氛就会比较拘谨和公共化，此时的气氛就可能会比较死板和僵硬。但如果双方谈判人员过去有过交往接触，并且结下了一定的友谊，那么，在开局阶段的气氛就会比较融洽。

第三，双方的谈判实力。这是决定谈判气氛的关键因素。当双方势均力敌时，有利于创造一个友好、轻松、和顺的气氛；当双方经济实力、谈判能力悬殊时，谈判气氛就要看谈判双方的表现了，如果处在优势一方的谈判人员语言和姿态礼貌友好，或处于劣势一方能不卑不亢、据理力争，都可能创造出良好的谈判气氛。

2) 如何营造良好的谈判气氛

为了营造一个良好的谈判气氛，谈判人员应该做到以下几点：①以开诚布公、友好的态度出现在对方目前。②运用中性话题，加强沟通。中性话题就是一些非专业性的、轻松的话题进行交流，如气候、体育、艺术等。中性话题容易引起双方感情的共鸣，易于交流。③在服装仪表上，谈判者要塑造符合自己的形象。服饰要美观、大方、整洁，颜色不要太鲜艳，样式不能太奇异，尺码不能太大或太小。④注意利用正式谈判前的场外非正式接触，如欢迎宴会、礼节性拜访等，影响对方人员对谈判的态度，这有助于在正式谈判时营造良好的谈判气氛。⑤合理组织。对谈判的合理组织，包括对谈判时间和谈判前活动的合理安排、谈判室的科学布置等，有助于积极友好的谈判气氛的建立。

3. 进行开场陈述和报价

开场陈述是产品买卖双方第一次直接获取对方对所讨论问题的态度、愿望、意图和看法，所以进行开场陈述也是非常重要的。

1）开场陈述的内容

开场陈述的内容包括：①己方对问题的理解，即己方认为谈判应涉及的问题及问题的性质、地位；②己方希望取得的利益和谈判的立场。陈述的目的是使对方理解己方的意愿，然后，双方各自提出各种设想和解决问题的方案，并观察双方合作的可靠程度，设法在符合商业准则的基础上寻求实现双方共同利益的最佳途径。

2）开场陈述应注意的问题

第一，最初立场的确定。通常，提出的要求应比期望值高，而给出的回复应比期望值低。也就是说，最初立场应与期望值保持相当的距离，这样你才有时间和空间为你的目标讨价还价。

第二，如何回应对方的最初立场。如果说，按惯例你要求的比你实际想得到的多，那么驳回对方一开始的和其他最初的建议也是惯例。因此，永远也不要接受最初的建议，不管它多有吸引力。如果你忽视了这种开局惯例，首先开出最好的价，对方是不可能效仿你的。相反，他们会驳回你的建议，并把它作为他们谈判的起点，继续向你杀价。

3）在陈述的基础上进行报价

狭义的报价仅指产品买卖的交易价格；广义的报价是指交易条件。

（1）报价原则。简单地说，报价既要考虑到对己方最为有利，又要考虑成功的可能性。从理论上讲，报价决策的基本原则是：通过反复比较和权衡，设法找出报价者所得利益与该报价被接受的成功率之间的最佳结合点。

（2）报价方式。报价方式有不同种类。按报价表达的媒介不同，有口头报价和书面报价两种；按报价表达的组合方式不同，可将报价方式划分为逐项报价和总体报价；根据报价战术区分，有欧式报价与日式报价。不同的报价方式有不同的特点，具体的内容参见项目一任务二。

（3）报价策略。在产品买卖的谈判中，常见的报价策略有报价时机策略、报价表达策略、报价差别策略、报价对比策略、报价分割策略、心理定价策略、中途变价策略等。产品买卖双方要根据实际情况选择合适的报价策略。

4. 选择恰当的开局策略

产品买卖谈判常见的开局策略主要有坦诚式开局策略、保留式开局策略、协商式开局策略、挑剔式开局策略和进攻式策略。

例如，一位港商利用某小厂非用他的原料否则不能生产的情况，死死卡住小厂的脖子。这时该厂的实际情况是，库存原料只够维持半个月的正常生产，马上就要停产待料，但这些情况港商并不知道。就小厂方来说，愿意以合理的价格、真诚的态度与之友好谈判。可是，双方一接触，港商便非常傲慢，谈话无不以居高临下之势，百般刁难小厂。在此种情况下，小厂方参与谈判的代表则先退避三舍，然后突然拍案而起，指责港商道："你如果没有诚意可以走了，你的货在国际市场上本来就没有更多的销路。我们的库存还够维持一年多的正常生产，而我们现在已经做好了一年以后转产，不再与你来往的准备。先生，请吧。"如此冲击度极强的表达方式，在谈判中极为罕见，结果弄得对方手足无措。由于利益所在，港商窘态消失之后，终于与小厂方开始了真诚的谈判。小厂方也借气氛和缓之机，与之进行了坦诚交谈。

【任务同步案例 2-1-5】

　　谈判前期准备工作就绪，琪维食品有限公司的谈判代表林伟一行三人按照谈判计划的时间抵达合肥，并与味香源炒货有限公司的接待人员取了联系，双方开始接触并逐步进入谈判。

　　第一步，进一步了解和分析谈判对手。

　　根据前期调查对谈判对手形成的认识，结合在参观企业、欢迎宴会等活动中与谈判对手交流的接触，观察了解他们的性格及行为特征，分析谈判代表的性格、为人处世风格、语言表达能力、处理问题能力等。

　　第二步，调整谈判方案。

　　根据对谈判对手更深入的了解，仔细研究谈判方案，对局部内容作调整。

　　第三步，营造洽谈气氛，掌握开局主动权。

　　（1）谈判时，双方见面后，双方谈判代表热情握手、问候。双方落座后彼此介绍谈判组成员。

　　（2）以轻松愉快的话题缓解谈判前的紧张气氛。例如，感谢贵方的邀请和盛情款待，说说对合肥市的印象，与哈尔滨市的差异，介绍哈尔滨的"冰雪旅游"和"消暑旅游"，也邀请对方来哈尔滨，顺利打开谈判局面。

　　（3）客随主便。尊重主座方的安排，认真倾听主座方的开场。例如，"我公司的基本情况你们已了解，我公司的产品品种多，经营9种炒货，有核桃、白果、杏仁、坚果、夏威夷果、开心果、瓜子、花生、豆类，质量优，价格合理，交货及时，这些年我方与合作过的商家均保持了良好的关系。我们这次谈判主要就贵方订购炒货的质量、规格、包装、数量、价格、货款支付、货物交付及验收等事项进行磋商，希望我方能与贵方达成协议，借助琪维食品有限公司打开我们在北方的市场。由于我们比较重视这次与贵公司的合作，如果贵公司订货量大，我方价格可有一定的优惠。一经达成协议，我会信守承诺，保证严格履行合同，按时、保质、保量提供你方需要的产品。协议期间，如有新的需要，只要告知我方，我们也一定会尽力给予配合，相信我们能够成为你们满意的合作伙伴"。

　　第四步，琪维食品有限公司代表进行回应性的开场陈述。

　　我方必须留意观察对方发言时的表情、姿态，分析对方发言所表明的此次谈判意图，提出或协商合作建议的态度，掌握对方谈判的真实目的、谈判实力及谈判诚意。若对方有一定谈判诚意，但来者不善，气势逼人，我方要及时确定应对战术，缓和气氛。若对方有诚意，合作态度好，我方就可以表达谈判的诚意和合作意愿，说明我们购买的种类为优质的核桃、白果、杏仁、开心果四种炒货，顺势邀请对方进入报价阶段。

　　第五步，谈判双方进入报价阶段。

　　味香源炒货有限公司采取了先报价的策略，而且为了灵活应对谈判中难以预料的情况，决定采取口头和书面报价相结合的报价形式。

1. 由主座方的味香源炒货有限公司先进行报价

（1）品质。优等品质，且通过 ISO9002 质量管理体系认定和 ISO14000 环境管理体系认定。出示了食品安全卫生检验证明文件。提供了样品。

（2）规格。有散装和有包装物的两种。带包装的有 100 克、250 克、500 克三种。

（3）包装。有袋装、瓶装和礼盒装。

（4）价格。计价单位为元。价格可以根据交易的数量进行调整。具体价格如表 2-1-1 所示。

表 2-1-1 味香源公司的报价 单位：元

规格和包装	核桃	白果	杏仁	开心果
袋装 100 克	15	20	25	15
袋装 250 克	35	45	50	40
袋装 500 克	60	80	90	70
瓶装 250 克	45	55	60	50
礼盒装 500 克	70	90	100	80
散装 500 克	45	65	75	55

（5）交易费用。本次交易由味香源炒货有限公司办理运输并交纳运输费，保险费由买方另行支付，不计入产品价格。

（6）支付方式。可以通过银行转账，采用分期付款的方式完成，但是首期付款不得少于货款总额的 50%。

（7）货物交付。收到首期付款一个星期之内发出货物。

2. 客座方琪维食品有限公司报价

琪维食品有限公司要分别购买散装和有包装的，各 500 千克。琪维食品有限公司代表表示交易费用、支付方式、货物交付等方面的条款基本可以接受，但是价格太高。双方进入了讨价还价的磋商阶段。

（三）产品买卖谈判的磋商

在产品买卖谈判中，磋商阶段主要包括对买卖产品的讨价还价、产品交易条款的相互让步和打破产品买卖谈判中出现的僵局等问题。

【任务同步案例 2-1-6】

1. 琪维食品有限公司要求味香源炒货有限公司解释价格——讨价

（1）味香源炒货有限公司的代表首先表示公司重科研、重管理，降低物耗、优化成本，市场十分旺销，产品优质，所以炒货价格适中，符合市场行情。

（2）为了增加说服力，提供了同为安徽炒货商的顶呱呱的产品质量及报价的资料，证明本公司报价的合理性。

（3）以轻松随意的态度询问对方目前炒货的采购价，目的不是得到对方的确切回答，而是使对方参与谈话，以便更多地了解对方对本公司价格行情分析的态度，同时调节谈判气氛。

2. 琪维食品有限公司对味香源炒货有限公司说明的回应

（1）虽然提供了顶呱呱的报价资料，但与琪维食品有限公司了解的市场行情相比，平均每种产品高 20~40 元/千克，并希望味香源炒货有限公司提供详细的成本计算资料。

（2）其次，提出希望味香源炒货有限公司提供炒货 14 项指标的相关数据，进一步分析味香源炒货有限公司产品质量。

3. 味香源炒货有限公司让步

（1）关于琪维食品有限公司索取成本计算依据的要求，味香源炒货有限公司认为难以满足，理由是成本资料属于本公司商业机密，部门无权调用。如果调用，必须经总经理批准。味香源炒货有限公司的谈判代表以需要向总经理请示为由，委婉拒绝。

（2）耐心地再一次向琪维食品有限公司解释市场行情，与同行业其他企业价格进行横向对比，强调本公司报价的合理性，逐渐转移话题，把对方的注意力向将本公司产品与其他公司的产品做比较方面转移，强调本公司产品相对价格的优势。

（3）在坚持解释报价合理性的同时，为了表明谈判诚意，将每种规格和包装的价格调整都下调了 2 元钱。

（4）认为琪维食品有限公司的订购数量少，希望能增加订购量。

4. 琪维食品有限公司进行回应——还价

（1）愿意将购买有包装的数量提升 200 千克。

（2）认为味香源炒货有限公司，将每种规格和包装的价格调整都下调了 2 元钱还远远不够，琪维食品有限公司的理想价位是每斤降低 20 元。

5. 味香源炒货有限公司的回应

（1）味香源炒货有限公司认为将每种规格和包装的价格调整都下调了 2 元已经很实惠，但考虑琪维食品有限公司提高了订货量，对合作有诚意，可考虑将每种规格和包装的价格都下调 3 元钱。

（2）味香源炒货有限公司为了表示合作的心意，提出可以为货物支付保险费。

6. 琪维食品有限公司的回应

（1）对味香源炒货有限公司将每种规格和包装的价格都下调了 3 元钱感到不满意，认为离自己的期望太远。

（2）为了表达诚意，提出愿意将首付货款上调到货款比例的 60%。

（3）琪维食品有限公司的专业人员王浩拿出一份上海质监局的资料，上面的内容表明在最近一次抽样检查，90 种炒货抽样合格率不足七成，总体抽样合格率为 67.8%。主要问题出在安全卫生指标中的"细菌指标"和"过氧化值"超标，以及超量、超范围使用"糖精钠""甜蜜素"等食品添加剂。希望味香源炒货有限公司提供尽可能详尽的技术资料和权威部门的鉴定文件，逐一详细解释，证明产品品质。

7. 谈判陷入僵局

双方预期差距过大，谈判陷入僵局。

味香源炒货有限公司将每种规格和包装的价格下调了 3 元钱，做出了让步，但是接受不了琪维食品有限公司的每斤 20 元的降价幅度，尤其是面对琪维食品有限公司业务人员王浩拿出的"资料"，还要求其证明产品品质，暗讽味香源炒货有限公司产品质量问题，以此打压味香源炒货有限公司，谈判气氛逐渐变得紧张起来，针锋相对，最后以休会中止。

8. 打破僵局，重回谈判桌

双方各自进行了战略的调整和反思。

琪维食品有限公司要求每斤降价 20 元，这是他们要求降价的上限，有余地。王浩比较年轻，缺乏谈判经验，在表达的语气和态度上欠妥当，已引起了味香源炒货有限公司的不满，这个可以缓和。经过对样品的试吃和对方提供的证明，认为味香源炒货有限公司的炒货产品确实质量上乘。休会期间，公司负责本次谈判经济方面事宜的刘青霞，重新仔细核算不同价格和数量上的成本。

味香源炒货有限公司想借助琪维食品有限公司打入北方市场，也不想彻底放弃这想谈判。产品价格也还有降价的空间。同时也想表达自己的大度。

就这样双方通过分别汇报、请示、沟通以后重回谈判桌。

9. 开展进一步的协商

重回谈判桌，大家更务实。又经过几番友好的讨价还价，最终的价格确定为：袋装每斤降价 10 元，其他规格的按照降价后的每斤价格进行调整，散装降价 15 元，瓶装和礼盒装每个加增包装费 1 元和 2 元。

最终琪维食品有限公司的购买数量如表 2-1-2 所示。

表 2-1-2　成交量　　　　　　　　　　　　　　　单位：千克

规格和包装	核桃	白果	杏仁	开心果
袋装 100 克	10	25	25	10
袋装 250 克	10	20	20	10
袋装 500 克	40	10	10	40
瓶装 250 克	10	10	10	10
礼盒装 500 克	10	5	5	10
散装	500	500	500	500

由味香源炒货有限公司支付此次交易的运费和保险费，并且同意先货后款。琪维食品有限公司则承诺一次付款货款，味香源炒货有限公司同意如果在货物运抵后 15 天之内琪维食品有限公司全额支付了货款，将给予 2% 的折扣。运输包装为防潮的纸箱，30 斤/箱，散装用简易包装袋包装。

10. 对其他条款的谈判

（1）产品验收检验。味香源炒货有限公司要求卖方所在地检验，琪维食品有限公司要求买方所在地检验。

　　（2）索赔。一方认为对方未能全部或部分履行合同规定的责任时，有向对方提出索取赔偿的权利。

　　味香源炒货有限公司提出的索赔条件是货物运到琪维食品有限公司后，数量和规格的问题应于5日之内，质量问题应于10天之内买方可以向卖方提出索赔要求。如造成损失，则按违约责任和实际发生额赔付。

　　（3）仲裁。如果双方在执行合同时发生纠纷和异议，首先双方沟通，如果协商不了，就向北京仲裁委员会提出仲裁申请。

（四）产品买卖谈判的结束

　　在产品买卖谈判中，结束阶段是比较短暂的。双方的谈判负责人，需要在谈判中审时度势，把握好时机，适时果断地结束谈判，顺利完成本次谈判的任务。

【任务同步案例 2-1-7】

　　琪维食品有限公司与味香源炒货有限公司就炒货的交易经过反复磋商，双方就基本问题都已达成一致。所以该次谈判很顺利地进入到了结束阶段。

　　第一步，谈判结束的判定。

　　（1）判定谈判是否已经进入了本公司的成交线。

　　（2）分析目前谈判关键性问题是否已达成一致。

　　第二步，估计谈判结果。

　　根据对目前谈判态势的分析认为：琪维食品有限公司与味香源炒货有限公司在质量、数量、包装、价格、支付方式、交货方式等关键问题已协商一致，不出意外，双方能达成交易。

　　第三步，选择结束谈判的时机。

　　琪维食品有限公司与味香源炒货有限公司的谈判已经进入收尾阶段。在将检验、违约责任等内容达成一致后，就可以提出签订产品购销合同，以结束谈判。

　　最终双方就检验及索赔问题达成了以下最终协议。

　　关于检验：味香源炒货有限公司提供食品质量检验证明，琪维食品有限公司有权复验。

　　关于索赔：①货物运到琪维食品有限公司后，数量和规格的问题15日之内，质量问题30天之内买方可以向卖方提出索赔要求。如造成损失，则按违约责任和实际发生额赔付。②乙方不能交货的，向甲方偿付价款总额20%违约金。③乙方因货物包装不符合合同规定，必须重新包装的，应由甲方重新包装，由此发生的费用由乙方负责。因包装不当造成货物损坏或灭失的由乙方负责。④乙方逾期交货的，应按货款总额的5%计算，向甲方支付逾期交货的违约金，并赔偿甲方因此所遭受的损失。如逾期超过30日，甲方有权终止合同并可就遭受的损失向乙方索赔。⑤货物错发到货地点或接货人的，乙方除负责联络外，应承担甲方因此多支付的实际合理费用和逾期交货的违约金。⑥甲方中途退货的，应向乙方赔偿退货货款的20%违约金。⑦甲方逾期付款的，应按货款总额的5%计算，向乙方支付逾期付款的违约金。⑧甲方违反合同规定拒绝接受货物的，应承担因此给乙方造成的损失。⑨甲方如对乙方提出错误异议，应承担乙方因此所受到的实际损失。

关于不可抗力：任何一方由于不可抗力原因不能履行合同时，应在不可抗力事件结束后1日内向对方通报，以减轻可能给对方造成的损失。在取得有关机构的不可抗力证明后，合同自动失效，免除全部免予承担的违约责任。

第四步，选择结束谈判策略。

（1）味香源炒货有限公司强调其炒货产品的优良质量、价格相对合理，很高兴能进入北方市场。

（2）琪维食品有限公司表达对谈判对手的敬意与赞赏，希望能与味香源炒货有限公司保持长期的关系。

（3）味香源炒货有限公司决定签约后举行庆贺仪式，庆祝双方合作成功。

第五步，考虑到谈判风险及防范。

琪维食品有限公司与味香源炒货有限公司的交易属于国内贸易，中国政治稳定，经济发展势头良好，不存在政治风险。但在本次谈判中存在一定的商务风险。例如，路途较远，易于出现运输问题；炒货保存不当容易出现产品变质而带来质量纠纷等；琪维食品有限公司的退货风险。所以双方可以办理相关的保险、及时加强沟通等以防止上述风险的发生。

（五）产品买卖谈判的签约及执行

如果产品买卖谈判以成交结束，那么面对面的谈判结束后，产品买卖谈判的各方就要签订合同，以保障在谈判中获取的利益及履行各自的职责。产品买卖谈判合同的具体内容及样本如下。

产品买卖合同

买方：＿＿＿（下称甲方）

卖方：＿＿＿（下称乙方）

甲乙双方经充分协商，本着自愿及平等互利的原则，就椰果买卖交易达成如下协议：

第一条　名称、品种、规格和质量。

1. 名称、品种、规格：

2. 质量，按下列第（　　　）项执行：

（1）按照 GB＿＿＿标准执行（须注明按国家标准或部颁或企业具体标准，如标准代号、编号和标准名称等）。

（2）按样本，样本作为合同的附件（应注明样本封存及保管方式）。

（3）按双方商定要求执行，具体为＿＿（应具体约定产品质量要求）。

第二条　数量和计量单位、计量方法。

1. 数量：

2. 计量单位：

3. 计量方法：

第三条　包装方式和包装品的处理。

（应尽可能注明所采用的包装标准是否为国家或主管部门标准，自行约定包装标准应明确包装方式、包装材料及规格、包装费用的负担等问题。）

第四条　交货方式。

1. 交货时间：

2. 交货地点：

3. 运输方式：

（注明由谁负责代办运输，费用由谁承担。）

4. 保险：

（按情况约定由谁负责投保并具体规定投保金额和投保险种。）

5. 与买卖相关的单证的转移：

（注明单据的转交期限。）

第五条　验收。

1. 验收时间：

2. 验收方式：

（如采用抽样检验，应注明抽样标准或方法和比例。）

第六条　价格与货款支付。

1. 单价：　　总价：　　　（明确币种及大写）

2. 货款支付：

（1）货款的支付时间：

（2）货款的支付方式：

（3）运杂费和其他费用的支付时间及方式：

3. 预付货款：

（根据需要决定是否需要预付货款及金额、预付时间）。

第七条　提出异议的时间和方法。

1. 甲方在验收中如发现货物的品种、型号、规格和质量等不合规定或约定，应在妥为保管货物的同时，自收到货物后＿＿日内向乙方提出书面异议；甲方未及时提出异议或者自收到货物之日起＿＿日内未通知乙方的，视为货物合乎规定。

2. 甲方因＿＿等原因造成产品质量下降的，不得提出异议。

3. 乙方在接到甲方书面异议后，应在＿＿日内负责处理并通知甲方处理情况，否则，即视为默认甲方提出的异议和处理意见。

第八条　甲方违约责任。

1. 甲方中途退货的，应向乙方赔偿退货部分货款的____违约金。

2. 甲方逾期付款的，应按____计算，向乙方支付逾期付款的违约金。

3. 甲方违反合同规定拒绝接受货物的，应承担因此给乙方造成的损失。

4. 甲方如对乙方提出错误异议，应承担乙方因此所受到的实际损失。

第九条　乙方的违约责任。

1. 乙方不能交货的，向甲方偿付____违约金。

2. 乙方所交货物品种、型号、规格和质量等不符合合同规定的，应____，由此发生的费用____。

3. 乙方因货物包装不符合合同规定，必须重新包装的，应____，由此发生的费用____。因包装不当造成货物损坏或灭失的，____。

4. 乙方逾期交货的，应按____计算，向甲方支付逾期交货的违约金，并赔偿甲方因此所遭受的损失。如逾期超过____日，甲方有权终止合同并可就遭受的损失向乙方索赔。

5. 货物错发到货地点或接货人的，乙方除负责____外，应承担甲方因此多支付的实际合理费用和逾期交货的违约金。

6. 其他：未尽事宜双方协商解决。

第十条　不可抗力。

任何一方由于不可抗力原因不能履行合同时，应在不可抗力事件结束后____日内向对方通报，以减轻可能给对方造成的损失。在取得有关机构的不可抗力证明后，允许____（延期履行、部分履行或者不履行合同），并根据情况免除部分或全部免予承担违约责任。

第十一条　争议解决。

凡因本合同引起的或与本合同有关的任何争议，如双方不能通过友好协商解决，均应提交进行仲裁。

第十二条　其他事项。

1. 按本合同规定应付的违约金、赔偿金、保管保养费和各种经济损失，应当在明确责任后____日内，按银行规定的结算办法付清，否则按逾期付款处理。

2. 约定的违约金视为违约的损失赔偿。双方没有约定违约金或预先赔偿额的计算方法的，损失赔偿额应当相当于违约所造成的损失。

3. 本合同自____年____月____日起生效。合同有效期内，除非经过对方同意，或者另有法定理由，任何一方不得变更或解除合同。

4. 合同如有未尽事宜，必须经双方共同协商，做出补充规定，补充规定与本合同具有同等效力。

5. 双方来往函件，按照合同规定的地址或传真号码以电话、传真方式送达对方。如一方地址、电话、传真号码有变更，应在变更后的____日内书面通知对方，否则，应承担相应责任。

6. 本合同正本一式两份，双方各执一份。

甲方：　　　　　　　　　　　　　　乙方：
法人代表：（签字）　　　　　　　　法人代表：（签字）
委托代理人：（签字）　　　　　　　委托代理人：（签字）
开户银行及账号：　　　　　　　　　开户银行及账号：
地址：　　　　　　　　　　　　　　地址：
电话：　　　　　　　　　　　　　　电话：
传真：　　　　　　　　　　　　　　传真：
本合同于＿＿＿年＿＿＿月＿＿＿日订立于＿＿＿（地点）

【任务同步案例 2-1-8 】

琪维食品有限公司与味香源炒货有限公司关于炒货产品买卖的谈判已结束，经商议，由味香源炒货有限公司按照谈判议定的交易内容起草合同文本，准备合同签约。

第一步，起草合同文本。

味香源炒货有限公司合同专员整理谈判记录，按照商品购销合同的规范要求，起草合同文本。如此时发现有遗漏问题，要及时反映，双方再商议明确。

第二步，选择合适的签字人员。

（1）签字人的选择主要出自对合同履行的保证。本次商务合同的签订应由双方的首席代表，即琪维食品有限公司的林伟和味香源炒货有限公司的姜珺签字。

（2）因安排的签字领导不是公司法人代表，还需要准备法人代表委托书等相关法律文书。

第三步，签字前再次审核合同文本。

（1）审核文本时，应仔细认真，不漏一句话。在审核打印好的文本时，务必对照"原稿"。为了确保万无一失，审核文本时最好由两人进行。

（2）当审核中发现问题时，应注意自己的态度，对谈好的条件而对方故意歪曲之处，可以明确地指正。

第四步，安排恰当的签字仪式。

（1）本次谈判签字安排双方领导出面签约，仪式应稍为隆重一些。双方谈判人员要做好签字仪式方面的准备工作。

（2）在签字时，专设签字桌，按合同签字礼仪操作。

（3）签字结束后，举办庆祝宴会和舞会，表达对谈判成功的庆贺。

第五步，履行商务谈判合同。

琪维食品有限公司与味香源炒货有限公司签订炒货买卖合同后，双方按照合同的规定履行义务。味香源炒货有限公司按照合同规定的炒货类型、数量、规格和包装积极备货，同时联系运输公司，办理相关的保险业务，按照预定的交货期发货。琪维食品有限公司则按照合同的总价款准备资金，待收到货物检验无误就打款。

三、能力训练

小林要完成以下的任务。

（1）模拟调研琪维食品有限公司与味香源炒货有限公司谈判环境。

（2）模拟制订琪维食品有限公司与味香源炒货有限公司谈判方案。

（3）模拟筹备琪维食品有限公司与味香源炒货有限公司谈判。

（4）模拟琪维食品有限公司与味香源炒货有限公司的谈判开局。

（5）模拟琪维食品有限公司与味香源炒货有限公司交易磋商。

（6）模拟结束琪维食品有限公司与味香源炒货有限公司谈判。

（7）模拟琪维食品有限公司与味香源炒货有限公司签订炒货买卖合同。

（8）模拟琪维食品有限公司与味香源炒货有限公司履行合同。

四、知识拓展

联合国国际货物销售合同公约——货物销售部分（节选）。

第二章　卖方的义务

第三十条

卖方必须按照合同和本公约的规定，交付货物，移交一切与货物有关的单据并转移货物所有权。

第一节　交付货物和移交单据

第三十一条

如果卖方没有义务要在任何其它特定地点交付货物，他的交货义务如下：

（a）如果销售合同涉及到货物的运输，卖方应把货物移交给第一承运人，以运交给买方；

（b）在不属于上款规定的情况下，如果合同指的是特定货物或从特定存货中提取的或尚待制造或生产的未经特定化的货物，而双方当事人在订立合同时已知道这些货物是在某一特定地点，或将在某一特定地点制造或生产，卖方应在该地点把货物交给买方处置；

（c）在其它情况下，卖方应在他于订立合同时的营业地把货物交给买方处置。

第三十二条

（1）如果卖方按照合同或本公约的规定将货物交付给承运人，但货物没有以货物上加标记、或以装运单据或其它方式清楚地注明有关合同，卖方必须向买方发出列明货物的发货通知。

（2）如果卖方有义务安排货物的运输，他必须订立必要的合同，以按照通常运输条件，用适合情况的运输工具，把货物运到指定地点。

（3）如果卖方没有义务对货物的运输办理保险，他必须在买方提出要求时，向买方提供一切现有的必要资料，使他能够办理这种保险。

第三十三条

卖方必须按以下规定的日期交付货物：

（a）如果合同规定有日期，或从合同可以确定日期，应在该日期交货；

（b）如果合同规定有一段时间，或从合同可以确定一段时间，除非情况表明应由买方选定一个日期外，应在该段时间内任何时候交货；

（c）在其它情况下，应在订立合同后一段合理时间内交货。

第三十四条

如果卖方有义务移交与货物有关的单据，他必须按照合同所规定的时间、地点和方式移交这些单据。如果卖方在那个时间以前已移交这些单据，他可以在那个时间到达前纠正单据中任何不符合同规定的情形，但是，此一权利的行使不得使买方遭受不合理的不便或承担不合理的开支。但是，买方保留本公约所规定的要求损害赔偿的任何权利。

第二节　货物相符与第三方要求

第三十五条

（1）卖方交付的货物必须与合同所规定的数量、质量和规格相符，并须按照合同所规定的方式装箱或包装。

（2）除双方当事人业已另有协议外，货物除非符合以下规定，否则即为与合同不符：

（a）货物适用于同一规格货物通常使用的目的；

（b）货物适用于订立合同时曾明示或默示地通知卖方的任何特定目的，除非情况表明买方并不依赖卖方的技能和判断力，或者这种依赖对他是不合理的；

（c）货物的质量与卖方向买方提供的货物样品或样式相同；

（d）货物按照同类货物通用的方式装箱或包装，如果没有此种通用方式，则按照足以保全和保护货物的方式装箱或包装。

（3）如果买方在订立合同时知道或者不可能不知道货物不符合同，卖方就无须按上一款（a）项至（d）项负有此种不符合同的责任。

第三十六条

（1）卖方应按照合同和本公约的规定，对风险移转到买方时所存在的任何不符合同情形，负有责任，即使这种不符合同情形在该时间后方始明显。

（2）卖方对在上一款所述时间后发生的任何不符合同情形，也应负有责任，如果这种不符合同情形是由于卖方违反他的某项义务所致，包括违反关于在一段时间内货物将继续适用于其通常使用的目的或某种特定目的，或将保持某种特定质量或性质的任何保证。

第三十七条

如果卖方在交货日期前交付货物，他可以在那个日期到达前，交付任何缺漏部分或补足所交付货物的不足数量，或交付用以替换所交付不符合同规定的货物，或对所交付货物中任何不符合同规定的情形做出补救，但是，此一权利的行使不得使买方遭受不合理的不便或承担不合理的开支。但是，买方保留本公约所规定的要求损害赔偿的任何权利。

第三十八条

（1）买方必须在按情况实际可行的最短时间内检验货物或由他人检验货物。

（2）如果合同涉及到货物的运输，检验可推迟到货物到达目的地后进行。

（3）如果货物在运输途中改运或买方须再发运货物，没有合理机会加以检验，而卖方在订立合同时已知道或理应知道这种改运或再发运的可能性，检验可推迟到货物到达新目的地后进行。

第三十九条

（1）买方对货物不符合同，必须在发现或理应发现不符情形后一段合理时间内通知卖方，说明不符合同情形的性质，否则就丧失声称货物不符合同的权利。

（2）无论如何，如果买方不在实际收到货物之日起两年内将货物不符合同情形通知卖方，他就丧失声称货物不符合同的权利，除非这一时限与合同规定的保证期限不符。

第四十条

如果货物不符合同规定指的是卖方已知道或不可能不知道而又没有告知买方的一些事实，则卖方无权援引第三十八条和第三十九条的规定。

第四十一条

卖方所交付的货物，必须是第三方不能提出任何权利或要求的货物，除非买方同意在这种权利或要求的条件下，收取货物。但是，如果这种权利或要求是以工业产权或其它知识产权为基础的，卖方的义务应依照第四十二条的规定。

第四十二条

（1）卖方所交付的货物，必须是第三方不能根据工业产权或其它知识产权主张任何权利或要求的货物，但以卖方在订立合同时已知道或不可能不知道的权利或要求为限，而且这种权利或要求根据以下国家的法律规定是以工业产权或其它知识产权为基础的：

（a）如果双方当事人在订立合同时预期货物将在某一国境内转售或做其它使用，则根据货物将在其境内转售或做其它使用的国家的法律；

（b）在任何其它情况下，根据买方营业地所在国家的法律。

（2）卖方在上一款中的义务不适用于以下情况：

（a）买方在订立合同时已知道或不可能不知道此项权利或要求；

（b）此项权利或要求的发生，是由于卖方要遵照买方所提供的技术图样、图案、程式或其它规格。

第四十三条

（1）买方如果不在已知道或理应知道第三方的权利或要求后一段合理时间内，

将此一权利或要求的性质通知卖方，就丧失援引第四十一条或第四十二条规定的权利。

（2）卖方如果知道第三方的权利或要求以及此一权利或要求的性质，就无权援引上一款的规定。

第四十四条

尽管有第三十九条第（1）款和第四十三条第（1）款的规定，买方如果对他未发出所需的通知具备合理的理由，仍可按照第五十条规定减低价格，或要求利润损失以外的损害赔偿。

第三节　卖方违反合同的补救办法

第四十五条

（1）如果卖方不履行他在合同和本公约中的任何义务，买方可以：

（a）行使第四十六条至第五十二条所规定的权利；

（b）按照第七十四条至第七十七条的规定，要求损害赔偿。

（2）买方可能享有的要求损害赔偿的任何权利，不因他行使采取其它补救办法的权利而丧失。

（3）如果买方对违反合同采取某种补救办法，法院或仲裁庭不得给予卖方宽限期。

第四十六条

（1）买方可以要求卖方履行义务，除非买方已采取与此一要求相抵触的某种补救办法。

（2）如果货物不符合同，买方只有在此种不符合同情形构成根本违反合同时，才可以要求交付替代货物，而且关于替代货物的要求，必须与依照第三十九条发出的通知同时提出，或者在该项通知发出后一段合理时间内提出。

（3）如果货物不符合同，买方可以要求卖方通过修理对不符合同之处做出补救，除非他考虑了所有情况之后，认为这样做是不合理的。修理的要求必须与依照第三十九条发出的通知同时提出，或者在该项通知发出后一段合理时间内提出。

第四十七条

（1）买方可以规定一段合理时限的额外时间，让卖方履行其义务。

（2）除非买方收到卖方的通知，声称他将不在所规定的时间内履行义务，买方在这段时间内不得对违反合同采取任何补救办法。但是，买方并不因此丧失他对迟延履行义务可能享有的要求损害赔偿的任何权利。

第四十八条

（1）在第四十九条的条件下，卖方即使在交货日期之后，仍可自付费用，对任何不履行义务做出补救，但这种补救不得造成不合理的迟延，也不得使买方遭受不合理的不便，或无法确定卖方是否将偿付买方预付的费用。但是，买方保留本公约所规定的要求损害赔偿的任何权利。

（2）如果卖方要求买方表明他是否接受卖方履行义务，而买方不在一段合理时间内对此一要求做出答复，则卖方可以按其要求中所指明的时间履行义务。买方不得在该段时间内采取与卖方履行义务相抵触的任何补救办法。

（3）卖方表明他将在某一特定时间内履行义务的通知，应视为包括根据上一款规定要买方表明决定的要求在内。

（4）卖方按照本条第（2）和第（3）款做出的要求或通知，必须在买方收到后，始生效力。

第四十九条

（1）买方在以下情况下可以宣告合同无效：

（a）卖方不履行其在合同或本公约中的任何义务，等于根本违反合同；

（b）如果发生不交货的情况，卖方不在买方按照第四十七条第（1）款规定的额外时间内交付货物，或卖方声明他将不在所规定的时间内交付货物。

（2）但是，如果卖方已交付货物，买方就丧失宣告合同无效的权利，除非：

（a）对于迟延交货，他在知道交货后一段合理时间内这样做；

（b）对于迟延交货以外的任何违反合同事情：

（一）他在已知道或理应知道这种违反合同后一段合理时间内这样做；或

（二）他在买方按照第四十七条第（1）款规定的任何额外时间满期后，或在卖方声明他将不在这一额外时间履行义务后一段合理时间内这样做；

（三）他在卖方按照第四十八条第（2）款指明的任何额外时间满期后，或在买方声明他将不接受卖方履行义务后一段合理时间内这样做。

第五十条

如果货物不符合同，不论价款是否已付，买方都可以减低价格，减价按实际交付的货物在交货时的价值与符合合同的货物在当时的价值两者之间的比例计算。但是，如果卖方按照第三十七条或第四十八条的规定对任何不履行义务做出补救，或者买方拒绝接受卖方按照该两条规定履行义务，则买方不得减低价格。

第五十一条

（1）如果卖方只交付一部分货物，或者交付的货物中只有一部分符合合同规定，第四十六条至第五十条的规定适用于缺漏部分及不符合同规定部分的货物。

（2）买方只有在完全不交付货物或不按照合同规定交付货物等于根本违反合同时，才可以宣告整个合同无效。

第五十二条

（1）如果卖方在规定的日期前交付货物，买方可以收取货物，也可以拒绝收取货物。

（2）如果卖方交付的货物数量大于合同规定的数量，买方可以收取也可以拒绝收取多交部分的货物。如果买方收取多交部分货物的全部或一部分，他必须按合同价格付款。

资料来源：http://www.law.lib.com/law/law_view.asp?id=15256[2017-09-09]

任务二　技术转让谈判

一、任务描述

技术转让谈判是商务谈判中常见的类型。一个完整的技术转让谈判要经过技术转让谈判的准备阶段、开局阶段、磋商阶段、结束阶段及签约和执行阶段。小林在该任务中就是要进行角色扮演，参与完成一次技术转让谈判。

【任务同步案例 2-2-1 】

现有两家公司，分别是受方公司——广东志高空调股份有限公司与供方公司——日本三洋电器集团。双方将就供方转让三晶 SAJ8000G 变频器节能系统相关技术的合同条款内容进行谈判。请通过对两家公司的 SWOT 分析，选择合理的技术转让的谈判模式，结合日本公司谈判人员特点及当地风俗习惯合理营造谈判气氛，选择谈判策略，进行谈判。小林在该次谈判中是买方广东志高空调股份有限公司的谈判代表。

二、知识学习

技术贸易是指有偿的技术转让，即通过买卖方式，把某种技术从卖方转给买方的行为。技术贸易主要有两种方式：一是技术软件，如专利技术、专有技术、商标使用权技术；二是技术硬件，如成套或关键设备的买卖。技术贸易与产品贸易有一定的区别：①产品贸易的过程是相对短暂的，一笔交易完成之后，双方的买卖关系就终止。技术贸易则是一个很复杂的过程：从谈判签约转让技术到投产受益，往往要延续较长的一段时间，因此，在技术贸易中，每笔交易都要签订合同，对技术转让过程中可能出现的争议都要明确规定。②技术贸易的标的物是无形商品——技术，技术的特点决定了技术转让与有形产品买卖有根本的区别，技术出售者实际上只出售了技术的"使用许可"，技术的接受者通常只能获得技术的使用权。由于技术可以通过某种方式加以保存，转让技术的己方在出售技术使用权的同时，仍拥有技术的所有权，而技术出售只是出售使用权，所以，技术可以多次转让。

谈判前准备是进行任何谈判必须要有的重要环节。技术转让双方总是力图以最小的代价获取最大的利益。但如谈判中双方各执己见、互不相让，就不可能达成协议。这就需要双方都做好谈判前准备，在谈判中适当调整自己的立场，做出某种让步，达成双方一致同意的意见。

$$\text{技术转让谈判} \begin{cases} \text{技术转让谈判的准备} \\ \text{技术转让谈判的开局} \\ \text{技术转让谈判的磋商} \\ \text{技术转让谈判的结束} \\ \text{技术转让谈判的签约及执行} \end{cases}$$

（一）技术转让谈判的准备

1. 技术转让谈判的人员准备

技术转让谈判中，所需要的谈判人员包括首席代表、专业人员、商务人员、法律人员、翻译人员和记录人员。要进行分工合作，区分主谈人与辅谈人，彼此密切配合。

【任务同步案例 2-2-2】

　　本次谈判中，双方进行商务谈判前应组织一个有经验的、高水平的谈判班子，这是确保谈判有效进行的重要条件。双方的谈判小组应该有以下几类人员：首先是对拟引进的"变频器节能系统"所涉及的法规政策、技术、经营及财务有全面了解，能掌握全局、指挥谈判的首席代表；主谈人应是政策水平高、精通业务的谈判专家；专业人员在技术转让谈判中扮演着重要的角色，谈判过程中，双方均需要配有对"变频器节能系统"整体运作情况熟知的专业人员，便于在谈判中遇到具体细节磋商时不至于被对方牵制；翻译人员是国际商务谈判中必不可少的人员，本任务中双方需配有日语与中文翻译；还要有能进行收益分析的商务人员；此外，国际技术转让谈判中会涉及两国关于该技术的相关法律、法规，因此法律人员也是必备的组成人员。

2. 技术转让谈判的背景分析

技术转让谈判双方在确定谈判时间、谈判地点（场所）以外，在背景分析中，剩下的主要工作就是收集谈判信息。

1）技术信息准备

在技术转让谈判中，相关技术信息的准备是非常重要的。对于技术的先进性、收益性、适用性的判断将直接决定着谈判的结果。

【任务同步案例 2-2-3】

　　小林作为中方的代表，首先应了解技术输出方，即日本三洋电器集团拥有的技术——锂电池技术、太阳能光电技术、冷冻储运技术和环境保护技术等，这些技术均处于世界领先地位。其次，要清楚日本三洋电器集团是否实施过或转让过此类技术，实施或转让是否成功；如果失败，失败的原因是什么。最后，要调查是否有与日本三洋电器集团竞争的对手，分析竞争对手的变频器节能系统的整体先进性、报价及资信情况。

2）商业信息准备

商业信息包括谈判对手公司的基本情况（如名称、经营产品或项目、营业状况）、市场地位、竞争情况的信息等。

【任务同步案例 2-2-4】

> 广东志高空调股份有限公司创建于 1993 年，总部位于珠江三角洲工业重镇佛山市南海区，是一家以家用和商用空调生产、销售为主的大型现代化企业集团。经过十余年的不断发展与壮大，现公司占地面积近 300 万平方米，年产能达 1000 万套，名列南海工业经济综合实力百强榜首。总部拥有两大工业园，并在泰国、越南、博茨瓦纳、尼日利亚等国家设有多家合作工厂，市场营销网络遍布全球 100 多个国家和地区，是目前中国最大的民营空调生产基地和出口创汇企业之一。自创建至今，该公司专心专注、精益求精于空调领域，目前，家用空调拥有窗式、挂壁式、立柜式三大类，以及 1000 多个品种规格的强大阵容；商用空调拥有户式中央空调、风冷柜机、水冷柜机、模块机组、冷水机组等十大系列；同时，还拥有移动空调、除湿机、保鲜柜、风扇、电饭煲、冰箱、饮水机、电磁炉、电视机等家电产品。该公司始终坚持"以质量求生存，以科技求效益，以品牌促发展"的经营理念，创立了拥有 700 多名科技专业人士构成的中日合作电子研究机构作为企业科技创新的基础保证，并于 2000 年起陆续聘请了包括清华大学、北京大学、复旦大学等全国 20 多所权威科研机构和著名高等学府在内的 50 名博士生导师组建志高科技顾问团，进一步增强了企业技术创新和领先能力，是国内较早研究变频空调技术和产品批量上市的企业之一。
>
> 日本三洋电器集团是一家有 60 年历史的大型企业集团，总部位于日本大阪，产品涉及显示器、手机、数码相机、机械、生物制药等众多领域。创建于 1947 年的日本三洋电器集团经过 50 多年的发展，目前已经是一家拥有 210 000 多名员工，在世界各地拥有 101 家分公司和营业所的大型现代化企业集团。近年来，年销售总额均超出 15 000 亿日元，约 110 亿美元，产品畅销世界各地，特别是在锂电池技术、太阳能光电技术、冷冻储运技术和环境保护技术方面处于世界领先地位。在 1999《财富》杂志全球 500 强排行榜上，排名第 277 位，资产额 699 亿美元。1961 年东京三洋电机率先生产分体式空调（SAP-200E）。三洋产品销售公司在美国成立。"SANYO"新商标被指定。第一个海外制造公司，三洋电机（香港）有限公司成立。开发镍镉蓄电池，并在中国广泛投资，空调领域中最有名的沈阳三洋空调有限公司是日本三洋电机株式会社与大连冰山集团合资组建的集研发、生产、销售、服务于一体的专业化空调企业。公司自 1993 年 3 月 8 日成立以来，坚持以"市场"为领导、以"专业化"为核心、以"成为世界人们不可缺少的企业"为经营理念来赢得市场，使企业在竞争中保持持续、快速、健康的发展，并取得了良好的经济效益和社会效益。

3）法律信息准备

对有关的政策法规的掌握和运用，是进行一项明智的技术转让谈判的基础。谈判人员至少要对《中华人民共和国合同法》《中华人民共和国专利法》《中华人民共和国专利法实施细则》有一定的了解。

4）谈判对手个人的基本情况信息准备

谈判对手个人的基本情况包括对谈判对手个人的兴趣、爱好、性格、年龄等方面的了解。

【任务同步案例 2-2-5】

此谈判属于国际技术转让谈判，因此，小林应提前了解对方所在国家——日本的风俗习惯、处事风格以在谈判中应对自如。

日本人的特点是慎重、规矩、礼貌、团体倾向强烈，有强烈的团体生存和发展的愿望。日本商人喜欢在正式谈判之前，先与谈判对手进行接触以了解对手、增进感情、促进成交，而这种接触往往通过朋友或适当的人作介绍。日本人在谈判中通常不能坦率、明确地表态。有时报价中的水分极大，常使谈判对手产生含糊不清、模棱两可的印象甚至产生误会，令谈判对手感到焦躁不安。

日本人在签订合同前一般格外谨慎，习惯于对合同做详细审查并且在内部做好协调工作，这就需要一个较漫长的过程。但一旦做出决定，日本商人都能重视合同的履行，履约率很高。因此，同日本商人谈判要有耐心，事先要有人介绍，在合同签订之前必须仔细审查合同，含糊不清的地方必须明确，以免日后造成纠纷。

在谈判中，掌握的信息越快越全面，就越能争取主动。一般而言，发展中国家的技术引进方信息比较闭塞，这是他们在谈判中不能争取主动、经常处于不利地位的原因之一。因此，为了改善谈判地位，更需要加强谈判前的信息准备。

3. 技术转让谈判计划的拟订

与其他类型的商务谈判一样，技术转让谈判的计划包括谈判主题、谈判目标、谈判策略和谈判议程等主要内容。当然，计划的制订要紧密围绕技术贸易的特定内容展开。

1）技术贸易谈判的内容

技术贸易谈判一般包括以下的内容。

（1）技术类别、名称和规格，即技术标的。技术贸易谈判的最基本内容是磋商具有技术的供给方能提供哪些技术，引进技术的接受方想买进哪些技术。

（2）技术经济要求。因为技术贸易转让的技术或研究成果有些是无形的，难以保留样品以作为今后的验收标准，所以，谈判双方应对其技术经济参数采取慎重和负责的态度。技术转让方应如实地介绍情况，技术接受方应认真地调查核实。然后，把各种技术经济要求和指标详细地写在合同条款上。

（3）技术的转让期限。虽然科技协作的完成期限事先往往很难准确预见，但规定一个较宽的期限还是很有必要的；否则，容易发生扯皮。

（4）技术商品交换的形式。这是双方权利和义务的重要内容，也是谈判不可避免的问题。技术商品交换的形式有两种：一种是所有权的转移，买者付清技术商品的全部价值并可转卖，卖者无权再出售或使用此技术。这种形式较少使用。另一种是不发生所有权的转移，买者只获得技术商品的使用权。

（5）技术贸易的计价、支付方式。技术商品的价格是技术贸易谈判中的关键问题。转让方为了更多地获取利润，报价总是偏高。引进方不会轻易地接受报价，往往通过反复谈判，进行价格对比分析，找出报价中的不合理成分，将报价压下来。价格对比一般是比较参加竞争的厂商在同等条件下的价格水平或相近技术商品的价格水平。价格水平的比较主要看两个方面，即商务条件和技术条件。商务条件主要是对技术贸易的计价方式、支付条件、使用货币和索赔等项进行比较。技术条件主要是对技术商品供货范围的大小、技术水平高低、技术服务的多少等项进行比较。

（6）责任和义务。技术贸易谈判技术转让方的主要义务是：按照合同规定的时间和进度，进行科学研究或试制工作，在限期内完成科研成果或样品，并将经过鉴定合格的科研成果报告、试制的样品及全部科技资料、鉴定证明等全部交付委托方验收。积极协助和指导技术受让方掌握科技成果，达到协议规定的技术经济指标，以收到预期的经济效益。技术受让方的主要义务是：按协议规定的时间和要求，及时提供协作项目所必需的基础资料，拨付科研、试制经费，按照合同规定的协作方式提供科研、试制条件，并按接收的技术成果支付酬金。技术转让方如完全未履行义务，应向技术受让方退还全部委托费或转让费，并承担违约金。如部分履行义务，应根据情况退还部分委托费或转让费，并偿付违约金。延期完成协议的，除应承担因延期而增加的各种费用外，还应偿付违约金。所提供的技术服务，因质量缺陷给对方造成经济损失的，应负责赔偿。如由此引起重大事故，造成严重后果的，还应追究主要负责人的行政责任和刑事责任。技术受让方不履行义务的，已拨付的委托费或转让费不得追回。同时，还应承担违约金。未按协议规定的时间和条件进行协议配合的，除应允许顺延完成外，还应承担违约金。如果给对方造成损失的，还应赔偿损失。因提供的基础资料或其他协作条件本身的问题造成技术服务质量不符合协议规定的，后果自负。

2）技术转让谈判前出让方应准备一份完善而科学的可行性分析报告

出让方在技术谈判前是否有可行性分析报告及可行性报告的好坏，直接关系到受让方对该项技术的信赖程度。可以说，可行性分析报告对谈判的达成起着举足轻重的作用。它一般可分为以下几个部分：①技术介绍及技术数据；②建厂简要说明及生产工艺流程；③投入资金说明；④成本详情及经济效益分析；⑤市场预测及市场分析；⑥销售及促销手段。

【任务同步案例 2-2-6】

谈判前，小林确定本次谈判的主题是三晶 SAJ8000G 变频器节能系统相关技术转让。广东志高空调股份有限公司与日本三洋电器集团应围绕主题制定谈判的目标和实施的策略，还要有应急预案。

为了保证技术引进工作的顺利完成，对于在预料中已经发现按目标技术性能、范围和目标价格实现可能性不大的情况时，小林方应准备一些防备措施。一般可供采用的防备措施包括增加投资预算、缩减某些次要的技术范围和内容等。

此外，广东志高空调股份有限公司与日本三洋电器集团的谈判人员均应提前准备好本公司的名片、公司经营证书复印件等相关材料，以保证谈判顺利开场。

由于此次谈判是涉外谈判,可以在正式谈判前进行模拟谈判,尽量模仿谈判对手的观点条件、谈判方式并互相交锋。这样可检验原定谈判方案的正确性、可行性,并可针对性地进行调整。

(二)技术转让谈判的开局

1. 几种开局气氛

技术转让谈判的开局气氛主要有以下几种类型:①冷淡、对立、紧张的谈判气氛(低调谈判气氛);②松弛、缓慢、旷日持久的谈判气氛;③热烈、积极、友好的谈判气氛;④平静、严肃、严谨的谈判气氛。

【任务同步案例 2-2-7】

> 与日方代表进行谈判时适合采用热烈、积极、友好的开局气氛,日方谈判者比较注重合作关系的建立,他们希望在谈判之前搞好人际关系。

2. 如何营造良好的开局气氛

良好的谈判气氛是成功谈判的必要条件。为了使技术转让谈判有良好的谈判气氛,在进行谈判开局的过程中应遵循以下原则:①提供或享受均等的发言机会;②讲话要尽量简洁、轻松,切勿打断对方;③合理安排发言次序;④选择对方希望或愿意接受的开局方式;⑤抱着积极的、合作的态度;⑥要乐意接受对方的意见。

【任务同步案例 2-2-8】

> 与日本代表"打过交道"的人都有体会,要想和他们谈生意、建立起合作关系,不是一件容易的事情,不能急于求成,需要先花费一定的时间和他们交朋友,搞好人际关系。如果急于求成,一定会适得其反,即使在短时间内达成协议,勉强建立了合作关系,也一定是以苛刻的条件作为代价,占不到什么便宜。
>
> 日本人认为,在正式谈判之前,花时间培养关系,不是浪费时间,它也是谈判的一部分,可以在今后的谈判中带来意想不到的收益。

3. 开局策略的使用

开局策略的使用需根据对方的谈判风格及谈判目标而定,同时也要考虑在谈判中所处的优势、地位。技术转让谈判中,常用的开局策略有以下几种。

1) 一致式开局策略

采用一致式开局策略,除了要注意对方的喜好以外,还要注意以下几点:①注意讲话的用语和语气;②注意背景、色彩、色调,音乐和装饰品的搭配,要舒适明朗、色彩悦目;③此技巧适合在高调气氛和自然气氛中运用,不宜在低调气氛中使用,不然会适得其反。

2）保留式开局策略

保留式开局策略指在谈判开始时，对谈判对手提出的关键性问题不做彻底、确切的回答，而是有所保留，给对手造成神秘感以吸引对手步入谈判。

【任务同步案例 2-2-9】

> 中方广东志高空调股份有限公司在与日方日本三洋电器集团谈判之前了解到，有另外两家小型的企业也有变频器节能系统相关的技术可供转让，价格远低于日本三洋电器集团。中方调查了其原因，得出是技术不及三洋电器集团成熟，但三洋电器集团的出价又过高，于是广东志高空调股份有限公司待价而沽，欲擒故纵。先不理三洋电器集团，积极抓住两家小企业寻求合作的心理，与小企业沟通商谈，使日本三洋电器集团产生失去货源的危机感，急于成交。广东志高空调股份有限公司采取了保留式开局的技巧，并没有一开始就答应日本三洋电器集团的高价转让，而是分析原因，然后货比货让对手折服。

此策略的运用要注意以下几点：①不能盲目、消极，要明智分析原因，用己方优势为筹码，控制局面。②要照顾对方情绪，态度不能过于强硬。上述任务中，如果广东志高空调股份有限公司没有照顾对方情绪，不比技术而直接强硬地要求降价，对方会觉得己方无理取闹，甚至放弃合作。③不能违反商务谈判的道德原则，以诚信为本，可以模糊地向对方传递信息，但不能是虚假信息。④此策略适宜低调气氛和自然气氛，不适宜高调气氛。

3）坦诚式开局策略

坦诚式开局策略指以开诚布公地向谈判对手陈述己方的观点或想法，尽快打开谈判局面。坦诚式的谈判策略，是一种可以获得对方好感和信赖的好方法。

【任务同步案例 2-2-10】

> 如果日本三洋电器集团谈判代表在谈判中坦诚指出其所要转让的技术还有待完善，并非是无懈可击的，但可以保证的是所持有的这项技术在同行业中是处于领先地位的，今后会不断在技术上进行改造，使此项技术突破瓶颈，得以完善。那么，此时日本三洋电器集团运用的是一种坦诚式的谈判技巧，是一种可以获得对方好感和信赖的好方法。

其运用要注意以下几点：①注意谈判者的身份、与对方的关系，适合于有长期合作关系、以往双方都比较满意、相互了解较深的情况；②避免太多的客套，直接坦率地提出自己的观点、要求；③实力不如对方为双方共知时，坦率地表明己方的弱点，并尽量说出正确的理由让对方加以考虑，不要打肿脸充胖子。

4）挑剔式开局策略

挑剔式开局策略是指开局时对对手的某项错误或礼仪失误严加指责，使其感到内疚，营造低调气氛，达到迫使对方让步的目的。

使用这一策略己方必须注意语言、表情，要适度，不能太过分，同时要审时度势，一鼓作气签下合约，不然等对方缓过神来就晚了。同时，己方要注意细节，尊重对方，不能让对方有机可乘。

5）进攻式开局策略

进攻式开局策略指通过言语或行为来表达我方强硬的姿态，从而获得对方必要的尊重，并借以制造心理优势，使得谈判顺利地进行下去。

在案例中，日方有谋求低调氛围的企图，但中方谈判代表采取了进攻式的谈判策略表达了我方的强硬姿态，扭转了不利局面。

（1）当己方发现对方在刻意制造低调气氛，居高临下以气势压人并且有不尊重己方情况的时候，可通过这种策略扭转气氛，为之后的讨价还价营造良好的气氛，同时捍卫己方的尊严和正当权益。

（2）一般这种技巧不在万不得已的情况下不能轻易使用，因为开局时最忌讳情绪性的对立，这种对立会使自尊心、面子受到攻击，不利于谈判的发展。本项目案例中，中方代表如果是在对方百般刁难，甚至几次伤害己方感情的情况下才采取了这种技巧，是可行的，但试想，如果一开始就进攻，那么结果就是对方反感，气氛紧张，陷入僵局，谈判难以继续。

（3）跟挑剔式开局策略差不多，都要注意一个"度"的问题，即找准点且不要过头，进攻时要切中问题要害，表现出自尊、自信和认真，又不能咄咄逼人，不然气氛会过于紧张，最好在缓和些后及时调节一下气氛，建立轻松、友好的谈判气氛。案例中，小厂谈判代表尽管是指责对方，但还是很礼貌，称呼"您""先生""请"，并没有过激的语言和行为，如果相反，小厂谈判代表拍桌子大骂、抱怨，结果也就可想而知了。

技术转让开局谈判策略选择时主要考虑谈判企业双方之间的关系、谈判实力、双方谈判员个人之间的关系和谈判气氛，而且要全面考虑，包括开局前的准备和开局开始时的各方面情况，并且要依据谈判经验适时进行调整。

（三）技术转让谈判的磋商

1. 谈判磋商中的僵局

导致磋商中出现僵局的原因是多种多样的。谈判磋商中，除了观念问题之外，情感表露也会对谈判产生重要影响。双方为了顾及"脸面"而彼此绝不做出任何让步，结果双方之间很难再合作下去，导致僵局的出现。遇到此种情况，可尝试以下方法缓和：①首先关注和了解对方的情绪，也包括你自己的情绪；②让对手的情绪得到发泄；③使用象征性的体态语言缓解情感冲突。

僵局的出现也可能是对方故意拖延时间造成的。

【任务同步案例 2-2-11 】

> 　　如果谈判过程中日本三洋电器集团的代表迟迟不肯给出确定答复，故意拖延时间，这种情况下，小林代表的广东志高空调股份有限公司可以在谈判前先把压力抛给对方，使对方在压力下改变谈判策略，打消对方制造请示上级领导作为拖延时间的战术。

　　2. 技术转让谈判磋商阶段常用策略

　　谈判策略是指控制和实现谈判顺利发展的行动计划和方式。在技术转让谈判的磋商阶段，常用策略有以下几种。

　　（1）双赢策略。双赢策略实质上就是寻求共同利益的策略，但双赢谈判策略并不意味着双方条件的简单折中，也不是缩小双方的差距，而是要制订一个满足双方利益的方案。

　　（2）以退为进策略。以退为进策略是在面对咄咄逼人的对手时，在形式上满足对方的需要，从而化解其攻势，实际上迂回地使自己的要求得到满足。这种策略是一项十分高明的妥协政策。

　　（3）声东击西策略。这是西方国家一些公司惯用的策略。采用声东击西策略往往能收到意想不到的效果。

　　（4）利用竞争策略。在实践中，可以邀请多家外商展开竞争。这是引进方选择对己最有利的合作伙伴，以较低的价格达成技术转让交易的最好办法。但在具体应用竞争策略时应注意：一要选好竞争对手；二要防止竞争对手联手对付自己；三要做好保密工作。

　　（5）利用信息策略。收集和整理有关信息是谈判工作不可缺少的组成部分，信息的价值体现在谈判中对信息的巧妙应用。在国际技术转让谈判中不仅要靠敏捷和智慧捕捉信息，还要将各种信息加以巧妙组合，有针对性地使用。

　　（6）公共关系策略。技术转让谈判同样是人际关系在经济活动中的体现。一个有经验的谈判者，应善于利用人类正常的心理状态，把人际关系和经济关系结合起来。公共关系策略的使用就是利用人们心理上的某些缺陷，如逆反心理、争强好胜心理、超强的自尊心、个人贪婪等去控制对方，以达到自己的目的。

【任务同步案例 2-2-12 】

> 　　我国广东志高空调股份有限公司要向日本三洋电器集团购进三晶 SAJ8000G 变频器节能系统相关技术，特派一高级工程师与日商谈判，为了不辱使命，这位高级工程师做了充分的准备工作，他查找了大量有变频器节能系统的资料，花了很大的精力对国际市场上变频器节能系统的行情及日本这家公司的历史和现状、经营情况等进行了解。当谈判转让变频器节能系统相关技术时，日商报价 230 万元，经过讨价还价压到 130 万元，中方仍然不同意，坚持出价 100 万元。日商表示不愿继续谈下去了，把合同往中方工程师面前一扔，说："我们已经做了这么大的让步，贵公司仍不能合作，

看来你们没有诚意，这笔生意就算了，明天我们回国了。"中方工程师闻言轻轻一笑，把手一伸，做了一个优雅的请的动作。日商真的走了，中方公司的其他人有些着急，甚至埋怨工程师不该抠得这么紧。工程师说："放心吧，他们会回来的。类似的技术，去年他们卖给法国只有95万元，国际市场上这种技术的价格100万元是正常的。"果然不出所料，一个星期后日方又回来继续谈判了。工程师向日商点明了他们与法国的成交价格，日商又愣住了，没有想到眼前这位中国商人如此精明，于是不敢再报虚价，只得说："现在物价上涨的利害，比不了去年。"工程师说："每年物价上涨指数没有超过6%。一年时间，你们算算，该涨多少？"日商被问得哑口无言，在事实面前，不得不让步，最终以101万元达成了这笔交易。

对于这个案例，明显可以看出，中方工程师对于谈判技巧的运用更为恰当准确，利用信息策略赢得有利于己方利益的谈判结果也是一种必然。

分别从中日各方谈判人员的表现来进行分析。

首先，从日方来看，存在以下问题。

（1）收集、整理对方信息上没有做到准确、详尽、全面。从案例中来看，重要的原因可能是：没有认清谈判对象的位置。日商凭借其技术的优势性及多次进行类似交易的大量经验，轻视对手，谈判前没有做好信息收集工作，于是在谈判中在对方大量信息面前陷于被动，一开始就丧失了整个谈判的主动权。

（2）谈判方案的设计上，没有做到多样与多种。在对方的多次反击中，仓促应对。针对其谈判方式设计的单一化，有以下几个原因：①过早地判定问题，从案例中可推测出，日方一开始就认为此行不会很难，谈判结果应该是对己方利益更有利；②只关心自己的利益，日方以其变频器节能系统技术的先进为最大优势，认定铁定会卖个高价，但并未考虑到中方对此的急迫需求与相应的谈判准备，在对方信息攻击下，频频让步。

（3）在谈判过程中，希望用佯装退出谈判以迫使对方做出让步，无奈在对方以资料为基础辨别出其佯装的情况下，该策略失败。

其次，从中方来看，胜利的最关键一点是对对方信息的充分收集整理，用大量客观数据给对方施加压力。从收集的内容可看出，不仅查出了日方与他国的谈判价格，而且运用相关数据对对方的反驳加以反击，对客观标准做了恰到好处的运用，真可谓做到了中国古语所说，"知己知彼，百战不殆"。当然，除这个原因外，中方的胜利还在于多种谈判技巧的运用：①谈判前，评估双方的依赖关系，对对方的接收区域和初始立场（包括期望值和底线）做了较为准确的预测，由此才能在随后的谈判中未让步于对方的佯装退出；②谈判中，依靠数据掌握谈判主动权，改变了对方不合理的初始立场；③在回盘上，从结果价大概比对方开价一半略低的情况可推测，中方的回盘策略也运用得较好。

涉外技术转让的谈判中的各种策略，对在各种商战中为自己赢得有利位置，实现自己利益的最大化有着极其重要的作用，但我们也要注意的是，策略与诡计、花招并不相同，前者要求的是恰如其分，既要赢，也要赢得让对方心服口服，赢得有理有据。只有这样，对于谈判策略的运用，才是真正的游刃有余。

（四）技术转让谈判的结束

1. 技术转让谈判结束应具备的条件

正确判定技术转让谈判结束，抓准时机结束谈判是十分必要的。

【任务同步案例 2-2-13】

　　如果在谈判过程中有以下情形出现，则说明此次谈判可以进入结束阶段。

（1）日本三洋电器集团使中方广东志高空调股份有限公司完全了解了三晶 SAJ8000G 变频器节能系统相关技术及其价值，同时，使中方对其商品已有强烈的购买欲望。

（2）中日双方企业均能在谈判进行中准确把握时机。

（3）中日双方企业都能积极地为圆满结束谈判做出精心安排。

值得注意的是，在洽谈的最后阶段，供方即日本三洋电器集团应对中方提出来的意见处理好，使中方自始至终对其谈判工作及所谈判的技术保持浓厚的兴趣。

2. 技术转让谈判结束成交时的信号识别

成交信号是指商务谈判的各方在谈判过程中所传达出来的各种希望成交的暗示。对大多数商务谈判人员而言，如何第一时间识别对方发出成交信号，在对方发出此类信号时能往成交的方向引导，并最终促成成交，成为所有成功谈判的"必杀技"。

（1）成交的语言信号。例如，询问一些比较细致的技术问题，打听技术的某些功能及使用方法等。对手有时候提出的某些反对意见或疑虑，谈判人员需要准确识别成交信号和真实反对意见之间的区别，进行一些试探性的询问以确定对手的真实意图。

（2）成交的行为信号。例如，在谈判过程中忽然表现出很轻松的样子时，当对方在你进行说服活动时不断点头或很感兴趣地聆听时，当他们在谈判过程中身体不断向前倾时，等等。

（3）成交的表情信号。例如，当对手的嘴角微翘、眼睛发亮，显出十分兴奋的表情时，或当对手渐渐舒展眉头时，这些表情上的反应都可能是对手发出的成交信号，谈判人员需要随时关注这些信号，一旦对手通过自己的表情语言透露出成交信号之后，谈判人员就要及时做出恰当的回应。

（4）成交的进程信号。转变洽谈环境，主动要求进入洽谈室或在谈判人员要求进入时，非常痛快地答应，或谈判人员在书写合同内容，做成交付款动作时，对方没有明显的拒绝和异议。

3. 技术转让谈判结束阶段的策略

成交促成策略是在成交过程中，谈判人员在适当的时机，启发对手做出决策，达成协议的谈判技巧和手段。对于任何一个谈判人员来讲，熟悉和掌握各种成交的方法与技巧是非常重要的。

（1）主动请求法，即单刀直入，要求成交。运用主动请求法，应把握成交时机，一般来说以下情况下可以更多地运用此方法：①和关系比较好的老顾客谈判时；②在对手不提出异议，想购买又不便开口时；③在对手已有成交意图，但犹豫不决时。

（2）自然期待法，即引导对手，提高效率。谈判人员运用自然期待法时，既要保持耐心、温和的态度，又要积极、主动地引导。谈判人员在期待对手提出成交时，不能被动等待，要表现出期待的诚意，制造成交的有利条件，或用身体语言进行暗示。

（3）假定成交法，即心理暗示，代为决策。谈判人员在运用此种方法时，必须对对方成交的可能性进行分析，在确认对方已有明显成交意向时，才能以谈判人员的假定代替对方的决策，但不能盲目地假定；在提出成交假定时，应轻松自然，绝不能强加于人。最适用的条件为：较为熟悉的老顾客和性格随和的人员。

（4）选择成交法，即二者择一，增加概率。选择成交法的理论依据是成交假定理论，它可以减轻对方决策的心理负担，在良好的气氛中成交；同时也可以使谈判人员发挥顾问的作用，帮助对方顺利完成购买任务，因而具有广泛的用途。但是如果运用不当，可能会分散对方注意力，妨碍他们选择。

（5）肯定成交法，即先入为主，获得认同。运用此方法，注意必须事先进行实事求是的分析，看清对象，并确认产品可以引起对方的兴趣，且肯定的态度要适当，不能夸夸其谈，更不能愚弄对方。一般可在成交时机成熟后，针对对方的犹豫不决而用此方法来解决。

（6）最后机会法，即机不可失，过期不候。运用此种方法，要注意针对对方求利的心理动机，合理地使用优惠条件；要注意不能盲目提供优惠；要注意在给予回扣时，遵守有关的政策和法律法规，不能变相行贿。

【任务同步案例 2-2-14】

　　本案例中，我国广东志高空调股份有限公司与日本三洋电器集团就购进日方三晶SAJ8000G 变频器节能系统相关技术谈判时，由于中方的高级工程师谈判前做了充足的准备，查找了大量数据资料，对对方的反驳进行有力的反击，在谈判磋商过程中占有较大优势，使得日方报价由最初的 230 万元降到 130 万元，在谈判接近成交时，日方在中方列举的大量其过往类似技术的成交数据面前，无力再抬高价钱，但碍于情面，表现出犹豫不决、迟迟不肯妥协的状态。此时，中方谈判成员已推断出日方的意图，便趁机采取主动请求的谈判方法，单刀直入，要求成交，此方法也刚好给日方谈判者不顾颜面的妥协机会，最终以 101 万元达成交易，结束谈判。

（五）技术转让谈判的签约及执行

1. 技术转让谈判合同履行的原则

技术转让谈判合同履行主要有四个原则，即实际履行的原则、全面履行原则、协作履行原则和经济履行原则。其中协作履行原则含有以下内容：①债务人履行合同债务，债权人应适当接受。②债务人履行债务时，债权人应给予必要的协作，提供方便。当债务人因故不能履行或不能完全履行义务时，债权人应积极采取措施避免或减少损失。

2. 技术转让合同签约、执行时应注意的问题

1）遵守国家法律、法规和国际惯例

遵守法律是合同有效的前提。同时，也要注重维护公共秩序，遵守社会公德。

【任务同步案例 2-2-15】

> 技术转让合同涉及中国、日本两个国家的当事人，合同必须遵守双方当事人国家的法律法规，并遵守国际条约和国际惯例，不得有法律禁止的条款和条件。

2）遵循自愿、平等、公平、诚实信用的原则

自愿、平等、公平、诚实信用是订立一切经济合同应遵循的原则。

【任务同步案例 2-2-16】

> 在本任务的技术转让中，当事人都有权享有三晶 SAJ8000G 变频器节能系统相关技术转让所带来的利益，同时应为取得利益付出相应的代价。对于显失公平的合同，当事人可以请求有关法院或仲裁机构变更或撤销合同。

3）争取草拟合同

一般来说，在国际技术转让谈判中，谁提出合同草案，谁就处于有利地位。

【任务同步案例 2-2-17】

> 小林方即受让方广东志高空调股份有限公司如能提前提出合同草案，将有利于在谈判中占有主导优势。另外，在准备合同草案时，还应准备对方文字日语的准确译本，避免语言障碍和陷阱。

4）注意合同的主体资格

这是合同生效和能有效实施的保障。

【任务同步案例 2-2-18】

> 签订三晶 SAJ8000G 变频器节能系统相关技术转让合同的当事人必须具有合法的签约资格，输出技术的一方即日本三洋电器集团还必须是专利和（或）专有技术的合法拥有人，或者是有转让权或许可权的其他人。

5）谨慎对待对方提供的格式合同

在技术转让中，不存在所谓的"标准合同"。尽管技术转让的原则大多已基本

确定，但由于不同国家当事人之间和不同项目之间仍有很大的差距，特定当事方就特定技术转让项目的合同必须通过由浅入深的多次谈判，根据每个项目的具体情况来制定，绝不能简单地依赖某一方提供的格式合同，这种合同仅仅只能供双方在谈判时参考。

6）合同条款应全面、准确、清楚

在确定合同草案文本时，对合同条款应进行仔细研究分析，逐字、逐句、逐条推敲修改。

案例中，中方与日方在谈判过程中一定要注意双方感情的沟通及关系的维系，中方在谈判中要注意搞好人际关系，增加双方交往，使贸易双方的协议和合作建立在相互信任的基础之上。

三、能力训练

小林要完成以下的任务。

（1）模拟调研广东志高空调股份有限公司与日本三洋电器集团谈判环境。

（2）模拟制订广东志高空调股份有限公司与日本三洋电器集团谈判方案。

（3）模拟筹备广东志高空调股份有限公司与日本三洋电器集团谈判。

（4）模拟广东志高空调股份有限公司与日本三洋电器集团的谈判开局。

（5）模拟广东志高空调股份有限公司与日本三洋电器集团交易磋商。

（6）模拟结束广东志高空调股份有限公司与日本三洋电器集团谈判。

（7）模拟广东志高空调股份有限公司与日本三洋电器集团签订技术转让合同。

（8）模拟广东志高空调股份有限公司与日本三洋电器集团履行合同。

四、知识拓展

（一）技术转让谈判禁忌

在今天大量的社会活动和商务活动中，经常通过谈判、协商签订具有一定约束力的契约，以及各种相关文书，以确定当事人各自的权利和义务。这些文件，特别是有关承担义务和责任的关键部分，一字一句必须含义明确、概念清楚，绝不可语言模糊、模棱两可，否则极易引起争议，后果是难以预料的。

1. 忌欺、诈、隐、骗

有些人把商务谈判视为对立性的、你死我活的竞争，在具体洽谈时，不顾客观事实，欺、诈、隐、骗，依靠谎言或"大话"求得自身的谈判优势。欺骗性的语言一旦被对方识破，不仅会破坏谈判双方的友好关系，使谈判蒙上阴影或导致谈判破裂，而且会给企业的信誉带来极大损失。所以说，谈判语言应坚持从实际出发，应给对方诚实、信赖的感觉。

2. 忌盛气凌人

有的谈判者由于自身地位、资历"高人一筹"，或者谈判实力"强人一等"，在谈判中往往盛气凌人。居高临下、盛气凌人的行为易伤害对方感情，使对方产生对抗或报复心理。所以，参加商务谈判的人员，不管自身的行政级别多高、资历多老、所代表的企业实力多强，只要和对方坐在谈判桌前，就应坚持平等原则，平等相待、平等协商、等价交换。

3. 忌道听途说

有的谈判者由于与社会接触面大，外界联系多，各种信息来源渠道广，在谈判时往往利用一些未经证实的信息，作为向对方讨价还价的依据，缺乏确凿证据的实际材料，其结果是很容易被对方抓住谈话漏洞或把柄。就个人形象来讲，也会使对方感觉到你不认真、不严谨、不严肃，不值得充分信赖。因此，特别是在商务谈判中，更应避免用"据说"之类的字眼。

4. 忌攻势过猛

某些谈判者在谈判桌上争强好胜，一切从"能压住对方"出发，说话刻薄，频繁地向对方发动攻势，在一些细枝末节上也不甘示弱，有些人还以揭人隐私为快事。在谈判中攻势过猛的做法是极不可取的，极容易伤害对方自尊心。遇到生性懦弱的人可能一时得逞；遇到涵养较深的人，尽管暂时忍让，让你尽情表演，但他欲擒故纵，到关键时刻将迫使你付出代价；遇到强硬、进攻性很强的对手，小的进攻就会惹起更大的反击，反而对自己不利。

因此，在谈判中说话应该委婉，尊重对方的意见和隐私，不要过早地锋芒毕露，表现出急切的样子，避免言语过急过猛，伤害对方。

5. 忌含糊不清

有的谈判者由于事前缺乏对双方谈判条件的具体分析，加之自身不善表达，当阐述自身立场、观点或回答对方提出的某些问题时，或者语塞，或者含含糊糊、模棱两可，或者前言不搭后语、相互矛盾。模棱两可的语言容易给对方留下一种"不痛快""素质不高"的感觉，也容易使对方钻空子，使自己陷入被动挨打的境地。

所以，谈判者事前应做好充分的思想准备和语言准备，对谈判条件认真分析，把握住自身的优势和劣势，对谈判的最终目标和重要交易条件做到心中有数。同时做一些必要的假设，将对方可能提出的问题和可能出现的争议想在前面，这样，在谈判中不管出现何种复杂局面，都能随机应变，清楚地说明自己的观点，准确明了地回答对方的提问。尤其是在签订谈判协议时，能够把握关键，使合同条款订得具体、完善、明确、严谨。

6. 忌以我为主

在商务谈判中，有些人随意打断别人的话；有些人在别人说话时不够专注；有些人自己说个滔滔不绝、没完没了，而不考虑对方的反应和感受。尤其当洽谈某些交易条件时，只站在自己的立场上，过分强调自身的需要，不为对方着想，这种做法是很不礼貌的，极容易引起对方的反感。

谈判者应学会倾听别人谈话的艺术，对别人的谈话应表现出浓厚的兴趣，多进行一些角色互换，语言应委婉，留有商量的余地。这样既表明自己有修养，容易赢得对方的喜爱，同时也能更好地了解对方，摸清对方的底细和意图，一举多得。

7. 忌枯燥呆板

某些人在谈判时非常紧张，如临大战，说起话来表情呆板，过分地讲究针对性和逻辑性。这对谈判也是很不利的。商务谈判不同于某些对抗性很强的政治谈判，它是一种合作性的交往，应该在一种积极、友好、轻松、融洽的气氛中进行。

谈判者在正式谈判开始前应善于建立一种良好的谈判气氛，在正式谈判过程中也应恰当地运用一些比喻，善于开一些小玩笑，使说话生动、形象、诙谐、幽默、有感染力。通过活泼的语言创造并维持一种良好的谈判气氛，这会对整个谈判格局起到重要的促进作用。

（二）商务谈判赞扬技巧

在人际交往中，恰当的赞扬话语更是一种密切人与人关系、消除隔阂、增加双方亲近感的"润滑剂"，也是激励别人的有效方式。

1. 赞扬的有效方法

按照赞扬的目的、内容和对象的不同，赞扬的方法可以划分为以下不同的类型。

1）按照赞扬的范围和对象划分

（1）个别赞扬法，即当着对方的面，单独地赞扬对方的长处与成绩。其好处是可以赞扬对方某些不愿意让更多人知道的"秘密"，而且可以用促膝谈心的方式进行，显得格外真诚和亲切，有利于引入更加广泛深入的思想感情交流。

（2）当众赞扬法，即在公众场合，对某些人予以公开赞扬。这种赞扬由于影响面广，能使赞扬对象获得更强烈的荣誉感和满足感，因而有更大的激励作用。

（3）间接赞扬法，即在当事人不在场的情况下，向别人赞扬当事人。其好处除了能给更多的人以榜样的激励作用外，还能使被赞扬者感到这种赞扬的真实和诚意，从而增加了对赞扬者的信任感。

2）按照赞扬的方法和特点划分

（1）直言赞美，即毫不含糊地直抒自己对对方长处的肯定与夸奖之情。其好处在于直言相告，显得格外大方热情、真诚自然。

（2）前景赞美。有时对方的长处并不很突出，如果小题大做，直言赞美，容易言过其实，使对方感到只是违心的恭维而引起反感。但是如果能够抓住对方的一些好的苗头，以他如此发展下去的美好前景为由给予赞扬，这就不仅能使对方感到这种赞扬是实事求是和真诚的，而且有利于坚定其信念，树立目标，更加努力地为实现这一美好前景而奋斗。

（3）对比赞美，即经过同类事物的对比，显出事物的高低优劣后，对比其他事物的短处，突出对方的长处，并由此对其进行赞美式的评价。这种赞美方法有利于让对方肯定和发扬自己的长处，树立克服短处的信心。

（4）反向赞美。"金无足赤，人无完人。"当看到对方由于各种原因出了某些差错时，与其就其失误成分予以指责，不如对其成功部分进行赞美。这往往可以使对方在感到赞美者对自己的理解、信任和宽宏大量的同时，产生更深刻的自责感，从而暗下决心将功补过。

当然，运用反向赞美法，要观察事物的背景和对象的实际情况，对于那些性情懒散、缺乏自尊与自责的人，就不能用反向赞美来代替批评。另外，运用此法还要注意适度。如果对方明明全错了，却偏要牵强附会地拼凑一些理由来赞扬，那只会使其感到是一种讽刺与侮辱，效果就适得其反了。

2. 赞扬的要领

赞扬虽然是一种卓有成效的交往艺术，但绝不是随便说几句好听的恭维话就能奏效，要真正发挥赞扬在谈判中的效果，需要掌握以下要领。

1）赞扬要具体明确，切忌含糊笼统

赞扬别人时如果使用词语不具体、不明确，而只是含糊笼统地恭维对方"很优秀""很出色"，根本不涉及赞扬的原因，就容易引起对方反感。因为这会使他们感到窘迫，感到赞扬者是在屈尊俯就，是别有用意的恭维与敷衍，或者会引起对方的误解而盲目自满。因此，应当把赞扬的内容具体化，最好能够明确赞扬的三个基本因素：你喜欢的具体行为；这种行为对你的帮助；你对这种帮助的结果有什么感受。

2）赞扬要实事求是、恰如其分

这里要分清赞扬与阿谀奉承的区别。后者是出于一己私利，为了投人所好而不顾事实地唱赞歌，这是一种言不由衷、巴结逢迎的投机行为；而真诚的赞扬却是为了相互交流、共同协作，以事实为依据，向对方表达一种内心强烈的"美感"的冲动，表示对对方某些真善美的东西的欣赏与钦佩。这里可以看出，两者的区别，除了主观动机以外，是否以事实为依据是极其重要的标准。真诚的赞扬，必须以事实为依据，切忌信口开河、言过其实。有美才可有赞，大美大赞，小美小赞，恰如其分，朴实得体。

3）赞扬要审时度势，因人而异

赞扬别人首先要审时度势，把握有利时机。时机有利，赞扬会事半功倍；不合时宜，则会事倍功半，甚至适得其反。

抓住赞扬的时机可注意以下三个阶段：一是开始阶段，这时应注意对方的良好动机，对合作的苗头、上升的势头等及时予以赞扬，这将有助于启发对方更加明确宗旨，发扬优点，坚定信心；二是中间阶段，这时应注意对方的成绩和交流，及时予以表扬鼓励，这将有助于对方发扬成绩，再接再厉，夺取全胜；三是结尾阶段，这时大功告成，业绩显露，应当予以全面肯定，充分赞扬，而且应进一步从理论上、规律上加以概括总结，这将有助于把感性的体会上升为经验，为以后双方进一步扩大合作打下基础。

赞扬还要因人而异，切忌千人一面，人们身上美好的东西，千姿百态，各具特色；即使是同样的优点，其表现形式也各具情态；再加上人们对赞扬的需求心理也不一样，有人希望公开赞扬，有人希望个别鼓励，有人期望赞扬其精神，有人则希望赞扬其才能。对于这些，应当因人、因情而异，使其各得其所。

任务三　服务交易谈判

一、任务描述

服务交易谈判在商务谈判中所占的比例越来越大。一个完整的服务交易谈判要经过服务交易谈判的准备阶段、开局阶段、磋商阶段、结束阶段及签约和执行阶段。小林在该任务中就是要进行角色扮演，参与完成一次服务交易谈判。

【任务同步案例 2-3-1】

　　这次谈判是中国广东格兰仕（集团）公司与法国 ASD 广告公司关于微波炉（V 尚系列）广告的谈判。中国广东格兰仕（集团）公司是一家定位于"百年企业 世界品牌"的世界级企业，在广东顺德、中山拥有国际领先的微波炉、空调、生活电器及日用电器研究和制造中心，在中国总部拥有 13 家子公司，在全国各地共设立了 52 家销售分公司，在我国香港、韩国首尔和北美洲等城市和地区都设有分支机构。通过与世界 100 多个国家和地区的广泛经贸交流，2006 年中国广东格兰仕（集团）公司的总资产约为 180 亿元人民币，进出口额约为 10 亿美元。至 2006 年，已经连续 12 年蝉联了中国微波炉市场销量及占有率第一的双项桂冠，连续 9 年蝉联微波炉出口销量和创汇双冠。在全球微波炉市场，每天 3 台产品中有 1 台是出自格兰仕，V 尚系列更是成为本次广告宣传的重点产品。

　　谈判对手法国 ASD 广告公司是一家享有一定声望和信誉的跨国广告公司，许多厂家争先委托他们做广告，所以中国广东格兰仕（集团）公司将会面临一场激烈的谈判。

　　小林在这里扮演的角色就是中国广东格兰仕（集团）公司策划部经理张帆。

二、知识学习

服务交易谈判是企业商务谈判活动的一部分。对于营销活动而言，服务交易主要体现在为了配合企业销售而进行的一系列服务活动。而在这类活动中，广告宣传活动又是服务交易活动的重点内容，所以本任务中，将以广告交易谈判作为主要的服务交易内容进行讲解和介绍。

在企业日常经营活动中，为了促进产品销量的提升，营销主体会支付一定的费用，借助一定的媒介，向大众传播营销信息，即从事一定的广告宣传活动。由于我国目前广告活动实行的是广告代理制，所以在广告宣传活动中，企业不可避免地要与广告公司进行相关事宜的谈判和协商。本任务的学习目的是要学生了解进行广告交易谈判需要做的相关准备工作，以及在广告交易谈判各阶段应当采取的策略，为谈判的成功奠定基础。

$$
服务交易谈判\begin{cases}服务交易谈判的准备\\服务交易谈判的开局\\服务交易谈判的磋商\\服务交易谈判的结束\\服务交易谈判的签约及执行\end{cases}
$$

（一）服务交易谈判的准备

1. 人员准备

1）选择谈判人员

（1）谈判人员素质要求。一名优秀的服务交易谈判人员要具备 T 形的知识结构。例如，一名广告谈判人员，横向基本知识应包括以下内容。

第一，我国的相关经济方针政策、法律和法规。

第二，广告行业国际、国内市场状况和供求关系。

第三，熟悉不同类型谈判对手的风格和特点。

第四，产品的技术要求和质量标准。

第五，各国、各民族的风土人情和风俗习惯。

除此之外，纵向上还需要具备精通的广告业务知识，通常包括如下内容。

第一，丰富的商品知识，包括商品的性能、特点及用途。

第二，企业自身产品的生产潜力或发展的可能性。

第三，企业产品历次广告创意、广告费用及媒体选择。

第四，广告产品价格水平及其变化趋势信息。

（2）谈判人员的能力要求。通常包括如下内容。

第一，敏捷、清晰的思维推理能力。

第二，信息表达与传递的能力。服务交易谈判人员必须时时面对客户，阐述本方广告需求，如果语言笨拙，难以描绘所想，恐怕洽谈效果就要受到影响。

第三，广泛的社会交往能力。服务交易谈判人员不仅要熟悉本企业的经营情况，工作过程中，还需要和其他有关联的企业处理好关系，尤其是与广告公司、媒体等部门日常接触比较频繁，所以广泛的社会交往能力，无疑会让谈判人员提高工作效率。

第四，高度的市场预见和应变能力。知识阅历分别来自实践。例如，一名广告谈判人员，一方面，应该具备基本的广告学知识；另一方面，应该洞悉广告市场、把握住本方的利益着眼点。

第五，协调及创新能力。服务交易谈判人员应具备创新意识。例如，作为广告谈判人员，一方面要十分熟悉并了解本企业产品；另一方面，对广告思路、策划创意要有创新意识，既立足企业产品实际，也应跳出平庸的思维。

（3）服务交易谈判团队组建。通常包括如下内容。

第一，规模要适当。谈判班子应由多少人组成，并没有统一的模式。一般是根据谈判项目的性质、对象、内容和目标等因素综合确定。英国谈判专家比尔·斯科特提出，谈判班子以 4 个人为最佳，最多不能超过 12 人。这是由谈判效率、对谈判组织的管理、谈判所需专业知识的范围和对谈判组织成员调换的要求决定的。

【任务同步案例 2-3-2】

> 中国广东格兰仕（集团）公司，在明确了以上标准和原则的基础上，决定派出一支精干的谈判小组负责本次谈判。
>
> 首先，在谈判小组人数的确定上，公司领导经过了周密的考虑。本次谈判虽然非常重要，但并不属于程序繁杂的大型谈判，所以人数不宜过多。谈判成员人数众多，固然可以优势互补，但是不利于谈判管理，谈判的效率低，并且不易达成一致意见。基于以上考虑，公司领导决定派出一支四人的谈判队伍参加本次谈判。

第二，成员之间合理分工及配合。一方面成员之间知识、能力要互补，另一方面性格的互补也很重要。对于外向型的谈判人员，可安排为主谈，或分派其了解情况或搜集信息等交际性强的工作；对于内向型的谈判人，可安排为陪谈，或安排其从事内务性工作。

第三，成员分工明确，彼此协作。在工作内容和谈判角色上，要做到分工明确，彼此协作。需要注意的是，谈判小组各个成员之间在完成本职工作的基础上，要时刻牢记自己是谈判集体的一员，谈判过程中尊重主谈人的安排和指挥，时刻以集体谈判目标为个人目标。

谈判人员在分工上包括三个层次：第一层次的人员是谈判小组的领导人或首席代表，即主谈人；第二层次的人员是专家和专业人员，他们凭自己的专长负责某一方面的专门工作，是谈判队伍中的主力军；第三层次的人员是谈判所必需的工作人员，如速记员或打字员等，他们虽然不是谈判的正式代表，但作为谈判组织的工作人员，具体职责是准确、完整、及时地记录谈判内容，为整理和存档做好准备。

【任务同步案例 2-3-3】

> 中国广东格兰仕（集团）公司在确定了谈判小组人数之后，接下来就是确定人选的问题。在各部门员工的选拔上，本着高效、务实的原则，以下几位员工最终成为本次代表公司参与谈判的代表。首先公司高层领导一致同意由公司营销总监苏横担任本次谈判的主谈人，苏横在中国广东格兰仕（集团）公司工作 15 年，销售经验极为丰富，熟知本公司及行业的销售情况，参与过企业多次的广告宣传策划活动，并且有过

5年的法国工作经历。

　　主谈人确定之后，接下来就是确定谈判小组其他成员。经过几轮甄选，以下几名员工最终力拔头筹，成为本次谈判代表团成员。策划部经理张帆，毕业于××大学广告与会展专业，具有8年的从业经验，具备完善的广告知识，并且近期刚刚参与过国家相关培训，十分熟悉广告市场运行模式，并且具备独特的广告策划视角；销售部经理刘莉莉，在公司销售部工作7年，熟知公司产品特点和相关市场行情，熟悉本公司同类产品在国内的销售行情及竞品的广告模式；财务部经理李军，具有12年的财务工作经验，擅长成本核算，不仅熟知公司产品的成本及售价，对于公司以往的广告宣传成本也了然于心。

　　以上四位谈判小组成员各自有其擅长的领域和工作经验，知识结构及工作能力都是公司领导及同事十分认可的。那么接下来的任务，就是明确以上各位成员在谈判中的职责分工。

　　2）培训谈判人员

　　（1）认知职责。广告谈判团队成员，按照各自工作分工不同，应明确各人的岗位职责，总的来说，岗位职责的划分标准如下。

　　第一，广告谈判主谈人的工作内容。首先，合理配备谈判团队的其他成员，明确各自分工，并确立谈判目标，与所有成员讨论出实现目标的具体方案；其次，拟定谈判议程，撰写谈判策划书，与谈判团队成员讨论、修改；再次，组织模拟谈判，检验谈判方案是否切实可行，找出问题和不足，及时修正调整，把握谈判进度和谈判程序；最后，与谈判对手进行具体交易、磋商，并听从本方专业人员提出的建议，对谈判方案及时做出调整和修正。此外，在谈判结束后，及时召开谈判总结会，做好谈判的总结汇报工作，撰写谈判总结。

　　第二，谈判技术人员的工作内容。首先，明确己方的意图、计划和策略，向对方阐明企业谈判的目的；其次，准备并讲解谈判所需要的技术性文件、资料，并归档保存；再次，就对方所谈内容和方案做出判断，弄清对方对广告产品技术方面的条件及实力；最后，同对方进行专业细节方面的磋商，找出双方存在的分歧和差距，并向主谈人提供解决技术问题的信息、建议及解决方案。

　　第三，谈判会议记录人员的工作内容。记录人员态度需认真、负责，保管谈判所需材料，适时地分发给双方谈判人员；记录真实、准确，忠于事实，不能夹杂记录者的任何个人情感，更不允许有意增删内容，尤其是未决定或未达成共识的事项。记录要有条理，突出重点，不漏要点，记录的详略根据实际情况决定。

　　第四，谈判接待人员的工作内容。根据客户抵离日期、人数、航班情况提前预约酒店、餐厅、旅游路线等，了解客户所在国家或地区商务谈判的礼仪和习惯，并分发给所有谈判成员，以供参考学习。除了食宿的安排问题，会场的布置也很重要。优雅的环境、整洁的卫生、完好运转的设备都会为谈判的顺利进行提供保障。

【任务同步案例 2-3-4】

中国广东格兰仕（集团）公司在确定了谈判代表团成员之后，由主谈人苏横总负责，决定对谈判代表进行为期一周的谈判培训。

培训的第一项内容是明确各人的职责分工。在这一点上，主谈人苏横思路非常清晰。他认为，作为主谈人，他本人首先要做的，是与所有成员讨论出一个切实可行的谈判方案，包括谈判议程安排，谈判价格目标的确定，而且每一次还价的幅度都应该有一个明确的规划。按照谈判小组四位成员的具体工作和个人特长，苏横在与公司领导商议后，决定由策划部经理张帆负责与谈判对手进行广告具体细节的协商，销售部经理刘莉莉负责相关市场及谈判对手信息的收集，成本核算由财务部经理李军主要负责，随后谈判小组成员会同公司领导共同确定了本次广告项目谈判的价格目标。为了使整个谈判更加周密，也为了更大程度上维护公司的利益，本次谈判价格确定了三个目标，分别为最高期望目标、可接受目标、最低限度目标，而本次谈判的食宿问题则交由集团办公室全权负责安排。

（2）建立谈判的思维与理念。商务谈判是一项既紧张激烈，又复杂多变的活动，人类的思维艺术在这里得到了充分的展示，对谈判的双方来讲，在既定的客观条件下，如何正确地分析和判断谈判对手的实力、谈判策略、谈判心理及在谈判中提出的每一个建议和要求，如何充分地调动每一个人员的积极性，发挥本方的有利因素，避开不利因素，争取谈判的优势，这一切都有赖于谈判者科学正确的思维。例如，在广告谈判中，如果我们能在思维上领先于对手一步，超前考虑到某些问题，准确预见到某个事物发展变化的趋势，那将使我们在谈判中占有极大的主动，并能获得巨大的利益。

（3）服务交易谈判礼仪。服务交易谈判礼仪与本书项目一任务一中介绍的谈判礼仪是一致的，在这里需要格外注意以下方面。

第一，个别工作时间的不规律性。以广告谈判为例，由于广告谈判人员在谈判中不仅要面对广告公司的工作人员，讨论广告创意和拍摄细节，同时还要接触媒体，所以针对不同谈判对手的工作习惯及身份特殊性，我们需要不断调整自身的礼仪。例如，广告公司负责创意的人员，由于创意灵感的闪现是不规律的，所以有时候并不能保证所有谈判都是在工作时间进行。不排除个别休息时间接听对方电话或者见面讨论相关广告创意方案，这里不要加以挑剔和责备对方，应理解创意人员的工作特点。

第二，对方着装的不规范性。由于有一些交流和讨论是非工作时间进行的，所以对方员工的着装有可能具有随意性、生活化的特点。即便在工作时间进行谈判，广告公司创意人员的着装，也有可能极具个性化，从本方立场出发，应给予尊重。尤其是国际之间的谈判，不同的国家有着不同的礼仪文化，我们应对对方的礼仪给予理解和包容。

【任务同步案例 2-3-5】

　　为了使本次谈判更加正规，也为了更充分体现中方热情好客、礼仪周到的特点，本次中方谈判代表的着装由中国广东格兰仕（集团）公司办公室统一定制，男士着深蓝色暗条纹西服套装、白色衬衣、蓝色条纹领带、黑色皮鞋；女士着与男士同色系西服套裙、白色衬衫、黑色皮鞋。此外，为了表示对法国谈判代表的充分重视，公司要求谈判代表发型要符合规定，男士头发长度不能过耳，女士一律把长发盘起。女士首饰的佩戴要简洁、大方、不花哨，且数量不能超过三件。

　　（4）确定服务交易谈判态度。具体有以下三种情况。

　　如果谈判对象对企业很重要，如长期合作的大客户，而此次谈判的内容与结果对公司并非很重要，那么就可以抱有让步的心态进行谈判，即在企业没有太大损失与影响的情况下满足对方，这样对于以后的合作会更加有利。

　　如果谈判对象对企业很重要，而谈判的结果对企业同样重要，那么就抱持一种友好合作的心态，尽可能达到双赢。

　　如果谈判对象对企业不重要，但谈判结果对企业非常重要，那么就以积极竞争的态度参与谈判，不用过多考虑谈判对手，完全以最佳谈判结果为导向。

【任务同步案例 2-3-6】

　　基于以上考虑，中国广东格兰仕（集团）公司认为，本次与法国公司的谈判，无论谈判对象还是谈判结果对我方而言都是非常重要的。法国 ASD 广告公司在广告行业中成绩斐然，是中国广东格兰仕（集团）公司一直想要合作的对象，并且本次格兰仕微波炉（V尚系列）的宣传，对于中国广东格兰仕（集团）公司将微波炉销售业绩提升一个新台阶目标的实现，非常重要，并且本次宣传推广活动，是集团整体宣传推广活动一个重要的组成部分，所以，中国广东格兰仕（集团）公司十分重视这次谈判。

　　3）管理广告谈判人员

　　（1）基本管理原则如下。

　　第一，一致性，服务交易谈判人员必须对外统一口径，保持高度的一致性。即使成员间有不同意见也不应公开暴露在对手面前，让对手钻空子。

　　第二，保密性，是指对服务交易谈判人员信息保密的管理。谈判过程中，双方的信息在一定阶段内均属保密，过早泄露就会给谈判带来不利的影响，因此必须加强广告谈判人员的保密意识。

　　第三，纪律性，是指服务交易谈判人员应该遵守谈判规则和纪律，必须有集体意识和组织观念，必须服从组织的领导，不得擅自行动。

　　第四，责任性，是指服务交易谈判人员必须具有清廉勤奋、努力进取、恪尽职守的职业操守，必须具有维护和争取己方利益、树立和提升组织形象的高度责任感。

　　（2）服务交易谈判人员的一般职业习惯。注重社交礼节与道德规范，尊重商务交往惯例，尊重对方的人格与习俗，守时、讲信用，不要随便推翻已做出的决定，不在公共场所谈论谈判业务，不要随便乱放谈判资料和文件，一般不借用对方的函电工具，理智对待不友好事件，善于与对方谈判代表交朋友等。

2. 服务交易谈判背景分析

服务交易的谈判背景分析包括时间条件、地点条件和服务交易信息的收集。当谈判双方经过协商确定谈判时间后，谈判背景分析的重点就是地点条件和谈判信息的收集了，在这里着重介绍这两个方面。

1）物质准备

服务交易谈判的物质准备主要指的是谈判地点方面的选择和布置。

谈判地点的选择主要有主场谈判、客场谈判、中立地谈判和双方所在地轮流谈判。

服务交易谈判室的布置与其他谈判类型并无明显差异。主谈室应选择环境优雅的场所，正式谈判通常用长方形条桌，规模小或双方人员比较熟悉，可以选择圆桌，谈判场所环境要相对安静。休息室环境的布置应相对放松和惬意，必备的物品应包括沙发、软椅、茶几，还有可供阅读的杂志、报纸等读物。

【任务同步案例 2-3-7】

经过双方的协商，谈判时间确定为 9 月 27~29 日，为期 3 天。经过谈判代表小组研究决定，本次谈判地点选择在集团总部一号会议厅。一号会议厅是上一年刚刚装修过的，隔音效果非常好，同时风格古朴、装饰雅致，面积在 200 平方米左右，既体现了中国的传统文化理念，又不失庄重。为了使谈判代表情绪不至于过于紧张，苏横委托办公室人员在谈判当天购置鲜花两束，摆放于会议室内，同时将新鲜水果摆放在会议桌上。为了使谈判代表在谈判间歇，精神上得以放松，特在谈判会议室隔壁安排休息室一间，休息室里陈设有沙发、电视机、报刊等。

2）谈判信息收集

下面以广告谈判为例，详细阐述服务交易谈判信息收集的方法。

广告谈判前，信息收集是很重要的一项准备工作。值得注意的是，这里的信息收集并不仅指对谈判对方广告公司的信息收集，还包括对自方企业本次谈判中涉及的信息的收集。那么，谈判前，信息的收集具体应如何展开呢？

在广告谈判前，首先要了解到对方的底牌、谈判策略是什么。

（1）本企业信息的收集，包括以下两个方面。

第一，对己方广告需求和价格底线的了解。自身的信息比较容易收集，但要注意一定是有关谈判的关键信息。首先要对本企业的广告需求和创意要求非常了解，只有这样才能制定出有效的价格策略，设计出最佳报价与最低所能承受的价格底线。同行业相关的广告价格体系也是前期调查的重点，你要比谈判对手更加了解本行业的广告价格现状和走势，因为你的对手在谈判中一定会用其他企业的产品的价格来压低你的报价，唯有胸有成竹才能以不变应万变。

第二，对己方谈判人员的了解。广告谈判并不全是由谈判代表单枪匹马完成的，较为重要的谈判是由多位代表共同完成的。谈判团队由不同领域的专家组建而成，一般包括广告、营销、财务、技术、法律等专业人员。你如果是谈判小组的负责人，就必须对每一位小组成员进行全方面的了解，如性格的了解、思维方式的了解、心理素质的了解、专业知识的了解等。既然是团队，相互间的配合就要非常默契，在谈判期间经常会实施不同的策略和战术，应该做到一个眼神或者一个动作就能相互理解的程度。默契的合作没有捷径可言，只有不断地磨合与演练才能成为一支出色的谈判团队。

（2）谈判对手信息的收集。谈判对手的信息同样是由企业和谈判代表两方面组成。

第一，对方广告公司相关信息的收集。对方广告公司信息的收集主要偏重于企业背景、企业规模、资金情况、信誉等级、以往广告作品等方面资料的收集。与谈判相关的信息也需要进行详细调查，如销售政策、组织结构、价格政策、行业地位、市场份额等。

在了解以上信息的基础上，预估对方在谈判中的各项指标。对方的谈判策略和最期望达到的利益及最低能接受的底线是什么，对方可能做出哪些让步，幅度有多大，哪些是绝不会妥协的原则问题，这些都要心中有数。

第二，对方谈判代表个人信息的收集。对方广告公司谈判代表个人资料主要包括企业职位、授权范围、职业背景、谈判风格及性格爱好等。作为企业的谈判代表，在日常的工作和生活中应该时刻关注相关行业信息的演变并持续进行系统性地收集，其中同行企业和潜在合作者的信息尤为重要。

【任务同步案例 2-3-8】

　　本次谈判的中国广东格兰仕（集团）公司，综合考虑以上因素之后，对这次的谈判对手法国 ASD 广告集团，展开了信息收集工作。主谈人苏横委托张帆通过网络、报纸、杂志等大量媒介查询到了法国 ASD 广告集团的基本企业介绍，得知该企业拥有一支专业的创意策划团队，并且该集团的广告作品曾经在戛纳广告节上获奖等宝贵信息；随后销售部经理刘莉莉委托法国工作的朋友及同事了解到，本次法方参加谈判的代表团成员中，总经理 Mark 十分崇尚中国传统文化，并对中国国学深有研究；销售主管 Aimi 非常喜欢中国的丝绸，并且曾经专程去往苏杭等地了解丝绸文化。了解到这些信息之后，中国广东格兰仕（集团）公司办公室除了准备送给法方集团各位代表的小礼品外，特别准备了一套《四库全书》送给总经理 Mark，准备了一条杭州产丝绸围巾送给销售主管 Aimi，礼物虽小，但却体现了中国人"礼轻情意重"的传统理念，这些信息搜集工作的完成让中国广东格兰仕（集团）公司与法国 ASD 广告集团的合作信心倍增。

3. 服务交易谈判计划书拟定

1）服务交易谈判计划书的基本内容

一份完整的服务交易谈判计划，应确定谈判目标、谈判原则与策略，安排谈判议程，明确谈判地点，组成谈判小组，进行人员分工，准备谈判资料和谈判合同文本，制订应急预案等。

【任务同步案例 2-3-9】

由于本次谈判对中国广东格兰仕（集团）公司而言是主场谈判，所以谈判议程由中方拟定，经小组讨论后，苏横将具体执笔工作交由策划部经理张帆负责。张帆拟定谈判议程如表 2-3-1 所示。

表 2-3-1 中国广东格兰仕（集团）公司与法国 ASD 广告公司谈判议程表

甲方：中国广东格兰仕（集团）公司			乙方：法国 ASD 广告公司	
谈判双方本着互惠互利、彼此尊重的原则，就格兰仕微波炉（V 尚系列）广告宣传事宜进行磋商。为了更好地进行交流，先由甲方制定以下议程供参考。				
议程安排	时间	地点	议题	参加人员
	9月27日上午 9：00～10：00	中国广东格兰仕（集团）公司1号会议室	1. 迎接对方公司谈判代表。 2. 我方[中国广东格兰仕（集团）公司]介绍公司基本情况和公司对未来的发展愿景及与对方公司合作的美好愿望	我方代表： 苏横（集团副总营销总监） 张帆（策划部经理） 刘莉莉（销售部经理） 李军（财务部经理） 对方代表： Mark（副总经理） William（市场部主管） Aimi（销售主管） Joan（财务主管）
	9月27日上午 10：00～11：00	中国广东格兰仕（集团）公司1号会议室	1. 对方代表致辞。 2. 对方（法国 ASD 广告公司）介绍公司基本情况和其公司对未来发展的愿景	我方代表： 苏横（集团副总营销总监） 张帆（策划部经理） 刘莉莉（销售部经理） 李军（财务部经理） 对方代表： Mark（副总经理） William（市场部主管） Aimi（销售主管） Joan（财务主管）
	中午休息2小时，在公司员工餐厅贵宾厅用餐			
	9月27日下午 13：00～16：00	中国广东格兰仕（集团）公司1号会议室	1. 我方公司就相关的合作内容做陈述与提问。 2. 咨询相应的合作报价。 3. 对方公司对于我方提出的疑问与相关事项做出回应与解答。 4. 我方对于对方所提出的合作报价做出还价	我方代表： 苏横（集团副总营销总监） 张帆（策划部经理） 刘莉莉（销售部经理） 李军（财务部经理） 对方代表： Mark（副总经理） William（市场部主管） Aimi（销售主管） Joan（财务主管）

续表

	时间	地点	议题	参加人员
议程安排	9月27日晚 17：30～20：00	广州雷迪森酒店 贵宾厅	中方宴请法方客人	我方代表： 刘伟[中国广东格兰仕（集团）公司副总] 张辉[中国广东格兰仕（集团）公司办公室主任] 苏横（集团副总营销总监） 张帆（策划部经理） 刘莉莉（销售部经理） 李军（财务部经理） 对方代表： Mark（副总经理） William（市场部主管） Aimi（销售主管） Joan（财务主管）
	9月28日上午 9：00～11：00	中国广东格兰仕（集团）公司1号会议室	双方对报价继续进行磋商	我方代表： 苏横（集团副总营销总监） 张帆（策划部经理） 刘莉莉（销售部经理） 李军（财务部经理） 对方代表： Mark（副总经理） William（市场部主管） Aimi（销售主管） Joan（财务主管）
	中午休息2小时，在公司员工餐厅贵宾厅用餐			
	9月28日下午 13：00～16：00	中国广东格兰仕（集团）公司1号会议室	在达成一致价格的基础上，商讨合作具体事宜	我方代表： 苏横（集团副总营销总监） 张帆（策划部经理） 刘莉莉（销售部经理） 李军（财务部经理） 对方代表： Mark（副总经理） William（市场部主管） Aimi（销售主管） Joan（财务主管）
	17：30～19：00中方代表安排法方客人在集团员工餐厅贵宾厅用餐			
	9月29日 9：00～9：30	中国广东格兰仕（集团）公司1号会议厅	双方达成合作意向并签字	我方代表： 苏横（集团副总营销总监） 对方代表：Mark（副总经理）

续表

	时间	地点	议题	参加人员
议程安排	9 月 29 日 9：30～16：00	广州市区	1. 谈判结束。 2. 中方谈判代表带领法方代表游览	我方代表： 苏横（集团副总营销总监） 张帆（策划部经理） 刘莉莉（销售部经理） 李军（财务部经理） 对方代表： Mark（副总经理） William（市场部主管） Aimi（销售主管） Joan（财务主管）
其他事项：乙方若同意以上议程安排请签章确认				
甲方：中国广东格兰仕（集团）公司		乙方：法方 ASD 广告公司		
日期：　年　月　日		日期：　年　月　日		

2）服务交易谈判计划书的格式

企业应根据具体的谈判需要，制订服务交易谈判计划书，计划书应包含以下要素：谈判目标、谈判时间、谈判人员和谈判策略。

【任务同步案例 2-3-10】

中国广东格兰仕（集团）公司与法国 ASD 广告公司关于微波炉（V 尚系列）广告的谈判，在谈判前，中国广东格兰仕（集团）公司了解到法国人是喜欢喝下午茶并进行社交活动的，所以中国广东格兰仕（集团）公司会利用这段时间，采用幽默、休闲方式进行交谈。

谈判对手法国 ASD 广告公司是一家享有一定声望和信誉的跨国广告公司，许多厂家争先委托他们做广告，所以中国广东格兰仕（集团）公司将会面临一场激烈的谈判，为此需要制订一份完整的"广告谈判计划书"，这关系到谈判的结果，也直接影响中国广东格兰仕（集团）公司的利益和前途。

下面是中国广东格兰仕（集团）公司拟定的谈判计划书，格式如下。

第一步，确定谈判目标。

（目标必须明确、具体，谈判成员必须清楚地认识到它是谈判的核心原则，一切谈判工作都必须围绕着谈判目标的实现而开展。）

最高期望目标：RMB 100 万元。

实际需求目标：RMB 108 万元。

最低限度目标：RMB 115 万元。

（谈判价格包括成本和相关费用。）

第二步，确定谈判议题。

本次谈判的议题将围绕我方[中国广东格兰仕（集团）公司]委托法国 ASD 广告集团策划微波炉（V 尚系列）广告宣传的相关事宜展开。

第三步，摸清对方底牌。

（调查法方对我方的要求会做出哪些反应。在准备阶段，需要完成以下任务：）

1. 法方过往类似策划案的报价。

2. 法方策划的相关成本预计。

3. 我方本次最高及最低预算。

4. 让步的最大限额。

第四步，准备谈判资料，进行双方优劣势分析。

谈判资料主要包括背景资料、行业资料、对方信息资料、相关标准资料、技术资料、产品和服务资料、商务资料等，以及各国法律法规、各种关税政策、外汇管理政策、汇率、各地银行运营情况。

我方优势：1. 国内同行业企业中地位领先、口碑较高。

2. 企业资金实力雄厚。

3. 谈判团队成员业务素质和能力较强，尤其主谈人有过法国工作经历。

我方劣势：1. 对于法国 ASD 广告集团的了解，都是间接性的，并无直接性接触。

2. 对于对方谈判团队成员的性格和行事风格缺乏具体了解。

3. 广告策划相关知识，相较于对方，是业余的。

法方优势：1. 企业在业界口碑极高，实力雄厚。

2. 拥有一支专业素质极高的策划团队。

3. 办事高效、稳健。

法方劣势：1. 对中国广东格兰仕（集团）公司产品缺乏了解。

2. 对于中方的谈判成员缺乏了解。

3. 不了解中国传统文化，创意策划的文化定位难度较大。

第五步，确定谈判策略[具体策略内容详见本任务（二）～（五）的相关部分]。

第六步，组成谈判小组。

（谈判小组成员除了必须具备相应的专业技术知识外，还必须具备一定的谈判经验。根据谈判小组成员的各自特长，进行合理分工，明确职责范围，重要的是在分工的基础上，谈判小组成员之间形成默契配合。）

由集团副总营销总监苏横担任本次谈判的主谈人，陪谈人包括策划部经理张帆、销售部经理刘莉莉、财务部经理李军。

第七步，确定谈判地点。

为了更有利于我方谈判，本次谈判争取到主场谈判，谈判地点定在广州集团总部会议室。

第八步，谈判时间安排。

谈判期限：3 天。

时间安排：9 月 27～29 日，为期 3 天。

第一天，参观本企业微波炉生产情况，观看展览品，进行初步谈判。

第二天，谈判进入到核心阶段，双方进行价格磋商。

第三天，进行最后的谈判，达成交易。组织当地名胜古迹游览活动，增强法方对于中国传统文化的了解。

（二）服务交易谈判的开局

1. 服务交易谈判气氛的营造

谈判是一件十分严肃的事，双方站在各自的立场，为争取各自的利益努力。在良好的氛围下，人们更容易被尊重，也更容易获得支持和关注，谈判成功的概率也会有所提高。

1）服务交易谈判气氛的含义

谈判气氛是谈判对手之间的相互态度，它能够影响谈判人员的心理、情绪和感觉，从而引起相应的反应。因此，谈判气氛对整个谈判过程具有重要的影响，其发展变化直接影响整个谈判的进程。

2）服务交易谈判气氛的类型

谈判气氛多种多样，有热烈的、积极的、友好的；也有冷淡的、对立的、紧张的；有平静的、严肃的，也有松懈的、懒散的；还有介于以上几种谈判气氛之间的自然气氛。而谈判开局阶段气氛的营造更为关键，因为这一阶段的气氛会直接影响到双方是否有一个良好的开端。

一般来说，开局气氛如果是冷淡的、对立的、紧张的，或者是松懈的，都不利于谈判的成功，而谈判开局气氛也不大可能一下子就变成热烈的、积极的、友好的。

那么，什么样的开局气氛是比较合理的呢？根据开局阶段的性质、地位，根据进一步磋商的需要，开局气氛有不同的特点。

3）服务交易谈判气氛的作用

服务交易谈判一般都是互惠式谈判，成熟的双方谈判人员都会努力寻求互利互惠的最佳结果。良好的气氛具有以下众多的良好效应：①为即将开始的谈判奠定良好的基础；②传达友好合作的信息；③能减少双方的防范情绪；④有利于协调双方的思想和行动；⑤能显示谈判代表的文化修养和谈判诚意。

这些要点说明在谈判之初建立一种和谐、融洽、合作的谈判气氛无疑是非常重要的。如果广告谈判一开始就形成了良好的气氛，双方就容易沟通，便于协商，所以谈判者都愿意在一个良好的气氛中进行谈判。

【任务同步案例 2-3-11】

本次中国广东格兰仕（集团）公司主谈人苏横与各位谈判代表为了确定开局氛围的总体基调，特地召开了一次专门会议。在会上，各位谈判代表各抒己见。有人认为，法国 ASD 广告集团向来谈判风格强硬，这一次我方应该先给对方一个下马威，使对方的硬式谈判法在我方面前毫不奏效；也有谈判代表认为，我国在国际社会的谈判风格历来以和谐、友好著称，我们向来重视彰显大国风范，所以本次谈判在法方面前，也应该表现出我们作为大国不卑不亢的气度。主谈人苏横在综合权衡利弊后认为，本次我方的谈判对手法国 ASD 广告集团在业界享有极高声誉，是我方长久以来一直想要合作的对象，我方十分重视与法方公司的长期合作。所以，本次谈判应该在融洽、良好的氛围中进行，而不能简单地以"高姿态"开局，这一观点最终得到所有谈判代表的认可。

2. 如何营造良好的谈判气氛

在谈判之初，最好先找到一些双方观点一致的地方并表述出来，给对方留下一种彼此更像合作伙伴的潜意识。这样接下来的谈判就容易朝着一个达成共识的方向进展，而不是剑拔弩张的对抗。

营造良好的谈判气氛，主要应从以下四个方面的内容考虑。

1）形成良好的开局原则

在开局阶段，要形成良好的开局，就要对对方发言的次序、发言时间的分配及议事日程的确定等具体问题给予特别重视，一般来说，好的开局原则包括：①提供或享受均等的发言机会；②讲话要尽量简洁、轻松、切勿打断对方；③合理安排发言次序；④选择对方希望或愿意接受的开局方式；⑤抱着积极的、合作的态度；⑥要乐意接受对方的意见。

2）合理运用开局气氛的各种因素

谈判应是互惠的，一般情况下双方都会谋求一致，为了达成这一目的，洽谈的气氛必须具有诚挚、合作、轻松和认真的特点。要想取得这样一种洽谈气氛，需要有一定的时间，不能在洽谈刚开始不久就进入实质性谈判。因此，要花足够的时间，利用各种因素，协调双方的思想或行动。

3）建立良好的行为方式

（1）冷淡、对立、紧张谈判气氛的行为表现。在该气氛下，双方见面不关心、不热情、目光不相遇、相见不抬头、交谈时语气带双关，甚至带讥讽口吻等，这一类型谈判气氛通常是处于法院调解、双方利益对立情况下发生。

（2）松弛、缓慢、旷日持久谈判气氛的行为表现。在该气氛下，谈判人员进入会场衣冠不整、精神不振，或入座时左顾右盼，显出一种可谈可不谈的无所谓的态度。

（3）热烈、积极、友好谈判气氛的行为表现。在该气氛下，谈判双方态度诚恳、真挚，见面时话题活跃，口气轻松，情感愉快，双方都对谈判的成功充满热情，充满信心，把谈判成功看成友谊的象征。

4）擅用中性话题

在服务交易谈判进入正式话题之前该谈些什么问题呢？一般来说，选择中性话题最为合适，这些话题轻松而具有非业务性，容易引起双方共鸣，有利于创造和谐气氛。中性话题的内容通常有以下几种：①各自的旅途经历，如游览活动、旅游胜地及著名人士等；②文体新闻，如电影，球赛等；③私人爱好，如骑马、钓鱼等业余爱好；④对于彼此有过交往的老客户，可以叙谈双方以往的合作经历和取得的成功。

总而言之，在开局时，营造良好的开局气氛，能使谈判得以顺利进行下去。此外，巧妙地酝酿有利于己方的谈判气氛，还可以提高自身的谈判力。

【任务同步案例 2-3-12】

在所有的准备工作都已就绪后，中方终于迎来了尊贵的法国客人。为表示尊重和诚意，由苏横亲自带队前往机场迎接。以 Mark 为首的法国谈判代表团在机场看到了本次中方主谈人亲自前来迎接，非常感动。在前往公司的途中，Mark 几次表示感谢中方诚意，并且一再表示对于中国传统文化的崇尚。当苏横将一套译文版《四库全书》馈赠给 Mark 时，这位五十岁的法国绅士面露惊喜，连声道谢。其他几位谈判代表，则与法国客人聊起了对方的业余爱好，近期广州天气及注意事项。法方的销售主管 Aimi 还热情地说起了自己两次畅游中国的美好回忆。

3. 服务交易谈判开场陈述

1）开场陈述的内容

开场陈述的内容，是指洽谈双方在开始阶段理应表明的观点、立场、计划和建议。主要包括以下两个方面。

（1）己方的立场，包括己方希望通过洽谈应取得的利益，准备采取何种方式为双方共同获得利益做出贡献，今后双方合作中可能会出现的成效或障碍，己方洽谈的方针，等等。

（2）己方对问题的理解，即己方认为本次会谈涉及的主要问题及对这些问题的看法或建议或想法等。如一方首先陈述或者在后来的陈述中提出了某些建议，那么另一方就必须对其建议或陈述做出应有的反应。

2）开场陈述的注意事项

假若一方希望与对方保持长期的业务关系，并在谈判中能尽量争取主动的话，就应该在提交方案和开场陈述时考虑与做到如下几点。

（1）与对方谈判人员建立较密切、友好的关系，以及尽量使谈判在良好的气氛中进行。

（2）如果所谈判的项目确属比较重要，且己方又处于相对有利的地位，这时可尽量提高谈判的正规性。

（3）如果属于老客户或小项目的谈判，一般可以不用书面文字去进行谈判的开场陈述，但若是初次合作或较重要的谈判，可考虑使用书面文字进行谈判的开场陈述。

（4）如果属于较重要的谈判及提交的建议含有较复杂的含义或其他确属必要的情况下，可采取会晤前向对方提交书面建议，否则可于会晤时乃至陈述时才将书面建议交给对方。

（5）书面建议既要完整有条理，能表达己方的基本立场、观点，又要简明且具有一定的灵活性。

（6）己方的观点和说明务必要统一，即要求事先有充分的良好沟通，切忌出现己方谈判人员要求和观点上的明显差异，这会增加对方底气和士气，降低己方的主控权。

【任务同步案例 2-3-13 】

为了更好地避免双方语言不通带来的障碍，在开场陈述时中方特地将本次谈判己方的观点和希望实现的目标，做了一份书面文件发给法方各位谈判代表，并且由曾有过五年法国工作经历、法语熟练的苏横在谈判现场给予解释和说明。

3）开场陈述的方法

（1）要采取直截了当的方式。这是因为当一个建议提出后，双方往往会集中于该建议上，且总是摆脱不了该建议的思路，因此，提出建议时切忌拐弯抹角、含含糊糊。

（2）要简单明了，具有可行性。服务交易谈判代表提出建议的目的是使对方从中有所启发，为下一阶段的谈判（即实质性谈判）搭起一座桥梁，故此建议必须简单明了，使人一听就明白。同时必须具有可行性，否则就失去了该建议的意义。

（3）双方互提建议。如果不是双方互提建议，而是一方对对方的某个建议纠缠不休，则可能导致谈判失败或中断。只有通过双方通力合作，充分发挥各自的创造潜力，提出各种设想，然后再在各种设想的基础上寻求最佳的方案，才有可能使谈判顺利地进行下去。

（4）不要过多地为自己的建议辩护，也不要直接抨击对方提出的建议。这是因为建议的提出和下一步最佳方案的确定，需要双方的合作和共同努力，如果过多地为己方的建议辩护或激烈地抨击对方的建议，则会引起对方的反感或增加对方的敌意，这样会人为地给共同确定最佳方案制造障碍。

【任务同步案例 2-3-14 】

苏横按照之前文件中的内容，直截了当且思路清晰地提出了本次中国广东格兰仕（集团）公司的谈判要求。我方认为，本次格兰仕微波炉（Ｖ尚系列）的宣传，应本着定位高端、注重实用、费用节约的原则进行策划和宣传。Ｖ尚系列微波炉是我方当前一个时期内主推的产品，其设计理念秉承了我公司产品一贯的风格路线，其推广效果和销售业绩对于我公司整体业绩的提升起到关键作用，希望法方从产品本身性能出发，策划出一个为Ｖ尚量身打造的广告作品。

法方对于中方提出的关于本次产品策划的要求给予认可，但是也明确提出以下几点建议和要求，希望中方给予全力配合。

第一，参观公司产品生产线及优秀产品展示，以确保广告宣传不存在虚假行为。

第二，Ｖ尚系列微波炉的相关设计资料，包括外观设计理念、相关图片及内部构造、性能等，在不涉及商业机密的前提下，法方需要时要积极给予提供。

第三，由于中方要求本次广告策划周期相对较短，策划效率相对较高，所以希望中方对于广告拍摄地点、行程等方面能够给予充分支援。

中方代表团听取法方以上几点建议阐述后，认为皆在情理之中，所以当即表示同意。

4）开局阶段策略

一般地讲，服务交易谈判的开局策略包括一致性开局策略、保留式开局策略、进攻式开局策略、坦诚式开局策略。

【任务同步案例 2-3-15】

中国广东格兰仕（集团）公司，由于本身实力较强，在谈判之前曾近考虑过采取强势的开局策略，因此把开局气氛的基调定位为严肃的、平静的氛围。但是，本次谈判的中方主谈人苏横经理，曾经有过在法国的工作经历。苏横非常了解法国人的行事风格和原则，他认为，这次前来洽谈的法国 ASD 广告公司，本身在法国就享有很高的声誉和地位，并且法方本次主谈人 Mark 先生，十分向往和崇尚中国传统文化，而高傲的开局姿态，很明显不适合于本次中法谈判，也不利于我们与法方的民族文化交流。因此，苏横最终向公司领导建议开局气氛应是轻松、缓和、友好的，这一建议最终被采纳。并且，在苏横的领导下，开局阶段中方采取了开诚布公的坦诚式策略，使得双方的开局氛围十分融洽。这也为双方谈判的最终成功奠定了坚实的基础。

（三）服务交易谈判的磋商

谈判过程本身是一个斗智斗勇的过程，那么在服务交易谈判的磋商阶段究竟应该运用哪些策略促成最后谈判的成功呢？下面以广告谈判磋商为例详细讲述。

1. 服务交易谈判磋商的主要内容

1）品质

产品的品质指的是商品的内在质量和外在形态。品质的优劣不仅关系到商品的使用价值，也关系到商品的价格。品质谈判的任务是交易双方就商品的品质做出约定。

就广告谈判而言，广告作品的品质，通常是企业最关心的内容。广告的品质包括平面广告和影视广告的创作班底的实力、创意的角度、制作的精细程度及广告效果对于受众的影响力等方面。

【任务同步案例 2-3-16】

谈判的开局气氛虽然是融洽、谦让、友好的，但是进入到磋商阶段后，中方对于有关根本利益的问题，不打算轻易让步。

首先是对于本次广告产品品质的要求。中方提出，中国广东格兰仕（集团）公司的产品远销到世界很多国家，所以不仅在中国，在其他很多国家都享有良好的声誉。因此本次广告宣传不仅要助推产品销量，也要有助于提升中国广东格兰仕（集团）公司的企业形象。虽然时间紧迫，但是品质不能有丝毫折扣。

2）价格

价格是价值的货币表现，也是商务谈判的核心问题，同时也是广告谈判中最艰巨的一环，价格问题的谈判效果直接影响到整个谈判的成败。

按照目前的广告分类，在销售活动中，主要有户外广告、车体广告、平面广告（报纸、杂志等）及电视广告几种主要形式，其中以平面广告和电视广告最为常见。所以，我们以平面广告和电视广告的价格为例来说明广告价格谈判。

（1）平面广告价格。企业在与广告公司谈判时，需要明确的是，一则平面广告的价格体系主要包括封套设计的价格、内页价格、台历价格、报纸广告创意设计价格、海报招贴广告价格、产品宣传手册价格，个别企业还会涉及手提袋的设计和卡通人物的设计等。

【任务同步案例 2-3-17】

> 中国广东格兰仕（集团）公司明确提出本次广告策划中，平面广告部分只需要策划一套产品宣传手册，宣传手册设计风格应与电视广告风格一致。由于平面广告策划不是本次整体广告宣传活动的重点，所以不作为价格磋商的重点内容。

（2）电视广告价格。电视广告价格主要应考虑收视率、市场需求和媒体品牌形象三个方面。收视率是广告价格的基础，市场需求是广告价格涨跌的动因，媒体品牌形象带来广告价格的附加值。

电视广告的价格在考虑以上因素的基础上，还要考虑广告的制作成本及创作班底的实力等因素。

【任务同步案例 2-3-18】

> 电视广告作为本次广告宣传的主要形式，是价格磋商的重点。综合考虑法方创作班底实力及广告策划成本等综合因素后，我方制定了三个价格目标。

3）支付

支付问题也是广告谈判中涉及的重要问题，交易金额的支付时间和支付方式都应在磋商阶段加以确定。

【任务同步案例 2-3-19】

> 对于交易金额的支付时间和方式，为了表示长期合作的诚意，我方决定这两方面问题尊重法方的相应要求。

4）违约责任

经济合同中，不仅应有各种交易规定，还应该包括合同履行过程中各种争议的处理办法。关于违约条款的谈判应包含三个方面：一是违约责任认定；二是违约制裁；三是索赔的有效期限。

【任务同步案例 2-3-20 】

> 中国广东格兰仕（集团）公司，在磋商阶段详细、如实地介绍了本企业本次宣传推广的公司形象产品——V尚系列微波炉，坦诚地提出了本方此次意向的合作价格，当然，作为富有谈判经验的中方团队，在制定价格目标时给自己留足了讨价还价的空间。

2. 广告谈判磋商策略

有广告需求的广告谈判企业因其在行业、品牌、资金实力等方面的不同情况，可分为强势企业、成长企业、成熟企业和弱势企业几种。谈判磋商阶段依据本方不同的谈判形势和地位，应有针对性地采取相应的策略。

1）优势条件下的谈判策略

例如，著名的"哈药六厂""雕牌""修正药业"等强势企业，因其广告投放量巨大，各电视台均对其相对礼遇。此类广告主的心理优势明显，自由选择的空间也较大，他们将自己比做媒体广告的蓄水池，并常常以此态势与媒体周旋，具有电视广告媒介购买实力，也是我们通常讲得大客户，即成熟广告主企业。这一占有优势条件的企业，通常可以运用以下磋商策略。

（1）不开先例，是指在谈判中，握有优势的当事人一方为了坚持和实现自己所提出的交易条件，以没有先例为由来拒绝让步，促使对方就范的一种强硬策略。

在现实生活中，专卖店就是最好的例子，专卖店全国统一售价，没有讨价还价的先例。据我的生活经验，在专卖店买衣服速度是最快的，选中就行，无需考虑是否需要还价，因为它没有先例。

（2）先苦后甜，是指在谈判中先用苛刻的条件使对方产生疑虑、压抑等心态，以大幅度降低对手的期望值，然后在实际谈判中逐步给予优惠或让步，使对方的心理得到满足而达成一致的策略。

以我们生活中一个小事例来说，糖放在平时吃，虽然甜，但大家不会有特殊感觉。而当你刚刚喝下一碗又苦又涩的中药，然后给你一颗糖，你一定觉得糖分外甜，实际上糖还是那颗糖。既然在谈判中我们有优势，那么我们就不怕开始的苦会将对方吓跑，相反苦只会使对方降低他们的期望，这时我们给予原来的价格，因为对方期望低了，所以常常会感到满足。例如，据中央电视台报道，中国大米物美价廉，米价只及韩国的1/5，却一直没能进入韩国市场。为此，中韩双方进行了多次谈判，一开始中方一味压低价格，然而事实证明这一策略是错误的，最后中方采用了先苦后甜策略，成功拿下了韩国大米市场。

（3）价格陷阱，是指谈判中的一方利用市场价格预期上涨的趋势及人们对之普遍担心的心理，把谈判对手的注意力吸引到价格问题上来，使其忽略对其他重要条款还价的一种策略。近期，严重的雾霾扰乱了我们的生活，口罩行业也疯狂了，供不应求，大家害怕未来口罩价钱上涨，这时稍微提价，将以前积货拿出来出售，大家会很容易掉入这种价格陷阱。

（4）期限策略，是指在商务谈判中，实力强的一方向对方提出的达成协议的时间限期，超过这一限期，提出者将退出谈判，以此给对方施加压力，使其尽快做出决策的一种策略。目前有很多商家都采用这一策略，如超市促销，以及沸沸扬扬的"双十一""双十二"等。

（5）声东击西，是指我方在谈判中，为达到某种目的和需要，有意识地将磋商的议题引导到无关紧要的问题上，转移对方注意力，以求实现自己的谈判目标。

例如，公牛牌插线板定价在 25 元，这个价钱比起同行稍微贵点，于是厂家采用声东击西法，大肆宣传它的品牌效应，突出它的安全可靠，最后获得了消费者认可，通过这一策略，获得了成功。

2）劣势条件下的谈判策略

目前，我国正处于一个经济高速成长期，大量企业的生存和发展，正处在一个各方面都急需资金的时候。而弱势企业的心理特点是希望媒体的广告价格能低些，再低些，希望投入的媒体的收视率能高些，再高些。所以这类企业在广告谈判时通常处于劣势地位，主要采用以下磋商策略。

（1）吹毛求疵，是在广告谈判中针对对方的产品或相关问题，故意挑剔，使对方的信心降低，从而做出让步的策略。使用这一策略的关键点在于，提出的挑剔问题应恰到好处，把握分寸。

（2）以柔克刚，是指在谈判出现危难局面或对方坚持不相让步时，采取软的手法来迎接对方硬的态度，避免正面冲突，从而达到制胜目的的一种策略。

（3）难得糊涂，是防御性策略，指当出现对谈判或己方不利的局面时，故作糊涂，并以此为掩护来麻痹对方的斗志，以达到蒙混过关的目的。

（4）疲惫策略，是指通过马拉松式的谈判，逐渐消磨对方的锐气，使其疲惫，以扭转己方在谈判中的不利地位和被动的局面。

（5）权力有限，是指在服务交易谈判中，实力较弱的一方的谈判者被要求向对方做出某些条件过高的让步时，宣称在这个问题上授权有限，无权向对方做出这样的让步，以使对方放弃所坚持的条件的策略。

3）均势条件下的谈判策略

以广告谈判为例，广告投放量稳定、持续总量相对均衡的成长企业和成熟企业，是广告客户中的重要组成部分。成长企业一方面十分注重电视广告效果和目标观众黄金时段的选择；另一方面还对广告价格的参照水平十分关注。这类企业通常在谈判中与广告公司势均力敌，可以采取以下磋商策略。

（1）投石问路，即在谈判的过程中，谈判者有意提出一些假设条件，通过对方的反应和回答，来琢磨和探测对方的意向，抓住有利时机达成交易的策略。

（2）红白脸术，是指在服务交易谈判过程中，两个人分别扮演"红脸"和"白脸"的角色，诱导谈判对手妥协的一种策略。"白脸"是强硬派，在谈判中态度坚决，几乎没有商量的余地。"红脸"是温和派，在谈判中态度温和，拿"白脸"当武器来压对方，与"白脸"积极配合，以达成于己方有利的协议。

【任务同步案例 2-3-21】

　　中方谈判代表认为，在本次谈判中，我方虽然内心极其希望能与法方合作成功，对于法方的实力我们也充分认可，但是在谈判时这一点绝对不能表现得过于明显。而换个角度看，从法方立场出发，我方也符合他们理想的合作对象的条件。我方企业实力雄厚，企业形象一直享有很高声誉，并且相关家电产品销售业绩在国内名列前茅。可以说与这样一位伙伴合作，法国 ASD 广告公司的合作风险极低。

　　考虑以上因素，中方首先向法方询盘。法方并没有给出直接报价，而是要求中方按照心目中的理想价位进行报价。中方主谈人苏横思路非常清晰，如果此时我方给予报价，很可能在谈判中失去主动权，因此苏横表示，作为买方，报出任何价位卖方都不会满意，而且卖方先报价也符合商业规则。在这样的形式下，法方迫于无奈，不情愿地报出了 140 万元的交易价格。这样的交易价格高于我方最低目标 115 万元 25 万元之多，这是我方之前没有想到的，所以一时间谈判会议室鸦雀无声。苏横与中方各谈判代表交换了一下眼色后，尤其是财务总监李军给予了坚定的否决，苏横先开口打破了僵持的气氛。他说道："我方对于法国 ASD 广告集团的实力和口碑慕名已久，所以一直希望能与贵方成功合作，并保持长久合作关系。所以今天我们带着极大的诚意坐到这里，就是希望能与贵方达成共识。可贵公司这样的价格实在距我方预算差距太远，我方只能表示遗憾。"法方代表听完苏横的阐述后，表情有些动容，财务主管 Joan 遂询问——不知中方满意的价格在多少？我方财务总监李军按照之前商议好的价格回答到"100 万元"，法方代表听后连连摇头。在简短商议后，主谈人 Mark 再次报价 125 万元，并表示这是最后的底限了。

　　谈判现场氛围再次紧张，法方在等待中方的反应。这时中方代表张帆怒目起身，并说到"之前听说贵公司是一家业内非常有实力的大企业，看来不过徒有虚名罢了，首先你们缺乏合作诚意，并且未免太小气。"听到这番话，法方代表市场部主管 William 也愤然起身并开口说道："你怎么能这样评价我公司？贵方的报价也离谱的可以！"此时，谈判陷入僵局……

　　4）广告谈判僵局处理策略

　　谈判僵局是我们不得不面对的一种谈判可能，出现僵局是双方都不愿见到但却可能回避不了的问题。僵局出现的时候，掌握一定的处理技巧是十分必要的，这有助于缓和谈判氛围、扭转谈判结果。在广告投入的谈判进行到一定阶段时，双方都会有这样一种感觉，似乎都已经退到不能再退的地步了，谈判无法进行下去了。这就是通常说的"谈判陷入僵局"。

　　服务交易谈判总的原则应该是"坦诚、平等、互利、互助"。突破僵局，首先就要了解僵局的性质及其产生的原因，只有对情况有通盘的掌握，并做出正确的判断，才能进一步采取相应措施，选择有效方案然后恢复谈判，解决令双方困扰的难题，达成交易。

　　综上所述，我们不难发现正确运用策略能够使谈判顺利进行，在生活中，我们也应该把书本知识运用到实践生活中，发挥策略的功效。

【任务同步案例 2-3-22 】

　　中方主谈人苏横观察并权衡了谈判现场的形势后，温和起身，倒了一杯茶水，走到法方代表 William 旁边，拍了拍对方的肩头，示意对方坐下，并将茶水放到对方面前。然后缓缓开口："本次谈判是我们双方企业都非常看重的一次谈判，既然如此，我们合作的基础是有的，合作的大方向是一致的。所以希望双方都能冷静一下，从大局出发，既要让我方目标得以实现，也保证贵方不虚此行。"法方代表看到中方主谈人的态度缓和，温文尔雅，也不便再发作，双方决定休会 30 分钟后再谈。这期间，中方将法方代表带到了隔壁事先准备好的休息室，这里环境优雅，播放着舒缓的法国乡村音乐，法方代表的脸上立刻露出放松的笑容。此时中方拿出了预先准备好的送给各位法国代表的小礼物，双方的谈话气氛又缓和许多。

　　30 分钟后，当双方谈判代表再次坐到谈判桌前时，彼此的情绪都极大好转。法方主动表示出诚意，将价格降至 118 万元，我方再次陈述成本核算等方面理由，并报价105 万元，最终双方在 108 万元的价格上达成一致，这一谈判结果完全符合我方之前制定的谈判实际目标。

　　中国广东格兰仕（集团）公司与法国 ASD 广告集团，双方实力都不可小觑，并且本次谈判的代表团成员，专业素质极高，谈判经验也极为丰富，这也体现了双方对于本次谈判的重视程度。也正由于双方的势均力敌，所以磋商阶段，中国广东格兰仕（集团）公司首先采用了"投石问路"策略，试探了一下对方可承受的价格底线。但是对方显然是有备而来的，将价格把握得很死。在这样的情形下，中方代表商谈后，决定采用"红白脸"策略，由张帆扮演咄咄逼人、说话不留余地的白脸角色，张帆的一反常态，突然"变脸"，显然猝不及防。但是法方本次谈判代表也都具有丰富的临场经验，面对中方的强势，他们并没有退缩，谈判氛围非常僵持，但是很明显，这招"红白脸"策略起到了相应的效果，法方对于谈判价格开始松动，并且让步。而中方主谈人苏横经理乘胜追击，适时以红脸身份提出了对己方非常有利的价格，最终双方达成一致。

（四）服务交易谈判的结束

1. 服务交易谈判成交

1）服务交易谈判成交阶段的策略和技巧

　　缔约是谈判双方利益得以最终确立的过程，交易达成阶段，要经过成交和认可或签约两个过程。这个阶段的技巧如下。

　　（1）善于捕捉成交信号。成交信号是指谈判双方在洽谈过程中所表现出来的各种成交意向，常常会通过谈判人员的行为、语言和表情等多种外在渠道表现出来。

　　（2）"先入为主"的策略。"先入为主"策略指的是以各种理由，争取由己方起草合同文本，并在合同草案中安排有利于己方的措施（明确对方的义务，减少己方的义务）、条款顺序和有关解释。

　　（3）"请君入瓮"的策略。"请君入瓮"策略指的是，一开始就拿出一份有利于己方（往往是卖方所为）的完整的合同文本，要求对方按照此合同文本的内容讨论每项条款，并在此基础上签约。

2）总结分析与最后的让步

（1）认真回顾总结前期谈判的情况，总结取得的成绩，发现存在的问题并对最后阶段存在的问题做出决策。

（2）最后一两个有分歧的问题，用最后的一次让步作为最后的"甜头"来解决。这就如酒宴结束前上的一碟水果，让人心满意足。

3）服务交易谈判记录与整理

根据服务交易谈判的性质，有许多记录谈判的方法。但根本要点是：每一次洽谈之后，无论成交或失败，双方离去前，要用书面记录将双方达成一致的议题拟一份简短的报告或纪要，以备存档。

4）准备谈判合同文本

草拟谈判合同协议，为签约做好准备。

2. 服务交易谈判破裂

虽然谈判破裂是双方都不愿意见到的结果，但现实中，经常会有谈判双方不能达成一致，最终谈判失败的情况。

一旦谈判失败，一方面要以友好的姿态互道一声"感谢、再会"，另一方面要做好经验和教训的总结工作。分析是人为因素还是客观因素导致的失败，并最终做好谈判资料的整理和归档工作。

（五）服务交易谈判的签约及执行

谈判双方在交易达成后，必须通过签订合同或协议书、备忘录等形式的法律契约来体现，签订书面协议或合同是商务谈判的重要组成部分。下面以广告谈判为例，讲解签约和执行的相关内容。

1. 签字前的审核

要保证双方所谈内容理解一致。名词术语、语言的习惯都可能引起误会。在签订协议之前，应与对方就全部的谈判内容、交易条件进行最终的确定，在确认无误后方可签字。

2. 服务交易合同条款的拟定

商务合同一般由约首、主文和约尾三部分组成。

1）约首

约首是合同的首部，用来反映合同的名称、编号，订约的日期、地点，双方的名称、地址、邮编、传真号码及双方订立合同的意愿和执行合同保证的表示等。

2）主文

主文即合同的正文部分，也是合同的主体内容部分，主要记载双方的权利和义务，表现为各项交易条件，这是合同的核心部分。

3）约尾

约尾是合同的尾部，用来反映合同文字的效力、份数，附件的效力及双方签字等。

广告合同的主要条款包括标的、数量和质量，价款或酬金，履行的期限、地点和方式，违约责任，根据法律规定的或按国际商务合同性质必须具备的条款，或当事人一方要求必须规定的条款及双方适用的法律，即以哪个国家、哪个法为执行合同的法律依据。即使是国际惯例，双方不作规定对合同也是无效的。

此外，在广告合同中，各种交易条款必须相互衔接、保持一致。在草拟合同时，不仅各条款要完备、明确、具体，而且要保证各条款之间不发生矛盾。

3. 签字人身份的确认

服务交易谈判合同一般由企业法人代表签字，从法律角度来讲，只有董事长和总经理才能代表公司或企业对外签约。有的国家或地区的企业在签约前要求签约人出示授权书。授权书由所属企业的最高领导人签发，若签字人就是企业的领导人，则要以某种方式证实其身份。服务交易谈判需要对前来谈判的企业代表资格进行审查。

4. 签订书面协议

协议经双方签字后，就成为约束双方的法律性文件，有关协议规定的各项条款，双方都必须遵守和执行。任何一方违反协议的规定，都必须承担法律责任。

5. 服务交易谈判合同的执行

为了更好地履行约定，在谈判合同签订之后，还有以下几方面的工作需要持续进行：①合同约定的责任义务，需要持续追踪、跟进。②合同履行效果需要安排专人定期汇报、反馈。③合同约定的事项，有不符合现实履行条件的，需要及时进行调整。

【任务同步案例 2-3-23】

广告代理发布合同

甲方：<u>中国广东格兰仕（集团）公司</u>

乙方：<u>法国 ASD 广告公司</u>

根据《中华人民共和国合同法》《中华人民共和国广告法》等有关法律、法规、规章的规定，甲乙双方在平等、自愿、协商一致的基础上，签订本合同。

甲方于 <u>2015</u> 年 <u>1</u> 月 <u>1</u> 日至 <u>2015</u> 年 <u>12</u> 月 <u>31</u> 日期间发布<u>格兰仕 V 尚系列微波炉系列产品</u>广告。

一、广告发布要求

1. 产品名称：<u>格兰仕 V 尚系列微波炉</u>

2. 广告长度：<u>56 秒</u>

3. 投放周期：<u>一年</u>

4. 广告发布媒体、费用、付款方式等：

发布媒体：<u>中央 1 台、中央 5 台、浙江卫视、江苏卫视</u>

广告价格：<u>108 万元/年</u>

实付总额：（小写）¥ <u>108 万元</u>

实付总额：（大写）<u>壹佰零捌万元整</u>

付款方式：以电汇、支票、汇票或现金形式支付，具体支付时间如下：

（1）<u>2015</u> 年 <u>1</u> 月 <u>1</u> 日前支付一月份广告费 ¥ <u>9 万</u> 元（大写<u>玖万元整</u>）；此后每月 10 日前一次性支付下月全额广告款，具体数额详见排期。

（2）付款时间以款到乙方账户时间为准，广告发布价格均为首播价格。

注：广告具体编播详见电视媒体执行排期（排期表经双方签字盖章后传真确认，与合同具有同等法律效力）。

二、广告采用所投放产品广告企业提供的样带，未经甲方同意，乙方不得改动广告样带。因该电视广告样带产生的所有法律、法规责任均由甲方承担。

三、乙方有权审查广告的内容和表现形式，对不符合法律、法规的广告内容和表现形式，乙方可以要求甲方做出修改。

四、双方责任与义务

1. 甲方应提供有效的证明文件，并保证广告内容真实合法。否则，由甲方自行承担全部责任。乙方有权审查广告内容及其表现形式，对不符合法律、法规的广告内容和表现形式，乙方应要求甲方做出修改，甲方做出修改前，乙方有权拒绝发布。

2. 甲方若不能按本合同规定时间按时支付乙方广告费，乙方有权拒播或停播广告，同时有权要求甲方在规定时间内付清已播出的全部广告款。

3. 乙方须按照合同的规定，执行甲方的广告发布。

4. 如果由于媒体节目变动，广告发布不能如期执行，乙方应在接到媒体通知后及时通知甲方，双方协商解决。

5. 甲乙双方应谨守合同规定，不得违约。甲乙双方如有一方未能按合同履约的，应按违约处理，违约方应向对方支付合同总额的 10% 作为罚金。

6. 如甲方在合同执行期间，要求停止发布的，未按照合同规定的时间以书面形式通知乙方，乙方概不负责，所造成的一切经济损失由甲方自行承担。而甲方已按正常程序通知乙方停播，经乙方确认、签字、盖章方可生效，乙方未能正常执行，则乙方将自行承担相应责任，与甲方无关。

五、补充条款

1. 合同一方因不能预见、不可避免且不能克服的客观情况（包括但不限于战争、自然灾害、政府行为等因素）导致不能继续履行合同，乙方有义务在上述客观情况发生后立即通知甲方，并在合理期限内提供客观情况发生的相关证明，可免于承担相对应的责任。

2. 所执行广告只保证首播广告频次，如遇媒体重大特殊活动，广告以媒体播出安排为准。

3. 如出现漏播、错播现象将以错一补一、漏一补一的原则执行。

4. 为了加强合同执行中双方的联系与协商，甲乙双方同意一般以通知单（函）、告知单（函）、工作联系单（函）等书面传真件形式进行。

5. 本合同一式两份，甲乙双方各执一份，本合同的补充协议具有同等法律效力，本合同自双方授权代表签字并加盖公章后生效。

六. 备注

1. 本合同一式两份，经甲、乙双方签字盖章确认后生效，具有法律效力，并受《中华人民共和国合同法》保护。

2. 本合同未尽事宜，由甲、乙双方协商解决；甲、乙双方达成的补充协议，视为本合同的一部分，具有同等法律效力。

3. 本合同经友好协商仍未能达成解决措施的，甲、乙双方均可向所在地有关辖权的人民法院提起诉讼。

甲方：	乙方：
授权代表：	授权代表：
电话：	电话：×××－×××××××
传真：	传真：×××－×××××××
开户行：	开户银行：××银行×××区支行
户名：	户名：××××广告公司
账号：	账号：3700××××××××××××
日期：　年　月　日	日期：　年　月　日

【任务同步案例 2-3-24】

企业宣传册制作合同

甲方：中国广东格兰仕（集团）公司

乙方：法国 ASD 广告公司

甲方委托乙方进行企业宣传册制作，具体合作事项如下。

第一条　制作内容

1. 制作内容：宣传册 1 本
2. 语言：中文
3. 制作方式：拍摄+后期制作

第二条　制作物及付款方式

1. 制作费总额：人民币 600 000 元（陆拾万元）整（已含在总价款中）。
2. 首款：5 万元整，于合同签订后三日内，由甲方付给乙方。
3. 余款：5 万元整，样片制作完成并通过审核后，由甲方支付给乙方。
4. 乙方向甲方提供具有法律效力的发票及公司账号。

第三条　制作周期

1. 甲方首付款到达后，甲乙双方协调具体拍摄时间，成片交付时间为：2014 年 10 月 20 日。

2. 如因付款不及时或因修改造成交片延误，顺延时间则由甲、乙双方另行协商后确认。

第四条 双方细则

1. 前期制作文案由乙方整理制作，由甲方调整并签字确认。

2. 后期修改等皆由乙方实施；甲方进行指导并最终确认。

第五条 违约责任

1. 乙方向甲方交付制作物以后，甲方未能按甲、乙双方所约定日期支付款项，则甲方以不含税金的总制作费的日 0.3% 向乙方支付滞纳金。

2. 乙方若无法顺利于甲、乙双方所约定的时间内交片，则乙方以不含税金的总制作费的日 0.3% 向甲方支付滞纳金。

第六条 备注

1. 本合同一式两份，经甲、乙双方签字盖章确认后生效，具有法律效力，并受《中华人民共和国合同法》保护。

2. 本合同未尽事宜，由甲、乙双方协商解决；甲、乙双方达成的补充协议，视为本合同的一部分，具有同等法律效力。

3. 本合同经友好协商仍未能达成解决措施的，甲、乙双方均可向甲方所在地有关辖权的人民法院提起诉讼。

甲方盖章：   乙方盖章：

代表人：（签字）   代表人：（签字）

                                  日期：20××年××月××日

付款账号信息：

开户行：中国××银行股份有限公司××××支行

账号：02×××××××××××××××

三、能力训练

小林要完成以下的任务。

（1）模拟调研中国广东格兰仕（集团）公司与法国 ASD 广告公司关于微波炉（V 尚系列）广告的谈判环境。

（2）模拟制订中国广东格兰仕（集团）公司与法国 ASD 广告公司关于微波炉（V 尚系列）广告的谈判方案。

（3）模拟筹备中国广东格兰仕（集团）公司与法国 ASD 广告公司关于微波炉（V 尚系列）广告的谈判。

（4）模拟中国广东格兰仕（集团）公司与法国 ASD 广告公司关于微波炉（V 尚系列）广告的谈判开局。

（5）模拟中国广东格兰仕（集团）公司与法国 ASD 广告公司关于微波炉（V 尚系列）广告谈判的交易磋商。

（6）模拟中国广东格兰仕（集团）公司与法国 ASD 广告公司结束谈判。

（7）模拟中国广东格兰仕（集团）公司与法国 ASD 广告公司签订关于微波炉（V 尚系列）的广告合同。

（8）模拟中国广东格兰仕（集团）公司与法国 ASD 广告公司履行合同。

四、知识拓展

商务谈判拒绝技巧。谈判的过程，是一个充满着允诺与拒绝的过程。在谈判中，允诺与拒绝是相辅相成的。就同一场合、同一事物的同一方面看，既然做出允诺，就不是拒绝；如果拒绝了，就没有允诺。但是从另一种意义上看，做出某一允诺就等于拒绝了更高的要求；而某一拒绝却可能会换回对方不得已而做出的允诺，或者也可能意味着己方在其他问题上的允诺。因此，拒绝是谈判中一项难度较高的专门技巧。谈判者需要认真掌握，才能在谈判中应用自如、得心应手和稳操胜券。下面学习一些比较实用的拒绝方法。

1. 反馈婉拒法

对于谈判中那些只顾自己、不顾对方利益的过分要求及失实的无理批评，最好不要拍案而起、迎头痛击，更不要用带有教训、嘲弄或挖苦的口气去刺激对方。有时候运用反馈婉拒的方法，即针对对方要求，提出问题或反馈对方，往往可以取得较好的效果。下面列举三种反馈婉拒的具体方法。

1）回以自解

当碰到一些不需要或不便于直接回答的明知故问时，可以运用回以自解的方法拒绝回答，犹如把问题像反弹乒乓球一样，"弹"回给对方。

2）指明方向

指明方向即在拒绝对方要求的同时，说明对方为了得到所求而应做的努力，这样就使对方留有希望，从而减少受到拒绝而产生的不满与失望。

《成功的人际关系》一书的作者威廉·雷利在谈及怎样处理下属希望晋升而其本身条件又不具备时，曾对企业主管们提出以下指明其努力方向的建议：

"是的，乔治，我理解你希望得到提升的心情，可是，要得到提升，你必须使自己变得对公司更重要。现在我们就来看一下，为此我们还要干点什么……"这种指明方向的拒绝在谈判中有时也能起到很大作用。

3）反问婉拒

针对对方的一些不切实际的要求，问上一连串的"为什么"，这样可以拖延和争取时间，寻找对手所持理由的破绽，探知对方行为的真正动机。举例如下：

某公司与投资者进行谈判时，对方把一个使公司无利可图的协定草本交给公司，代表公司与投资者谈判的人员明知不妥，却不动声色，平心静气地问对方："按这协议执行，我公司的 1000 万元资金在两年内岂不全无收益吗？第三年情况也不一定会好转。本公司投入资金的合理利润问题将如何解决，请帮助我公司想想办法。我很希望本公司的 1000 万元资金在两年内也获得与贵方同样的 20%的毛利。我的要求是否过分吗？有劳随时指教。"这样一问，对手就会知道，公司的谈判者并非他原来所想的无能之辈，开始感到自己的要求太过分了，从而表示放弃。

反问婉拒实际上是诱使对方自我否定，达到己方拒绝对方建议的目的。

2. 自我拒绝法

当对方在谈判中使用各种计谋想把己方引入瓮中之时，己方不应采取当面的揭露、抗议的手法，也少用批评性词汇，而应多陈述自己的感想与期望，由于这种方法意味着自己对对方的信任，有利于事实的澄清和对真正利益的捍卫。这可以结合前面的叙述技巧予以应用。

例如，甲方发现乙方草拟的供货合同文本中，利用了语言学上的技巧，在交货保证条件上做了与几天来谈判已达成的意向不同的修改，甲方就运用了自我拒绝法，说道："交货的保证条件这样写，我怎么总感到它与两天前的一致意见不尽相同……"这种运用自我感觉表示拒绝的方法，含蓄有力，往往使对手难以否认。

3. 间接拒绝法

有时候由于种种原因，难以正面叙述拒绝时，那么可以采用强调客观、沉默不语、含糊其辞等方法予以拒绝。

1）强调客观

当对方的要求超过己方所能同意的程度，而运用其他方法仍无法摆脱对方的纠缠时，不妨把对方"进攻"的目标分散到若干个他也无法解决的方面，即强调要满足其要求存在一些自身和社会无法解决的客观条件，表示己方力不从心、爱莫能助，从而使对方在放弃纠缠的同时对拒绝给予谅解。

2）沉默不语

一般而言，在对方提出要求以后的沉默不语，要么是在表示考虑，要么就是表示拒绝了。因此，在交谈中以沉默不语来传递这个无形的"不"字，对方是可以感觉出来的。

应用沉默不语拒绝时，往往会辅以某些相应的体态"语言"，如中断微笑、皱眉头、双手在胸前交叉而双脚重叠、目光旁视以表示对方的要求无法考虑等。当然，采用沉默不语拒绝法要慎重，只有当其他有声语言方式不奏效而对方继续纠缠不休时，才适于用此方法，此时则是"无声胜有声"了。

3）含糊其辞

含糊其辞是指不是明确地拒绝对方，而是用含糊不清的答复使对方从中感觉到你对他的要求不感兴趣，从而达到巧妙的拒绝效果。其中包括以下一些方式。

（1）统式。以不具体、不清晰、语意含糊不清的答复来间接传递拒绝的信息。例如，某中学的总务科长在一个温文尔雅、热情认真的家具推销员面前不忍心直言拒绝，而是这样说："你们的课桌确实不错，只是我也弄不清究竟怎样的课桌更适合现在的中学，据说有关部门会有一些新的研究结论，不过，我的信息也太不灵了。"语气之中，使推销员听出了"不买"的表态，但要继续说服，什么是"研究结论"又是一个十分笼统模糊的概念，无法进一步讲，只好作罢。

（2）象式。通过把话题不断抽象化，让对方乍听似乎引入了与要求关系密切而又十分重要的另一个问题，但听下去才发现已被一大堆如烟雾般的抽象术语所包围，想理也理不清，只能带着模模糊糊的心理停止再提要求。据说，美国的超级市场曾用此法来对付上门抱怨商品质量或价格而喋喋不休的妇女们，用一般人难以听懂的抽象的专门术语，似乎在非常热情和细心地予以解释，而又让听者越听越是迷迷糊糊，无法再提要求了。

（3）可式。运用一些模棱两可的语言，对对方的要求似有肯定因素，又似有未能肯定的因素，让对方既感到自己的要求得到了某些方面和某种程度的理解，从而不容易引起反感，同时又让对方意识到要求并未得到允诺，从而达到含蓄拒绝的预期目的。例如，外商来华谈判时往往提出要参观某些保密的企业，己方接待人员就可以回答说："你们的要求我们完全理解，通过参观交流可以听到你们的宝贵意见，但是这家企业以往还没有接待参观者的经验，我们再联系一下，如果可以的话，我们会通知你们。"

4. 补偿拒绝法

考虑到如果斩钉截铁地拒绝对方，会引发报复、反唇相讥等不良后果，因此在拒绝的同时，可以在心理需求上或物质利益上稍微做出补偿，以平衡对方因失望而带来的心理不平衡。

例如，双方谈一批复印机的交易，买方提出："每台价格能否下降 5%？"卖方回答说："如此大的降价我实在无权决定。这样吧，价格就不再变动，我给你们每台复印机多配一合碳粉，好吗？"这就是在某一范围外的让步来求得某一范围内的拒绝。

5. 赞赏拒绝法

当人们的意见被否定时，他们期望得到尊重、赞扬与理解的要求也会越加强烈。因此，为了在拒绝对方时尽量照顾对方的自尊心，避免对抗心理的产生，可从对方的意见中找出双方均不反对的某些非实质性内容，对对方加以适度的赞赏，突出双方的共同点，显示对对方的理解与尊重。接着，再对双方看法不一致的实质性内容进行阐述、启发和说服。例如，采用以下一些话语："是的，你在那件事上当然是正确的，但是，另一方面……""你没错，假如我站在你的位置上，我也会这样说，但是……"

任务四　招商谈判

一、任务描述

招商谈判是商务谈判中一种主要的谈判类型。一个完整的招商谈判要经过招商谈判的准备阶段、开局阶段、磋商阶段、结束阶段及签约和执行阶段。小林在该任务中就是要进行角色扮演，完成一次招商谈判。

【任务同步案例 2-4-1】

2013 年，A 市商业地产的战役已经进入白热化阶段。城市广场作为垄断 A 市最核心商业地段及市内稀缺自然资源的地产项目，本身就具有了不可再生、不可复制等天然优势，同时其庞大的资金投入和复合性的物业构成也决定了它的霸主地位。但是面对目前复杂多变、竞争激烈的形式，城市广场开始向社会开启招商模式，通过和优秀企业的招商谈判、合作，强强联手，达到对总局进行全面控制，短期内迅速占领目标的终极目的。

小林作为 B 企业将要进入 A 城市广场的负责人，主要负责与 A 城市广场招商部门进行谈判，争取最大利益。

二、知识学习

$$
招商谈判
\begin{cases}
招商谈判的准备 \\
招商谈判的开局 \\
招商谈判的磋商 \\
招商谈判的结束 \\
招商谈判的签约及执行
\end{cases}
$$

（一）招商谈判的准备

A 市城市广场项目怎样做好招商谈判的准备工作，在招商谈判会前，招商工作人员要做好招商项目资料的准备和法律文件的准备还要掌握招商谈判的内容，并要了解招商工作应该注意的问题。具体内容如下。

1. 招商项目资料的准备

A 市城市广场要使自身做到有的放矢，掌握招商洽谈的主动权，首先必须做好招商项目资料的准备。招商项目资料一般包括环境资料、招商主体资料、招商具体项目资料、招商技术资料、商标与专利资料等。

（1）环境资料。环境资料有大环境资料和小环境资料之分：大环境资料指整个中国或某个省、市范围的工农业生产、市场、交通运输等综合情况，A 市作为东北的一颗明珠，本身地理位置相对比较特殊，经济地位明显；而某个开发区的市政配套、交通与通信状况、社会公共服务状况等则成为小环境资料。A 市城市广场作为 A 市核心地段，优势不言而喻。

环境资料还可分为硬环境资料和软环境资料：硬环境资料是指地理位置、水、电、气、消防、排水等生产必需设施，农贸市场、商店、学校、医院、娱乐场所等生活配套，还有交通、通信等状况；软环境资料包括社会治安环境、行政执法环境、市场发展情况、服务措施情况等。

（2）招商主体资料。招商主体就是招商者，它可以是企业单位，也可以是政府机关、事业单位，还可以是自然人。招商主体资料一般用文字、图画、照片、录像等宣传方式对招商者基本情况进行公开宣传，通过宣传让投资客商了解招商者的基本情况。招商主体资料内容包括资本情况、所涉及生产经营的行业、经营管理水平、市场发展前景、以往取得的业绩、人才状况、技术水平、服务优势等。

（3）招商具体项目资料。招商具体项目是指招商者准备与投资客商合资或合作的项目。确定的招商项目，一定要符合国家规定的产业政策。招商项目要整理成文字材料，并翻译成相应的外文以便对外招商。

（4）招商技术资料。我们在确定引进先进技术时，要事先查阅国内外相关的专业技术资料，可与国际上有关的技术情报机构联系，咨询该技术在国际上的领先档次，做到心中有数。

（5）商标与专利资料。从以往的招商工作实践看，我们往往不太重视招商项目中所谈到的商标与专利问题，以至于个别外商竟然把过了保护期的专利仍作为无形资产来处理。因此，在对外招商工作中，我们要事先通过相关部门查询，将引进的技术专利是否在国内外申请、申请期是否到期、商标是否在相关国家申请注册保护等。

招商计划是招商谈判前非常重要的环节，招商计划要做到周密、细致。A 市城市广场为了能够在招商过程中，取得预期效果，在招商活动之前，做了如下的招商计划。

【任务同步案例 2-4-2】

A 市城市广场招商计划

一、招商原则

巧妙利用逆向思维、悬念转播的各类手法，让本次招商跳出百货业招商日趋同质化的怪圈。这样既可传播与众不同的招商讯息，又可在瞬间达到树立品牌概念的"一石二鸟"的多元效果。

二、招商策略

（1）楼层功能区划按照各类品牌间的经营互动原则，进行局部科学规律整合。

（2）严格控制招商品牌的层次，利用自身优势吸纳国内、国际亮点品牌。这是保证整体层面上档次的先决条件。

（3）店铺采取定价租赁制和协议扣点制，以便为招商信息宣传创造悬念卖点。

（4）店铺定价租赁的切入点与众不同的悬念招商策略。

（5）与政府有关部门合作，打出公益事业牌，孕育社区系列广场文化活动。为众商铺聚集人气，为发生购买行为提供充要条件，培育本商圈目标受众的习惯性消费行为，为目标业主提供经营成功的有力保障，为树立品牌形象打造宣传基点。

三、品牌形象定位

鉴于本商圈潜在消费层面颇高，本次招商对象也应该颇具品牌知名度。利用系统的品牌传播策略，打造成一个国际、国内知名品牌汇聚的大舞台。以服务品牌化、个性化模式为先导,以迅速的宣传手段传播 A 市城市广场在本商圈内的行业标志与先驱的形象地位。

四、实施方案（分割出租）

（一）地段决定原则

前面已经提到,本项目属于 A 市传统商业中心商业圈,距商业中心约 1 千米的路程,极其方便的城市交通和大量的人流使得本区域具有一定的商业氛围。然而,因为商业中心仅在方圆 200 米密集,与本项目相连的是快车道,没有休闲步行道,形成了一定的商业断层。因此,在不能充分地与商业中心共享人流、互通商气的现实格局下,必须有精准市场错位的经营定位,将消费者吸引在本站地铁站下车。

（二）互补原则

本项目商业规模较小,前期定位是写字楼的配套部分,因此不能简单定位于商业中心同质业态,要走专业、高档、精品的路子。引进高利润的专业餐饮品牌店、精品百货店和高档城市会所是本项目对市场的互补。

（三）业态演变原则

传统的商场只是购物的场所,随着人们的生活水平的提高、消费行为的转变,休闲购物成为主流,休闲、餐饮、娱乐将极大地满足消费者购物外的需求,并且其规模也将赶超购物的规模。

（四）商圈扩大原则

同样,因为高端的商业市场定位,在我们的消费群定位上就要充分考虑整个 A 市城市中心区域,扩大服务半径和商圈,吸引最多的优质消费群,实现商场的持续繁荣。

五、商场布局

A 市城市广场定位为高档商业中心,招商客户群为:国际、国内知名品牌厂商,以及国际连锁集团。

主营项目如下。

地下一层:高档超市休闲系列。

一层:进口化妆品（CD、资生堂、娇兰等）、高档珠宝（谢瑞麟等）、国际品牌服装（阿玛尼、杰尼亚等）、高档手表、高档皮具（路易威登等）、高档工艺品、高档笔。

二层:高档女装系列、休闲装、手袋、女饰品、精品鞋店、精品裤店、女士内衣。

三层:高档男装系列、休高闲装、皮具、男饰品、精品鞋店、精品裤店、男士内衣、领带。

四层:儿童服装、高档床品、进口饰品店、精品工艺品、体育服装、体育器材。

五层:餐饮。

六层:娱乐休闲。

配套项目如下。

一是家私、布艺、古玩、画廊、厨房用品、书屋。

二是肯德基、麦当劳、必胜客、罗杰斯、茶叶店、酒吧。

三是屈臣氏、医疗诊所、健身中心、美容中心、美体瘦身、茶社、写真工作室、数码工作中心、药店营销理念。

六、人员配备计划

组成一支强有力、专业的招商和租户物业管理及企划队伍，具体如下：招商经理（1人），招商主管（4人），入租设备工程安装管理、电气管理（2人）（人选可由开发商提供），企划主管（1人），筹备期商品部人员总编制8人。

七、招商人员岗位职责

（一）副总经理兼招商部经理

主要职责如下：

根据购物中心经营方针与要求，制订招商部计划，并组织实施。

负责购物中心整体商场策划、布局，商品组合及与厂商协调，公司整体企划，促销等，确保商厦经营指标达成。

组织、管理招商和企划团队，培训及辅导招商人员。

对招商部门厂商引进、人员招聘、促销方案及相关合同及发生交际费用审核等负责。

（二）招商主管（4人）

主要职责如下：

负责整个楼层招商、布局，商品组合及与厂商协调，确保招商品100%达成。

配合公司整体布局，完成公司下达指标。

（三）入租设备工程安装管理、电气管理（2人）

主要职责如下：

入租设备工程安装管理、电气管理，维护管理商场的整体工程运行，同时满足正常开业需求。

协助经理开展工作，严格审查招商户经营资格及入住手续。

负责租户单位日常管理工作，督促租户单位认真履行招商合同。

（四）企划主管（1人）

主要职责如下：

贯彻执行本企业经营发展战略方针，配合招商经营需求，结合实际制定本公司广告策划并组织实施。

负责对商场宣传布署总体规划工作，做出建设性的意见，统筹安排促销、陈列、美工工作。

八、租金预算

租金预算见表2-4-1。

表 2-4-1　租金预算表

出租形式	面积/米^2	年租金/元	10年租金/亿元	15年租金/亿元
分割	28 000	67 656 400	6.76	10.15
分层	28 000	46 501 000	4.65	6.98
整幢	28 000	33 828 200	3.38	4.44

2. 法律文件的准备

在招商中，主要涉及两方面的法律文件：一是中国有关方面的法律文件；二是中外双方必须遵守的法律文件。

1）中国有关方面的法律文件

中国方面对国内的相关法律是比较了解的，而外商对这一方面是不甚了解或根本不了解的。因此，我们要为外商准备好相关的法律文件。

2）中外双方必须遵守的法律文件

中外双方必须遵守的法律文件主要是合同。它是建立在合同双方或多方当事人的意见取得一致并符合中国法律的基础上的，是当事人各方的法律行为，具有法律约束力。因此，合同签订时中方的谈判代表必须十分慎重，必须认真、仔细地审阅合同文本，必要时可准备合同范本，绝不能因为怕招不到商或有意向外商显示诚意而草率签字。那样做不仅给合作各方带来不必要的麻烦，同时还容易上当受骗，造成经济损失。

因此，在商谈合作合同时应注意以下几个方面问题。

（1）合同的订立，必须遵守中华人民共和国有关法律法规，维护中国的主权及社会公共利益。

（2）合同各方的权利和义务应当对等、合理，要能体现合同各方互惠互利、友好合作。

（3）合同规定各方权利和义务的核心条款，应当明确表述、准确无误，不能含糊其辞。

（4）如有技术引进或设备引进的合同，必须加上技术与设备验收的条款，其内容包括技术资料的验收、设备和商品性能的考核验收；引进关键性设备、生产成套设备还必须加上对外询价、性能考察的条款。

（5）在技术引进合同中，如有技术人员培训条款，应加上培训人员的专业、人数，确定培训的内容、范围、要求、计划，还应加上培训人员的往返费用、生活医疗费用及安全等事项。

（6）在合同仲裁条款中应加列仲裁机构、地点、程序、费用等。

（7）合同中某些专门性的问题应列作附件，合同附件是合同不可分割的整体组成部分，其内容应具体明确，各项条款必须认真审核。

（8）合同签订还必须写明签约地点及适用的法律。

（9）合同签约各方必须是招商合同的投资者本人或企业法人代表；如果投资者本人或企业法人代表不能出席，则可以委托全权代表；全权代表在签约时必须出示授权书，并经签约各方验证后方能签约。

3. 掌握招商谈判的内容

招商谈判的主要内容如下：①了解商场经营定位规划和招商工作计划；②寻找潜在合作商户；③谈判与签约；④协助商户办理进场手续；⑤跟进商户在卖场的经营状况。

具体来讲就是，招商人员开展工作前，首先应了解百货商场的商品经营定位特点与各楼层、各区域的品牌和品类的分布规划。商场经营定位一般通过对卖场的观察获得，如该百货商场以经营什么商品为主，什么为辅？经营档次如何？是高档、中高档，还是中档？在经营品牌的分布上有什么特色或与其他卖场相区别的地方？一般引进商品的价格线和商品线有什么标准？等等。招商前，一般会形成分布规划的卖场平面图，理解平面图要求，按要求引进品牌，是招商员应关注的地方。一般在平面图上，可能会标注某区域的主要引进品牌名称和替代品牌名称，招商员可以按此要求选择潜在合作商户。

不论是新场开业还是调整，都会形成时间和工作量分配的招商工作计划，工作计划是与其他职能配合进行的工作安排，因此招商人员应严格按计划开展品牌引进工作。一些里程碑式的计划要求，如至何时以前，商户进场比率达到多少，何时以前完成招商工作和完成商户进场装修等，如不能在规定时间内完成上述工作，则将影响其他相关职能的工作进展，因此招商人员应特别关注此类计划信息，做好相关工作。

寻找可能合作的商户是建立在对百货商场和供应商市场全面了解的基础上开展的工作，在无法确定引进什么品牌进驻商场的情况下，就必须要了解供应商市场，进行全面的市场调查工作。一般而言，具有竞争特性的百货商场是获得这类信息的重要途径。在了解本商场规划的基础上，选择适合商场风格，并与竞争对手形成形态差异的商户。一般这样的潜在商户要选择多个，确定那个是主攻，哪个是替代。一经确定潜在合作商户，就可以对其展开调查与初步接触。调查主要是看该商户是否具备与商场合作的条件，需要了解的信息有品牌发展趋势、目标消费群、经营特色，以及商户的渠道角色，即是厂商、经销商还是代理商，综合经营实力如何，资金、铺货和人员是否能够保证，等等。通过调查判断在这些方面都与公司要求接近或一致，则考虑接洽对方业务人员，进一步了解情况，并向其传递招商信息。

与潜在合作商户进行了初步接触后，应寻找对方可以就合作事宜起决定作用的业务人员进行详细商谈，商谈内容包括进驻的位置、设柜的大小、经营的商品品类、承担的费用，以及合作条件，如保底抽成的额度、结算形式等合作细节，必要时，还要和商户业务人员进行谈判。注意谈判应选择可以决策或能够确保沟通顺畅的业务人员进行，否则容易出现悬而未决的分歧，影响合作洽谈事宜的进展。如因为各种客观条件，无法谈拢合作事宜，招商人员也应保持与其的友好联系，以便在以后条件合适时再谈合作。通过谈判，就合作事宜达成一致认识，招商人员应使商户了解商场进场装修和经营的规则，填制合作合同进行申报，如有分歧则继续磋商解决。

合同申报完成，商户与商场的合作正式生效。招商人员应协助商户办理进场的相关手续，包括缴费，进场装修，运送货架、货品等，由于商户进场设柜将面临和多个商场职能部门打交道的局面，作为与商户沟通时间最久、彼此相对熟悉的招商人员，应该在商户有需求的时候给予帮助，就进场事宜协调各方关系，确保商户按时、按规定进场装修、上货和营业。

商户所设专柜开始营业，招商人员应抽出时间来了解其经营情况，与之前的预测进行分析比较，发现经营情况不尽如人意，应配合店内营运职能和商户查找原因，分析不足，积极考虑改善现状，提升经营业绩。一般情况下，专柜经营不理想的问题多为位置不好、促销不力、商品缺乏竞争力、销售人员水平低下及装修和陈列等方面出现问题，可分析直接原因，针对性地进行改善工作。另外，如专柜经营情况超出预期，招商人员也应认真分析其中的原因，汲取判断商户经营水平的参考信息，应用到日后对商户的甄选和评估工作之中。

4. 了解招商工作应该注意的问题

（1）招商人员应熟知区情、市情、优势、产业政策和优惠政策，招商洽谈中应以区位优势、交通优势、资源优势、政策优势及服务措施等吸引投资商。

（2）招商人员要广泛收集投资信息，从中筛选符合国家产业政策、符合园区产业定位的有价值信息，主动出击。

（3）针对重点客商，要事先联系，约定会面时间和地点，有的放矢地进行洽谈。

（4）招商人员应事先了解目标企业的规模、经营现状、意向投资方式等，充分准备好项目资料和政策进行推介。

（5）向投资商推介项目首先应熟知项目的优势、前景及相关政策，以便随时回答投资商提出的相关问题。

（6）外出招商洽谈，应携带足够的名片，以便会面时交换名片，加强联系。

（7）与投资商洽谈，要言简意赅、表述确切，尽量避免使用"可能""大约"等模糊用语。

（8）与投资商洽谈，同去多人时应明确一人主谈，其他人尽量不要插话，以免影响主谈人思路，分散投资商了解情况的注意力。

（9）签订合同，应注意合同规范，条款完善，用词准确、无歧义。

（二）招商谈判的开局

企业在招揽商户的过程中，要将自己的服务、产品面向社会的一定范围进行发布，以此与招募的商户共同发展。但在与商户的合作之前，先就合作的条件、规则进行谈判，在双方达成共识后，再进行合作。作为招商的相关人员，要善于运用谈判技巧，特别是在开局阶段。开局对于谈判是否成功起着非常重要的作用。招商谈判的开局有以下几种形式。

（1）在谈判开局时，对谈判对手提出的关键性问题不做详细、准确回答，而是有所保留，从而给对手留下悬念，以吸引对手步入谈判。

（2）谈判开局时，对对手的某项错误或礼仪失误严加指责，使其感到内疚，从而达到营造低调气氛，迫使对手让步的目的。

（3）采用严谨、凝重的语言进行陈述，表达出对谈判的高度重视和鲜明态度，目的在于使对方放弃某些不适当的意图，以达到把控谈判的目的。

（4）谈判开始阶段，采用协商、外交礼节性的语言进行陈述，使对方对己方产生好感，创造双方对谈判的理解充满尊重、"一致性"的感觉，从而使谈判双方在友好、愉快的气氛中展开谈判工作。

针对不同的公司和企业及参与谈判人员的性格特点，采用不同的谈判开局形式，以达到预期的谈判目的。招商谈判过程中，工作人员不能违反商务谈判的道德原则，要以诚信为本，向对方传递的信息可以是模糊信息，但不能是虚假信息。否则，会将自己陷入非常难堪的局面之中。

【任务同步案例 2-4-3】

　　A 市城市广场的负责招商的工作人员，在与 B 企业谈判的过程，巧妙开局，为自己赢得了利益。B 企业得知 A 市城市广场在进行招商，派出工作人员到 A 市城市广场进行谈判。B 企业谈判小组成员因为上街购物耽误了时间。当他们到达谈判地点时，比预定时间晚了 45 分钟。A 市城市广场的代表对此极为不满，花了很长时间来指责 B 企业代表不遵守时间，没有信用，如果老这样下去的话，以后很多工作很难合作，浪费时间就是浪费资源、浪费金钱。对此 B 企业代表感到理亏，只好不停地向 A 市城市广场代表道歉。谈判开始以后 A 市城市广场似乎还对 B 企业代表来迟一事耿耿于怀，一时间弄得 B 企业代表手足无措，说话处处被动，无心与 A 市城市广场代表讨价还价。

　　本案例中 A 市城市广场谈判代表成功地使用挑剔式开局策略，迫使 B 企业谈判代表自觉理亏，在来不及认真思考的情况开始了谈判。

作为招商谈判的开局通常采用以下方式对招商项目进行阐述，介绍招商项目的优势与特点，吸引客户进行进一步了解。以 A 市城市广场招商为例，主要进行媒体的宣传及项目发布会来吸引客户光临。

1. 项目洽谈会

项目洽谈会是招商最为常见的一种形式。它是由招商单位拟与合资、合作或引进的项目，有针对性地与商家洽谈。其特点是针对性强，易于吸引有兴趣的客商，影响大、实效性好，主办者可以派遣技术专家与客商直接进行接洽。

2. 项目发布会

项目发布会是招商经常采用的方式。它是由项目主办者在一定的场合公布拟引进合资、合作的项目，阐述招商项目的特点和技术、资金要求，以期吸引客商。

3. 经济技术合作交流会

经济技术合作交流会是一种层次较高、范围较大的招商引资方式。其特点是层次较高、范围较大，可以是多种行业的招商。

4. 投资研讨会

投资研讨会是一种较小型、时间较短的招商形式。它通常是由政府部门、经济研究机构举行的区域性投资战略、政策、现状和发展趋势的研究讨论会。其特点是灵活，既重务虚，又重务实，主办单位可以公布一些项目进行招商，可以介绍本地区的投资环境和利用外资的政策，达到宣传的效果。

5. 登门拜访

登门拜访是招商效果明显的辅助性活动。招商单位专门派出招商小分队或在国内外举办集会式招商活动之余，拜访跨国公司、投资咨询顾问公司、会计师行业协会及其他中介机构，宣传投资环境，具体介绍投资项目，探讨合作事宜。其特点是机动灵活、针对性强、气氛融洽，容易引起被访者的兴趣。

招商单位通过上述发布会进行招商宣传，宣传工作结束后，招商工作人员有目的性地选择客户进行单一的招商谈判，主要对客户的角色进行定位，从而选择客户可能选择的产品。

角色定位：在整个招商咨询的过程中，客户的角色定位对招商谈判的成功与否至关重要。我们遵循 5W2H 原则，见表 2-4-2。

表 2-4-2　5W2H 原则

5W2H	含义	主要因素	目的
Who	什么人	姓名、电话、工作背景、经济水平、生活习惯、什么地方的人	了解习惯风俗，背景，决定你的谈判方式
Where	什么地方	准备在什么地方、什么城市投资	当地的经济市场状况和人口规模，决定你设计的方案
What	做什么	投资过的行业规模	找投资差异点
When	什么时间	咨询时间、投资时间	决定你跟踪客户的时间密度和时间工具
Why	为什么	因为什么（创业、谋生、兼职、兴趣爱好）投资	决定你对客户深度需求的挖掘
How	怎么做	自己做、合伙做、请人做	合作优势阐述时的强调要点
How much	多少钱	客户投资额度	决定你的设计方案和投资建议

设计方案：任何一个品牌或项目都会有不同类型的投资方案，我们根据客户的角色定位信息，给客户提供最适合客户的合作方案，见表 2-4-3。

表 2-4-3　常见的意向客户状况和需求类型

类型	管理精力	资金实力	管理能力	第一需求目标
生活创业型	有	低	无	赚钱
事业创业型	有	中	有	事业发展快
自我价值	有、无	中、高	无	被别人尊重
兴趣爱好	无	中	无	很快乐
休闲业余	无	中	无	玩着赚钱
金融投资	无	高	有	高额回报

作为招商部门人员如何一对一地与客户进行沟通，角色定位阶段的沟通是否到位，就看你是否能用这句话进行阐述：什么人+因为什么原因+准备在什么时间+什么地方+

花多少钱+做什么事情+怎么做。

成功的招商谈判，取决于很多要素，如品牌、公司形象、谈判环境、公司团队、谈判细节、谈判心态、语言技巧等。

然而，出乎意料的是：不少企业竟然在谈判初期的角色定位阶段就出现失误，表现平淡、细节失礼，为招商谈判的失败埋下伏笔甚至直接为谈判画上了句号，这其中还不乏一些知名品牌。

角色定位是通过直接和间接的问话，收集信息，将客户进行定位的过程。5～10分钟沟通是否到位，就看你是否能用最简单的一句话进行阐述。

【任务同步案例 2-4-4】

客户：您好，我们想咨询一下你们的项目。

前台：您好，为了更好地为您提供投资建议，我们每个区域都设有招商经理，请问您打算在我们 A 市城市广场做什么项目呢？

客户：我们准备做……

前台：好的，您贵姓？我的意思是我怎样向招商经理通报您。

客户：我姓林。

前台：林先生，您好，您稍等。

2 分钟后，招商经理进来了。

经理：您好，林先生，我是张军，叫我小张就可以，是今天到 A 市的吗？什么时候的航班？

客户：坐火车过来的，早上刚到。

经理：哦，辛苦了，这次是顺便过来，还是专门考察呢，准备考察几个项目？

客户：专门考察你们的 A 市城市广场项目。

经理：哦，林先生是做什么行业的？

客户：一直在 B 企业工作。

经理：林先生是一个做事的人，想更全面地实现个人价值。

客户：我们企业想进入 A 市城市广场，但还没有什么经验。

经理：那没有问题，您选择我们最大的优势就是我们有全套成熟的经营模式让您去复制，有全面而严格的培训体系，让您学会经营和管理。您计划投资多大规模的项目呢？

客户：大概 100 万元左右。

经理：只做 B 企业的产品么，还是附带做一些其他项目？

客户：基本上做我们企业的产品，等看好地点就可以签合同。

经理：非常好，你可以把你的店面情况告诉我，我帮你分析一下，看是否合适，如何投资，以及投资注意事项。

好了，以上对话用一句话概述：

林先生代表 B 企业投资经营一个项目，花 100 万元投资，自己经营管理。

分析：

前台获得的信息完整，而且问话轻松自如，每个问题都为后面的设计做好伏笔。

"您好，为了更好地为您提供投资建议，我们每个区域都设有招商经理，请问您打算在我们 A 市城市广场做什么项目呢？"

这句话有两个用意：一是让客户知道我们很专业，很负责任。我们的招商经理对你们当地市场非常了解，可以提供专业化的服务和建议。二是获得对方的地址，可以让招商经理根据当地市场、风俗习惯、经济状况有技巧地跟对方谈判。

"经理：您好，林先生，我是张军，叫我小张就可以，是今天到 A 市的吗？什么时候的航班？"

"客户：坐火车过来的，早上刚到。"

这句话也有两个用意：一是了解我们是不是客户考察的第一个项目；二是坐飞机和坐火车，基本能表明客户的商务习惯和经济实力。

总之，简单的信息获得，也需要"随风潜入夜"——顺水推舟，随着感情导入销售；"润物细无声"——不知不觉中完成销售。只要对客户进行正确的角色定位，我们招商工作就成功了一半。

（三）招商谈判的磋商

谈判双方对报价和交易条件进行反复协商，双方各自做些让步，并获得一些利益。招商谈判的磋商主要体现在双方在磋商阶段使用的不同策略，针对不同的客户采用不同的策略，使自己达到最大的目的。

1. 巧妙的谈判让步策略

在招商谈判磋商阶段，对各自的条件做一定的让步是双方必然的行为。如果谈判双方都坚持自己的条件不退半步的话，很难实现谈判的目标。谈判者都要明确他们的最终目标，同时还必须明确为达到这个目标可以或愿意做出哪些让步，做多大的让步。如何运用让步策略，是磋商阶段最为重要的技巧。

1）维护整体利益

整体利益不会因为局部利益的损失而造成损害，相反，局部利益的损失是为了更好地维护整体利益。谈判者必须十分清楚什么是局部利益，什么是整体利益。

2）选择好让步时机

让步时机要恰到好处，不到需要让步的时候绝对不要做出让步的许诺。让步之前必须经过充分的磋商，时机要成熟，使让步成为画龙点睛之笔，而不要变成画蛇添足。

3）确定适当的让步幅度

让步的幅度要适当，一次让步的幅度不宜过大，让步的节奏也不宜过快。如果一次让步过大，会使对方的期望值迅速提高，会提出更高的让步要求，使己方在谈判中陷入被动局面。如果让步节奏过快，对方觉得轻而易举就可以得到需求的满足，也就不会引起对方对让步的足够重视。

2. 如何打破谈判僵局

1）回避分歧，转移议题

当双方对某一议题产生严重分歧都不愿意让步而陷入僵局时，不要一味地争辩这个问题，可以回避有分歧的议题，换一个新的议题与对方谈判。

2）多种方案，选择替代

如果双方仅仅采用一种方案进行谈判，当这种方案不能为双方同时接受时，就会陷入僵局。实际上谈判中往往存在多种满足双方利益的方案。在谈判准备期间就应该准备出多种可供选择的方案，不要一根筋到底。

3）尊重对方，有效退让

当谈判双方各持己见、互不相让而陷入僵局时，谈判人员应该明白，坐到谈判桌上的目的是达成协议实现双方共同利益，如果促使合作成功所带来的利益要大于固守己方立场导致谈判破裂的收获，那么退让就是有效的做法。

4）冷静处理，暂时休会

当谈判出现僵局而一时无法用其他方法打破僵局时，可以采用冷静的处理方法，暂时休会，找出解决问题的方法。尤其是一些已经进行的项目，由于开始签订的合同考虑不太周全，有时往往在实施过程中，出现一些矛盾和问题，或者是不能兑现的事情，容易引起争执，在这种情况下，一定要冷静思考，找出对方的共同点、结合点，使问题得到解决。

【任务同步案例 2-4-5】

A 市城市广场的招商目的是使更多的客户进入到城市广场项目中。在整个招商洽谈活动中，招商洽谈者的各项工作都要围绕招商洽谈的目的而开展。

B 企业人员在与 A 市城市广场招商部门人员进行谈判，双方各自坚守着自己的目的，使谈判陷入了僵局。

B 企业认为我公司一次签约十年，在租金方面必须给予每年优惠 10%的政策，并且要有权优先选择商场中商铺的位置。

A 市城市广场招商人员则认为，随着商场的开业，租金会随着物价的上涨而上涨，所以不能同意 B 企业的要求，而且位置越好租金价格越高，不能一次性签约十年，租期时间太长。

双方就以上问题进行了长时间的磋商，各自都坚持着自己的原则，谈判陷入了僵局，双方无法继续谈判，约定一周后进行商榷。A 市城市广场招商经理提出了一个新的方案，即同意 B 企业一次签约五年，租金不变，位置的选择权归 B 企业，但是租金随位置变化而变化。把这个方案通知了 B 企业，B 企业谈判人员虽然没有得到想要达成的目的，但是，考虑到进入 A 市城市广场所带来的效益，欣然接受了新的方案。

本案例中 A 市城市广场谈判代表与 B 企业谈判代表前期都在坚持自己的原则，不想让步，但是为了达到双赢的目的，双方都进行了一定的让步，从而使谈判能够继续进行下去。

（四）招商谈判的结束

1. 谈判结束的契机

招商谈判什么时间结束、怎样结束、采用什么方式结束，是取得成功招商谈判的关键环节，所以在谈判中要把握结束的契机，否则任何策略与技巧都没有意义。

1）从招商谈判时间来判定

招商谈判的质量通常取决于最先建立交易关系的方式，但能否取得一个满意的结果，则在于谈判结束时间的选择和把握。什么时间结束谈判，怎样结束谈判，采用什么样的技术与技巧来实现谈判的完美结束，这是谈判取得成功的又一关键环节。

选择恰当的时机结束谈判，对于谈判的成功有着重要的意义。汽车的运行有一个临界点，超过临界点就会失去控制和具有破坏力。谈判也一样，谈判者对谈判目标不应贪得无厌，应该明确何时快到达临界点，此时立刻停止谈判。倘若不能适当地停止谈判，那么所有的谈判技巧都没有任何帮助。交易的几个阶段可能都需要有一个"终结"才能向下个阶段过渡，所以，对卷入谈判的双方来说，时机选择的意识是非常重要的。当谈判者希望结束谈判时，就必须选择适当的时机，如当对方正处在激动的"准备状态"，此时他的兴致最高，这样，双方就会缔结一个令人满意的契约。

但是，在贯穿整个谈判过程的一系列阶段里，对方的兴趣不会总是持续上升，如果认为总是上升，那就是个错误的设想。实际上，人们兴趣的升降会呈现为一条连续的波形曲线。在某一时刻可能兴致极高，如果一旦过了这个时刻，可能立即感到厌烦，并产生新的阻力。这一终止谈判的时刻几乎可以发生在任何时间，很难说某时为时过早，以致不能尝试。不过，这个时刻往往发生得较晚。

结束阶段要采取一种平静的会谈心境，对方需要消除疑虑，或许正在准备做出适当的决定。用一种满怀信心的态度，含蓄地暗示谈判将会成功，会帮助谈判者度过变幻莫测的关键时刻。

有时，对对方稍加测试，就会发现对方是否准备下决心。假设你提出继续讨论支付问题、交易的期限问题和信用问题，要是对方也期望得到一个有利的决定，那么对方就会怀着极大的兴趣讨论这些问题。此时，就可以认为对方已下定了决心。

2）从对方的最终意图来判定

最终谈判意图的表达，在谈判中非常重要。到了这个阶段，你应该知道怎样去做，也应辨别出对方用来表达最终意图的语言和行为。

要观察对方是否有结束洽谈的意图也是不难的。通过察言观色，根据对方的说话方式和面部表情的变化，便可以做出正确的判断。

只要有相应的心理学知识，掌握了谈判者的心理活动规律，通过系统观察对方在洽谈结尾的言语，你就能洞察对方的一切。

3）适时分手

在谈判的整个过程中都应鼓励对方大胆发表意见，包括发表错误的看法，不应因为对方提出了错误的想法就责备他们。有些谈判者在付出巨大努力或者有把握获得成功的时候，往往喜欢责备对方，这几乎会百分之百地使对方对你产生成见，而给再次的见面造成困难。

2. 谈判结束的准备

1）对交易条件的最后检查

在招商谈判结束前，有必要对一些重要问题进行检查。主要有：①明确哪些问题没有得到解决；②明确自己期望成交的条件及让步的限度；③决定采取何种结束谈判的方式；④安排交易的相关事宜。

这个阶段属于谈判的最后决定的时候，面临着是否达成交易的最后抉择，因此最后的检查变得尤为重要。

2）确保交易条款的准确

在招商谈判中，谈判双方要保证对所谈的内容有一致的理解，相互理解的不同容易造成不必要的误会，所以，最重要的是在交易达成时，双方对彼此的条款具有一致的认识。即：①价格方面的问题；②合同履行方面的问题；③规格方面的问题；④存储及运输方面的问题；⑤索赔方面的问题。

上述这些问题，适用于各种谈判。对于这些问题及其他有关问题，谈判双方应彻底检查一遍，以保证双方真正能够理解一致。

【任务同步案例 2-4-6】

> B 企业接受了 A 市城市广场提出的方案后，谈判基本达成共识，针对租金、支付方式、违约索赔等细节问题又进行沟通，在此期间 A 市城市广场招商人员了解到 B 企业谈判人员急于回公司处理其他事务，将原本 3 天的谈判时间延长到 5 天，使 B 企业谈判人员非常急切，鉴于谈判内容没有损害企业太多的利益，对双方沟通的内容做出了快速的回应，A 市城市广场招商人员看准机会，迅速结束谈判，并确定了合同的条款，并约定一周后进行签约。

本案例中 A 市城市广场谈判代表抓住了 B 企业谈判代表急于回公司，所以故意拖延时间，为自己争取利益，使自己抓住谈判的主导权，从而达到谈判的目的。

（五）招商谈判的签约及执行

招商谈判结束后，就进入了签约的环节，招商谈判的签约主要指的是合同文本的撰写和审核、签约仪式的安排及签约后的执行。

1. 合同文本的撰写和审核

在招商谈判中通常情况下合同由本方来写，因为这样做可以有力地控制合同内容的形成。那么，如果由本方来撰写，我们必须要注意具备以下内容。

（1）关于执行双方所达成协议的特殊要求，其中包括详细技术条件及待完善工作描述。

（2）详细的付款办法。例如，在何种条件下，付款可以推迟或停止；不能按时交货或某些项目不符合协议时该怎么办。

（3）关于交货的一些条款。

（4）在何种条件下协议可以修改。

（5）双方发生纠纷时应如何解决。

（6）可选的附加规定及用何种办法来执行这一规定。

（7）关于未写入协议文本的内容，在何种条件下对该内容未予说明将被合理地视为因疏忽而造成的遗漏。

（8）执行协议所需的行政步骤。

（9）本方法律顾问认为必须写进去的法律上的规定。

（10）虽然对方坚持认为不需要，但本方顾问认为必须包括在合同之内的条款，一定想办法把这些条件都写进去，因为若这些文件被遗漏了，很可能引起争端。

（11）除非合同内容本身要求有某种灵活性，关于合同执行的起止日期必须有明确规定。

合同文本的撰写最基本的要求是符合国家合同法的规定，符合规范合同的模式。

2. 签约仪式的安排

为了表示合同的不同分量和影响，合同的签字仪式也不同，一般合同的签订，只需主谈判人与对方签字即可，在谈判地点或举行宴会的饭店都行，仪式可从简。重大合同的签订，由领导出面签字时，仪式比较隆重，要安排好签字仪式，仪式繁简取决于双方的态度，涉及国际的签字活动，若有使领馆的代表参加，联系工作最好由外事部门经办。

在签字前后的整个过程，必须注意两点：一是切记一派吃亏上当的景象，满腹的委屈、满脸的冤屈、满身的不舒服；二是切记一派得意忘形、沾沾自喜、玩人于股掌之上的小人形象。

【任务同步案例 2-4-7】

招商人员与 B 企业达成一致后，规定具体日期、具体地点进行签约。

A 市城市广场商铺租赁合同

甲方（出租方）：　　　　　　乙方（承租方）：

地址：　　　　　　　　　　　地址：

邮编：　　　　　　　　　　　邮编：

委托代理人：　　　　　　　　　委托代理人：

电话：　　　　　　　　　　　　电话：

甲乙双方就商铺租赁事宜，依据国家有关法律、法规，在平等互利的基础上，达成如下协议。

第一条　总则

1. 甲方将位于　　　路　　号　　室　　平方米（建筑面积）的经营场所租赁给乙方，为乙方提供经营活动，并以此面积计算租金、管理费等费用。

2. 乙方销售的商品，必须出具商品质量合格证等国家规定销售有关商品必须具备的文件，属易燃易爆商品的，还须具备消防许可证。

乙方提供的商品范围如下：

商品类别	商品品牌	商品名称

3. 乙方销售的商品品种及范围以甲、乙双方商定的为准，若需变更商品品种及范围的，乙方须书面报甲方，并按本条第2款向甲方提供有关证明文件，经甲方同意并编码后方可销售。

4. 乙方负责商品的销售、质量和售后服务，并承担开展业务的经营成本和管理成本。

第二条　租赁期限

1. 双方商定：本合同租赁期限自　　年　　月　　日起至　　年　　月　　日止，其中免租期计　　天。共计　　天，免租期内的管理费、营销促销费、公共事业费等不予减免，照期支付。

2. 合同期满，本合同自然终止。如乙方需继续租赁的，必须经甲方同意后重新签订租赁合同，但续租必须符合以下条件。

（1）本合同期限内，乙方无严重违法或违约行为。

（2）乙方应在本合同期满前一个月以书面形式向甲方提出申请。

3. 合同终止后乙方必须在三日内将商铺恢复原样后交还给甲方，即：①不能破坏商场建筑及构筑物、设施设备；②不能影响周边其他商铺的经营；③不能损坏周边其他商铺的装修及附加在甲方商场上的设备、设施。

4. 合同期满终止或因其他原因本合同提前终止，乙方物品必须在终止之日起三天内撤离甲方所在地。如拖延，甲方将乙方在商场内的商品及财产经公证后封存，所需公证堆放物品等费用均由乙方承担。经甲方发函催告三十天，乙方仍未撤离甲方所在地的，甲方视作乙方自动放弃物品所有权利，甲方有权处理封存物品。

第三条　租金、综合管理费等费用的计算及其支付方式

1. 乙方租赁的商铺租金单价为　　元/米^2·天，租赁期的租金总额为人民币　　元（大写：　　万　　仟　　佰　　拾　　元整）。

2. 乙方向甲方支付综合管理费（包含保安、保洁、物业费用）　　　元/米²·天，租赁期的综合管理费总额为人民币　　　元（大写：　　万　仟　佰　拾　元整），与租金同期支付。

3. 出于总体经营推广需要，乙方需支付甲方用于商场促销活动的广告营销促销费，单价　　　元/米²·天，租赁期的营销促销费总额为人民币　　　元，与租金同期支付。乙方需在商场范围内增设广告的，需经甲方同意及有关部门批准，并与甲方另行签订《广告租赁合同》。

4. 乙方向甲方支付租金、管理费及营销促销费，以先付后用为原则，支付方式为　　付，首付于合同签订当日付清，以后每次支付费用的时间为上次支付的费用使用到期前的 15 天，具体支付时间、金额列表如下（双方对租期、收费另有约定的，约定条款附后）。

5. 在合同租赁期内，乙方凡享受免租优惠的，在免租期内，乙方经营的商品应给予适当优惠，甲方组织的各项活动应积极参与。如乙方中途提出终止合同，则不得享受免租优惠，原免去的租金甲方于乙方撤场前全额收回。

6. 合同签订当日，乙方向甲方支付商誉保证金　　　元并交纳综合保证金人民币　　　元。支付的商誉保证金作为甲方对乙方营业员行为规范的约束。交纳的综合保证金，待合同终止费用结清，并在以后的 12 个月内无商品质量投诉、服务投诉及债务纠纷的，甲方即把上述两项保证金（不计息）退还给乙方。

7. 凡在合同履行期内遇法定节假日，乙方支付的租金、综合管理费及营销促销费概不减免。

第四条　双方权利与义务

一、甲方的权利与义务

1. 甲方按照合同约定，按时向乙方收取租金、管理费、营销促销费及本合同约定由乙方承担支付的各种费用。

2. 甲方必须按合同规定，按时将商铺交付给乙方使用。

3. 甲方为商场提供保安服务和公共部位的照明及保洁卫生服务，为商铺提供用电、用水、电话线路，以及必要的营业设施和商场范围内的广告用电，租赁期间发生的水、电等费用由乙方承担。

4. 甲方可以根据商场整体管理要求自定、修改相关的管理规定，以及其他需要的规章制度。根据商品布局需要，甲方有权对商铺面积、位置作适当调整。

5. 甲方每天对商场进行巡回检查，随时纠正商场内一切不利于经营的行为，确保商场运行正常、有序。

二、乙方权利与义务

1. 乙方向甲方提供营业执照、税务登记证、企业机构代码证、法人身份证（复印件）、注册商标证明、授权书等有效证件及法人有效的联系地址、电话、传真，并主动办理进场后的工商、税务登记及装修前的消防审批等需要向当地机关、单位办理的手续。

2. 乙方应保证其经营产品的合法性、可靠性和服务的有效性，如乙方所经营的产品发生商标、专利等知识产权或质量、服务纠纷，概由乙方负责，并承担一切责任。

3. 乙方必须遵守商场纪律和经营管理制度，不得超越经营范围和双方约定的经营品牌，不得在店面内从事任何可能对甲方或第三方造成损害的违法活动，不得以甲方名义与其他单位签订合同或从事经营业务以外的活动，不得将租赁场所转租、转让给第三方，或与第三方共同使用。

4. 乙方必须合法经营、依法纳税，应向有关部门按章交纳的各种税费，如税务、工商等，按甲方所在地的有关部门规定办理，并按时自觉交纳。甲方应收取的租金、管理费、营销促销费等各种费用，乙方必须在合同规定的时间内交纳，逾期不交的，应向甲方支付每天 10% 的滞纳金。

5. 甲方寄发给乙方的各类函信应在甲方寄发之日七天内予以答复，对征求意见类的，若逾期未作答复，视作乙方对甲方征询事宜无异议；对提出不合理经营行为的，若逾期不予整改，甲方有权提前终止合同，乙方应承担一切责任。

6. 乙方在本合同终止之日起 12 个月内如变更联系地址及通信方式的，应及时与甲方联系。因乙方未及时将变更后的联系地址及通信方式通知甲方，遇消费者投诉或债务纠纷等，导致甲方信函无法送达，则因此引起的一切法律、经济责任由乙方承担。

7. 乙方应遵守甲方关于租赁店面及公共设施的管理规定，保证经营场所的整洁、完好，并定期进行清洁维护，如乙方在使用中造成建筑本身或附属公共设备的损坏，须承担相应赔偿。

8. 如乙方售出商品因质量等原因受到消费者投诉，情况属实的，乙方要严格遵照甲方的"先行赔付"的承诺执行，以保护消费者的合法权益，并承认甲方对消费者的赔偿并服从甲方处理。

9. 为制定行之有效的经营策略，乙方应使用甲方统一制作的商场商品销售清单，并有义务于每月 10 日前将上月正确的营业额数据提供给甲方，以作为甲方对下月制订营销计划的重要参考依据。

第五条　租赁场所的装修规范管理

1. 合同签订后，甲乙双方应共同对本合同约定的租赁场所（包括地面地坪、门窗、墙面及其他设施）进行验收，确认场所现状，确保在租赁期内租赁场地完好无损。

2. 乙方必须服从甲方的装修规定，乙方在商铺装修前，必须将设计的商铺装修方案先提交甲方审核，并将装修方案报区消防部门审批并经书面批准同意后方可装修，并服从甲方对整个装修过程的监督管理。

3. 自签约之日起，乙方有　　　天的免租期用于装修，乙方在装修前，向甲方指定的物业公司按租赁面积支付每平方米 10 元的装修押金和每平方米 15 元的垃圾清运费。

4. 乙方在装修布置时不得影响周边商铺的正常营业，不得损坏甲方房屋原有结构，不得堵塞消防设施和改变水、电等基础设施的线路，如有损坏，必须及时修复并赔偿由此造成的损失。

5. 乙方如需在租赁场所内自行增加广告设施，如张贴广告宣传画、广告灯箱、广告牌等，必须向甲方书面提出申请，并经得甲方同意后方可实施。

6. 租赁合同终止后，甲方对乙方装修及装潢不作任何赔偿或补偿。

第六条　派驻人员管理

1. 乙方委派　　名营业员进驻租赁场所，指定　　　为商铺经营管理负责人，上述人员主要从事销售及存货管理，处理在销售活动中所发生的一切事务，并接受甲方的监督管理。

2. 乙方委派的营业员应是身体健康、作风正派、无不良嗜好，必须持证上岗、统一着装、佩戴胸卡、合法经营、文明待客、维护甲方商誉、服从甲方监督管理、遵守商场各项规章制度。

3. 乙方在经营活动中，需遵守商场管理规定和劳动纪律，服从甲方管理，对违反规定、不服管理的营业员，甲方视情节轻重，有权做出加强教育、建议换人、全部扣除或部分扣除商誉保证金的处罚。商誉保证金扣除后，乙方应在一周内及时补足。

4. 营业员通过培训考核并在商铺工作半年以上，可参加甲方明星营业员和表扬营业员评比。具体评选办法由甲方制定，对顾客反映差、考核不及格的营业员，甲方有权要求乙方更换。

第七条　商品价格管理

1. 商品的零售价（包括变更价）按甲方所在地物价部门的规定确定，属厂方自行定价的商品，由乙方确定，并报甲方备案。乙方商品销售和服务必须明码标价，并按甲方要求统一编码销售，严格禁止价格欺诈、牟取暴利及不正当竞争。

2. 乙方应保证同期在其他商场售出的商品价格不低于在甲方销售同一商品的价格，若有降价等促销活动时，在甲方销售的商品应比照降价，如乙方未遵守本规定，甲方有权要求限期整改并视情节轻重给予相应的经济处罚。

3. 除有特殊规定外，凡甲方核准的活动积分卡、会员卡、团购卡、商铺卡等各种卡类，乙方应全力配合接受使用。具体规则以甲方另行公布的使用办法为准。

4. 乙方不得无故拒绝消费者使用信用卡或消费信贷卡，不得向持卡人征收任何附加费或额外费用。乙方违反本条约定，应返还额外征收持卡人的费用，并向甲方支付交易款额三倍的违约金。如顾客持卡消费发生退货，则银行手续费由责任方承担。

第八条　商品质量及售后服务管理

1. 乙方对经营商品的质量和售后服务负责，并提供商品质量标准、生产许可证（准产证）、产品合格证和有关有效的质检报告等国家规定的有关文件，商品外包装上应注明生产厂家名称、生产地址、联系电话等。属代理的，还需提供被代理商的商标、质量标准，生产许可证、质检报告等有效证明。所有商品未经甲方审查编码，不得擅自上柜销售。

2. 乙方经营的商品或服务不得侵犯他人商标、著作权、代理权及专利权，不得销售假冒、伪劣、"三无"产品或政府规定的违禁品、有关部门检测后认定的不合格产品。如经查获，乙方应自行承担一切经济和法律责任，甲方除提前终止合同外，有权向乙方追索由此带来的一切经济损失。

3. 售出商品如发生包括本条第 2 款在内的质量等纠纷，由乙方负责解决并承担相应的经济、法律责任，同时向甲方支付合同约定的违约金，造成甲方损失的，应予以全额赔偿。如消费者提出退货，乙方应在售出 30 天内无条件退货。当发生商品质量问题时，国家有明文规定的按国家规定办理；有行业规定的按行业规定办理。对商品质量有争议的，可提请国家质量监督检验站监督鉴定，鉴定费用由责任方负责。

4. 乙方售出商品导致消费者投诉的，乙方应当场解决，如需上门维修或调换商品的，必须在三天内答复，七天内解决。如乙方逾期不解决，则甲方有权动用乙方交纳的综合保证金实行先行赔偿，并有权追究乙方责任。乙方应在一周内按合同约定将保证金差额补足。引发仲裁、诉讼的，由乙方承担全部责任。

5. 乙方在合同终止后 12 个月内发生商品质量、服务投诉，甲方应及时通知乙方到场解决，如乙方未按时到场，则甲方有权凭消费者提供的有效凭证，动用乙方综合保证金进行赔偿或补偿，不足部分，甲方有权向乙方追偿，乙方不得提出异议。有债务纠纷的，由乙方自行解决。

6. 乙方应填写甲方统一制作的售后服务送货单，并交甲方总服务台，以便甲方协助解决投诉。

第九条　物业、消防及治安管理

1. 乙方不得在商场内街、外街、通道、楼梯及其他公共场所堆放物品，不得占用防火设备和堵塞消防通道，不得损坏消防器材。一经发现，除按甲方管理规定处罚外，如有损坏，应照价赔偿，确保消防通道设施的通畅和完好。

2. 乙方负责租赁场所及周边、门前的物业管理，不得乱扔垃圾，不得在公共部位设摊，保持租赁场所及周边、门前的环境卫生。做好对租赁场所内及其附属设施、设备的维修保养。

3. 租赁场所及周边、门前的治安及消防管理由乙方负责。乙方不得在商场内使用电加热器，包括电饭煲、电磁炉、电水壶、微波炉等；不得在商场内吸烟，不得在商场内使用明火。

4. 乙方必须按国家有关治安、消防、卫生、防疫等方面的规定对商铺进行严格的管理，在租赁场所发生的治安事件、意外事故，由乙方承担责任。一经发现乙方有违规现象和行为的，乙方应严格按规范要求迅速、及时整改。

5. 乙方派驻租赁场所的经营负责人及营业员须参加甲方组织的消防培训。

6. 乙方撤离租赁场地，应当将租赁场地清理干净后恢复原样，不得损坏原有设施，包括地面、地坪、墙面、门窗及其他固定的设施，其标准按乙方进场时与甲方签署的交接单为准。如有损坏，由乙方赔偿。

7. 商场内属于甲方的财产及商品，由甲方自行投保；属于乙方的财产及商品，乙方必须自行投保有关险种。

8. 消费者在乙方租赁场地内的人身安全和财产安全责任由乙方承担。

第十条　终止合同

1. 在合同有效期内，因自然灾害、不可抗力、市政工程及政府的原因而导致商铺终止营业的，本合同自然终止，甲乙双方结清在营业终止前按合同应向对方支付的费用，损失由各自承担，互不追究责任。

2. 除上述第 1 款原因外,甲乙双方中的任何一方在正常经营无过失的情况下需单方面提前终止合同的,须提前一个月以书面形式通知对方。属乙方提前终止合同的,应付清已发生的水电费、租金、综合管理费、营销促销费、税金等各项费用。

3. 乙方有下列情况之一的,甲方有权单方面解除本合同,同时追究乙方违约责任。

(1)乙方严重违反本合同、合同附件及甲方相关的制度规定,造成甲方经济损失或信誉受损的。

(2)乙方私自将经营场所转租、转借、转让或变相转租、转借、转让给他人经营,经指出仍不予更正的。

(3)乙方在经营销售的商品超越所在区域经营范围的,经查实后仍不予更正的。

(4)拖欠合同规定应付款项,经催讨仍不予支付、累计拖欠时间达 30 天的。

(5)利用租赁场所进行非法活动,或从事可能对甲方或第三方造成损害或其他损害公共利益的违法活动的。

(6)乙方销售假冒、伪劣、"三无"商品,或政府规定的违禁品,或侵犯他人商标、著作权、代理权及专利权,经查处情况属实的。

(7)乙方出于某种目的,聚众寻事、闹事,干扰并影响他人经营,影响商场名誉,经劝告仍不改的。

(8)乙方营业员屡次违反商场规章制度,服务质量差,有坑害消费者行为,影响恶劣,屡教不改,店主又拒绝在规定时间内更换的。

(9)未经甲方同意,乙方擅自撤离人员、商品或停止营业(可明确归责甲方之原因的除外),经甲方劝告并书面发函之日起 5 日,仍未恢复营业的。

第十一条　违约责任

1. 任何一方违反本合同及附件之约定的(包含单方面中途解除合同),均属违约,应承担违约责任,违约方应向守约方支付一个月(按 30 天计算)的租金作为违约金,如果造成守约方直接经济损失的,应当全额赔偿损失(合同及附件中对处罚有明确约定的,按约定办理)。

2. 乙方违反第十条第 3 款中的任何一点,除甲方单方面可解除合同外,乙方应向甲方支付合同当年度两个月(按 61 天计算)的租金作为违约金。因乙方违约给甲方造成损失的,还应向甲方赔偿实际经济损失。剩余保证金不足以支付的,甲方有权向乙方追索赔偿的权利。

3. 乙方违反第十条第 3 款中的第(1)、(5)、(6)点的,除按本条第 2 款履行外,剩余租金、综合管理费、营销促销费、收取的商誉保证金、综合保证金概不退还,同时承担相应的法律责任,除赔偿甲方实际经济损失外,还应赔偿甲方因此而造成的名誉损失。

4. 乙方违反第十条第 3 款中的第 4 点的,除按本条第 2 款履行外,还应向甲方交纳逾期滞纳金。按合同交费时间,每逾期一天,除交足逾期天数应交的费用外(包括租金、综合管理费、营销促销费等),还要加交 10%的滞纳金作为对乙方逾期不缴的惩罚。

5. 双方在履行本合同过程中发生争议的，应本着友好的原则，由双方协商解决。协商不成的，提请甲方所在地的人民法院进行调解或裁决。

第十二条　合同生效及其他

1. 本合同一式三份，甲方两份乙方一份，自双方签字盖章后生效。

2. 本合同未尽事宜，一律按《中华人民共和国合同法》的有关规定，经合同双方共同协商，做出补充协议，补充协议与本合同具有同等效力。

第十三条　双方协商的其他条款

1.

2.

甲方（签章）：　　　　　　　　　　乙方（签章）：

委托代理人（签名）：　　　　　　　委托代理人（签名）：

年　月　日　　　　　　　　　　　　年　月　日

若要真正获得招商谈判带来的实际利益，在签订合同后，招商谈判各方就要认真履行合同，积极承担责任，享受权益，处理好执行合同时的各种问题。在实际履行合同时，招商合同也会出现变更、转让甚至解除。

三、能力训练

小林要完成以下的任务。

（1）模拟调研 A 市城市广场招商谈判环境。

（2）模拟制订 A 市城市广场招商谈判方案。

（3）模拟筹备 A 市城市广场招商谈判。

（4）模拟 A 市城市广场的招商谈判开局。

（5）模拟 A 市城市广场交易磋商。

（6）模拟结束 A 市城市广场招商谈判。

（7）模拟 A 市城市广场签订招商合同。

（8）模拟 A 市城市广场履行招商合同。

四、知识拓展

谈判的发想技巧是指在谈判中，启发思路，想办法，出主意，构思新方案，创造性地解决谈判中的实际问题的方法和艺术。谈判中常常会遇到各种各样谈判者始料未及的困难和问题，需要随时开动脑筋予以解决。这就要求谈判者掌握一定的发想技巧，来想出好主意，找到新方案。因此，谈判者的发想技巧实际上就是研究创造性思维逻辑的问题，下面学习一些有效的发想方法。

（一）头脑风暴法

头脑风暴法也称集体创造法，指召集包括专家在内的一些人开会，群策群力，相互启发，最后形成解决问题的方案。头脑风暴法的特点是：通过诱发和集合大家的智慧来使思想产生飞跃，参加会议的人都用脑力去冲击某一问题，使之产生许多思想火花，并进行无拘束的联想（接近联想、类似联想、反向联想等），激发出解决问题的新思路或新方案。

由于个人所拥有的知识、信息和经验总是有限的，而且每个人的性格和心理有异，其思考问题的方式、方法和角度也不同，把大家集合在一起，知识、信息、经验乃至思考问题的方式、方法和角度便是多种多样的。一个人的想法对另一个人来说可能是奇特的、具有诱发性的，大家的思想互为感应、补充、启示、调整、集中、选择，就可能迸发出更高层次的真知灼见。针对谈判过程中的千变万化，更需要发挥谈判班子的众人智慧。

（二）全神贯注法

全神贯注法指思考问题时，摒弃全部杂念，潜心于解决问题的最佳思考状态，以形成突破性的思考能力和方法。这种方法的特点是：使自己专心致志地进入所思问题的最佳状态，甚至如痴如醉，得以有所建树。

心理学研究成果表明：当人的注意力高度集中，全神贯注于思考问题、研究问题、解决问题时，大脑皮层的相应区域就会兴奋起来，在它的邻近区域则会产生抑制作用。这时，暂时的神经联系非常容易建立和巩固，对事物的反映也相应地更清晰、灵敏，整个思维活动处于最积极而高效率的状态，突破性的思想成果也会随之产生。

在谈判中，面对复杂艰巨的谈判任务，更需要全神贯注、集中思想，寻找对应之策。运用全神贯注的发想方法，要求谈判者做到以下几个方面。

（1）全。所谓全，就是要调动全部精力，不分心，不散神，不遗余力地来进行发想。只有保证了精力上的全，才能使自己进入状态，集中发想。

（2）深。所谓深，是指思考问题的程度，仅仅做到把全部精力投入进去是不够的，还必须深入事物的本质发想，才会有所成效。

（3）专。所谓专，是指思考对象的专一。古语有："精诚所至，金石为开。"美国管理学家杜拉克说："有效性如果有什么秘诀的话，秘诀就是'专心'……"思考的对象不专，就很难使自己的精力保持在最佳状态。

全、深、专是全神贯注发想法的三个要领。谈判者可以应用这种方法，创造性地解决谈判中的实际问题。

（三）组合分解法

组合分解法是将思考对象的各个要素进行组合或分解，借助这种变化来激发新思路、新方案。其特点是，运用分与合的变化方法来开拓新思路。

音乐大师借助七个音阶谱出美妙动人的歌曲；丹青高手借助七彩画出生动的画卷；矛和盾是功能各异的武器，但一经组合便产生了现代化的武器——坦克；收音机、钢笔、打火机、多功能沙发等都是组合发想的产物。

相反，如果谈判中遇到一些个别问题谈不通时，不妨试试组合分解的方法，即把所有的问题集中起来，统一考虑，也许就可产生一个崭新的方案。例如，有一对男女因感情不和协议离婚，但在谈条件时，一开始就碰到了两人都要孩子的问题，以致谈判无法深入。为了打破僵局，双方决定暂时放弃这一敏感问题，先进行共同财产分割和公房使用权问题的谈判，双方在这些问题上很快达成了协议。回过头来，双方又讨论孩子的问题，双方都认为孩子的利益应高于一切，不管孩子归谁抚养，都有损于孩子的利益。因此，双方又将所有问题综合起来考虑。想来想去，最后酝酿出一个新方案，即在法律形式上不离婚，在实际生活中分居，孩子可自由往来于两者之间。这样既达到了保护和不失去孩子的目的，又实现了分开生活的愿望。这就是组合分解所获得的方案。

以上可见，组合分解的发想方法变化无穷，富有创造性，谈判者自觉运用这种方法，可以克服困难，创造奇迹。

（四）呼应联想法

呼应联想法是将事物的各个方面联系起来统筹考虑，借以启动想象，产生新方案。这种方法的特点是：把表面彼此分立的问题统一起来，呼应联想，使之迸发出新思想的火花，从而能够防止片面、孤立地思考问题而造成的僵化、闭塞，深入事物的本质，用全面、联系思考问题的方法来形成新思想。古今中外不少伟大的思想家都是借助于这种发想技巧来获得成功。

谈判的成功是需要智慧的。呼应联想就是促进谈判者发想的有效方法之一。例如，一家个体饭店濒临倒闭，店主请来有经营头脑的女婿帮助策划。这位女婿面对工业滑坡、市场疲软、经济萧条的局面，考虑如何赢得顾客的问题。他想到了著名的美国希尔顿饭店依靠"微笑服务"度过了 20 世纪 30 年代美国经济大萧条危机，获得了长足的发展，又联想到日本式的一流服务和经验及商业的优惠竞争策略，终于产生了一个使饭店起死回生的新方案——"名片服务"。他们向每一位来饭店的顾客送上一张特殊名片，上面写道："每一位顾客有保护自己花每一分钱所应得的利益的权利，请您对不满意的饭菜和服务提出意见，我们立刻改正，直至免费处理以保证您的利益。我们对再次光临的顾客优惠减收 10%～11%，对错开高峰用餐时间的顾客就餐费减收 20%～25%。没有卫生就没有饮食，本饭店餐具严格消毒，并免费提供卫生筷和其他用品，在这里您将会享受到可口的南北风味、海鲜和日本式的一流服务。"他们凭着这张名片，为来店的每一位顾客服务，竟获得了很大的成功，昔日门庭冷落的局面，代之以顾客拥挤的景象，创造了萧条时期个体饭店的奇迹。这就是借助呼应联想法发想，找到解决问题的方法的一个例子。

呼应联想法在实践中有多种多样的用法，既可以在相似性质、形式、关系或规律方面呼应联想，又可以对相互关联的事物联想，谈判者可以举一反三。

（五）逆向反思法

逆向反思法是指当思想被遇到的难题所困扰时，采用与通常不同的相反思考的发想技巧。这种发想方法有时会产生出奇制胜的全新方案。它的主要特点在于：打破常规，从使人意想不到的反面打开发想的大门，获取解决难题的全新方案。

在谈判桌上，谈判者常被一些难题所困，智穷才尽，百思不得其解。这时，谈判者不妨从反向角度想一想，也许破解难题的缺口就在这里。虽然逆向反思不一定对每人每事都有效，但它至少为谈判者提供了一种方法途径，增加了成功的机会。历史上凭借这种发想方法取得成功的事例很多。春秋时代，齐景公要把不小心得罪他的臣子处死并大卸八块，以解心头之恨。当时，无人敢于犯颜直谏。此时，大臣晏婴站出来，左手扯着那人的长发，右手握刀，仰头问齐景公道：“古代的圣明帝王肢解罪人的刑罚不知是从哪朝哪代开始的？”这一问，使齐景公茅塞顿开，醒悟过来，立即阻拦道：“把那个人放了，罪在寡人。”晏婴逆向反思所讲的话，成功地说服了齐景公。《三国演义》里面脍炙人口的诸葛亮用“空城计”吓退司马懿大军，就是诸葛亮借用逆向反思的方法，一反平生谨慎用兵，从不冒险取胜的习惯定式，在马谡失街亭，整个战势急转直下，而司马懿兵临城下，城内仅几千老弱病残军卒时，令军士敞开城门，自己在城楼焚香鼓琴，大有诱敌深入而歼之之势，最终迷惑了老谋深算的司马懿而取胜。

（六）疑中求智法

疑中求智的发想方法是指不执迷于既存的事物和答案，而勇于怀疑、勇于思索，并借助这种方法来求得新思想和解决问题的新方法。其特点是：利用怀疑的思想动力来激起思想火花，孕育解决问题的方案。

在谈判中，多一点怀疑是有好处的。这不仅是谨慎和避免上当，还可以促进发想、更改方案。谈判者对自己的谈判方案和对方提出的方案，都不能简单地认可，而应勤于生疑，多思多虑，这也许会产生更好、更为妥当的方案。例如，问自己，这个要求对方会接受吗？如不能接受，是否有更容易为对方接受而对己又无损的方案？对方的方案中有无不妥之处？哪些会造成对己方的不利？其程度又如何？要不要请第三者介入？等等。下面举例说明疑中求智法的作用。

S市一家面包厂（以下简称S方）到T市某食品厂（以下简称T方）谈判联合生产高档面包。T方提出不用S方投资，而只要S方负责技术和管理，利润三七分成，S方得三，T方得七。但有一个条件：T方为了与S方联合生产高档面包，需要停掉一个生产食品的夜班，每月损失4000元，要求S方每月预付这笔损失费，其理由是：如果不是联合，就不会白白损失4000元。S方因为考虑有把握获得更大的利润也就答应了。在双方将签约前，S方的一位朋友对此方案提出了疑问：“你每月给对方4000元的补偿费究竟补偿什么？”这一问引起了S方的进一步深思。发觉每月预付4000元，合伙两年要白白给对方支付10万元，但这又不算投资；而对方投入的设备却要提折旧费，合伙期满后一切都归对方。这样一算后，茅塞顿开，原来对方是在占他们的便宜。S方断然否定了这个条件，重新谈判合伙条件。这个例子说明了怀疑可以诱发新思想。

　　以上列举和分析了一些发想方法技巧。实际上，人们在丰富的社会生活中积累了许多的科学发想方法，如焦点聚思法、信息交合法、类比效应法、变换更新法等，谈判者都可以在谈判中借鉴运用。这里并不等于说，不懂得这些发想方法就不能获得解决问题的思想。在现实生活中，人们大都是不自觉地借助于各种发想方法来启动思路，或者根本不借助什么方法，而完全是由于"急中生智"或"灵机一动"而获得一种创造性思维。这些就不是懂得几种发想方法就能做到的，而是取决于人们的反应能力和智慧水平。谈判者应当正确认识各种发想方法在谈判中的积极作用，并非用它来取代一切。

任务五　国际商务谈判

一、任务描述

　　跨国贸易引发国际商务谈判。一个完整的国际商务谈判要经过国际商务谈判的准备阶段、开局阶段、磋商阶段、结束阶段及签约和执行阶段。小林在该任务中就是要进行角色扮演，完成一次国际商务谈判。

【任务同步案例 2-5-1】

　　J 公司是中国一家以汽车及汽车零部件生产经营为主要产业的大型民营企业集团，面临战略转型，对技术和品牌有强烈的诉求；F 公司是美国最大汽车制造商，是世界最大的汽车企业之一，但巨额债务缠身，负债累累，为了改善公司的财务状况，适应公司发展主打品牌的战略调整，F 公司决定出售其位于瑞典，以安全和环保技术著称的 V 汽车。尽管困难重重，双方还是拉开了合作的国际商务谈判的序幕。小林在这里就是 J 公司市场部经理董一。

二、知识学习

　　国际商务谈判是国际商务活动的重要组成部分。它是指在国际商务活动中，不同国家之间的商务活动主体为满足某一需要或达到某一目标而进行的讨论和洽谈的商业活动的总称。

　　国际商务谈判是商务谈判在国际范围内的应用，它与国内商务谈判有相同的一面，如商务谈判的主、客体都必须合法，谈判各方都处于平等的地位，谈判的目标都是为了取得双方都可以接受的协议，等等。但是，与国内商务谈判相比，国际商务谈判从准备工作到谈判中涉及的问题都要复杂得多。其不同主要以下几点。

（1）谈判背景条件不同。国内商务谈判各方面所处的宏观环境基本一致，彼此也都比较熟悉，谈判形成的利益差别主要取决于谈判者的能力和临场发挥。而国际商务谈判的谈判各方所处的宏观环境会因为所处的国家或地区的不同而不同，这就决定了国际商务谈判比国内商务谈判更加复杂。

（2）谈判所需的知识不同。国内商务谈判和国际商务谈判都需要掌握相关的知识，如市场知识、法律知识等，但国际商务谈判还需要谈判者掌握外语、外汇、国际惯例等方面的知识。这就决定了国际商务谈判的参与者必须掌握更多的知识。

（3）谈判风格不同。各个国家或地区的文化差异形成了谈判者不同的谈判风格和习惯。因此，在国际商务谈判中，谈判者还必须了解对手的谈判风格或特征，只有这样，才能获得谈判对手的尊重，保证谈判的成功。

因此，在本任务中知识学习的重点就是这些差异。

$$\text{国际商务谈判} \begin{cases} \text{国际商务谈判的准备} \\ \text{国际商务谈判的开局} \\ \text{国际商务谈判的磋商} \\ \text{国际商务谈判的结束} \\ \text{国际商务谈判的签约及执行} \end{cases}$$

（一）国际商务谈判的准备

国际商务谈判的准备尽管要复杂一些，但总体来说也是从人员准备、背景分析和计划拟订三个方面着手。

1. 国际商务谈判人员准备

与国内的商务谈判相同，参与国际商务谈判，首先要选择符合谈判要求的人员，组成商务谈判的团队，然后培训和加强谈判人员参加谈判所需要的知识并且要加强管理。在这里强调以下几点。

（1）谈判队伍中需要有熟练应用外语的翻译人员，而且其他的谈判人员也最好有一定的外语基础。

（2）国际商务谈判通常比较复杂，所以谈判队伍的成员通常较多，但双方的人员一般大致相同。

（3）培训和掌握不同的谈判风格。不同国家、不同民族、不同文化地域的人，其语言、宗教、价值观与人生态度、行为方式与社会习俗、审美观、教育、社会制度、个人经历各不相同，由此使得具有不同文化背景的人，一般都有其独特的谈判风格。谈判者只有了解和熟悉对方国家的文化传统和谈判方式，并根据洽谈业务的需要采取不同的谈判策略和技巧，才能掌握谈判的主动权，达到谈判的目的。

（4）培训西餐礼仪知识和掌握西餐礼仪。西餐礼仪较为复杂。

第一，西餐的位次。在西餐中，座次不同，代表的尊贵和重要性也不同。一般的规则是：面门为上；居中为上；以右为尊；女士优先，女士尊于男士。也可以从距离主位的远近来判断，距主位越近，地位越高。在西餐中，座位一般是交叉排列，即女士、男士、熟人交叉而坐。

第二，西餐的用餐礼仪。西餐的餐具使用方法复杂。一般应左手持叉，右手持刀。当餐桌上有多副刀叉并排时，应按先外后内的顺序，先使用摆在最外边的一副刀叉，然后依次向内，因为西餐餐具摆放与上菜的先后是直接衔接的，顺序错了，就可能导致"物不尽用"。进餐中放下刀叉时，应摆成"八"字形。任何时候，都不可将刀叉的一端放在盘上，另一端放在桌上。

吃鱼、肉等带刺或骨的菜肴时，不要直接外吐，可用餐巾捂嘴轻轻吐在叉上放入盘内。

吃鸡腿时应先用力将骨去掉，不要用手拿着吃。吃鱼时不要将鱼翻身，要吃完上层后用刀叉将鱼骨剔掉后再吃下层。吃肉时，要切一块吃一块，块不能切得过大，或一次将肉都切成块。吃面包时，应用手将面包掰成小块，用专用的小刀抹上黄油和果酱，抹一块吃一块。

遇到烤鸡、龙虾、肋骨、牡蛎、鸡翅、小甜饼、三明治、土豆条、带芯玉米时，也可用手拿着吃。用手取食物，有时会送上一小水盆，水上漂有玫瑰花瓣或柠檬片，这是专供洗手用的。洗手时两手轮流蘸湿指头，轻轻刷洗，然后用餐巾或小毛巾擦干。

西餐中的汤匙是专门用来喝汤的（喝咖啡的小匙的式样与汤匙不同），因此不宜用来进食，但可以与叉并用，帮助叉取食物。喝汤时，用汤勺从里向外舀，汤盘中的汤快喝完时，用左手将汤盘的外侧稍稍提起，用汤勺舀净即可。喝光汤，汤匙应放在盘里，匙心向上，匙柄置盘子右边缘外。

西餐宴会中每个座位的餐桌上，刀叉和盘子的右上方摆着多个酒杯，包括凉水杯、红葡萄酒杯、白葡萄酒杯、香槟酒杯等。装红白葡萄酒的酒杯基本相同，香槟酒杯一般是高脚口杯或郁金香型瘦高杯子。拿高脚酒杯应以手指捏住杯腿，短脚酒杯则应用手掌托住酒杯。一般吃红肉（猪、羊、牛肉等）要喝红酒，吃白肉（鱼、虾、蟹、海鲜等）喝白酒。香槟酒为开胃酒，在正式用餐前吃沙拉或鱼子酱时可喝香槟酒。

用餐完毕，将餐巾擦拭嘴唇和嘴角，然后置于盘子右方。一般在众人面前不宜使用牙签，必须用时，应将双手挡住嘴轻轻地剔，用过的牙签放在盘内，勿置于桌布上。

西餐后或席间配有咖啡和茶。全套咖啡用具包括咖啡杯、托盘、小匙、牛奶缸、糖缸等。喝咖啡时先用专用的糖夹或糖勺往咖啡里加适量的糖，再加牛奶，然后用小匙搅拌。搅毕，将小匙置于托盘上，也可根据个人习惯不加糖和牛奶。此时就可左手托盘右手持杯耳，将托盘置于齐胸的位置，然后将咖啡杯端离托盘慢慢品饮。喝完后，再将咖啡杯置回托盘中，放于桌上。勿将小匙放在杯里。喝茶的礼仪与喝咖啡基本相同。

（5）选择礼物的注意事项。选择礼物时，既要尊重对方的风俗习惯和偏好，又要突出中国的民族特色，并有一定的纪念意义，如传统工艺品。有时，过于贵重的礼物反而会给对方造成有求于对方，或产品本身可能存在缺陷的印象，反而会适得其反。一般来说，外国客商大多喜欢中国以下几种礼品：景泰蓝礼品、玉佩、具有中国传统风格或印有汉字的服饰、绣品、水墨字画、竹制工艺品等。

2. 国际商务谈判背景分析

谈判的背景是指开展商务谈判的时间条件、地点条件和谈判信息。

国际商务谈判与国内商务谈判一样，需要谈判双方进行沟通，协商约定好谈判的时间和地点，如果是主座方，就要准备谈判室及为客座方准备食宿。对于客座一方来讲，除非本公司在当地已有分支机构，可以通过它们来安排一些事务外，在大多数的情况下，还要做好以下准备。

（1）准备好印有本企业抬头的信笺和名片。特别是名片，一定要专门印制，要有东道国的文字，使对方一看就懂，还要把小组中高级职员的重要头衔都写上去，以吸引对方的注意力，因为在许多国家，经理一类的头衔已经显得很普通了。

（2）带好与谈判有关的各种数据资料，尤其是下列资料：该国的经济情况；该国金融情况及其他项目的投资情况；通货膨胀情况；当地工人和职员工资级别情况；工会活动的情况；谈判所涉及的行业情况；对方谈判者对本企业的兴趣如何；法律、保险条例、工人福利等方面的变动情况。

（3）带好其他一些常用的办公用品，如电脑。这也有助于信息保密。

在国际商务谈判中，因为谈判背景的不同，收集谈判信息就显得格外的重要。那么在国际商务谈判中，都应该收集哪些方面的信息呢？大致包括以下四个方面：与谈判有关的环境因素信息、市场信息、有关谈判对手的信息和己方的信息。这里主要说说与谈判有关的环境因素信息。

【资料链接】

英国的谈判专家 P.D.V.马什在其所著的《合同谈判手册》中曾做了系统的归类，共有八个方面。

1. 政治状况

政治状况包括以下内容。

（1）国家对企业的管制程度。

（2）国家对企业的管制是如何操作的，是中央集权还是地方分治；谈判还会涉及哪些权力机构。

（3）该国对此谈判项目是否有政治兴趣，如果有，程度如何；哪些领导人对此项目感兴趣，他们的权力如何。

（4）当局政府的稳定性如何，如果是项目谈判，则项目上马期间政局是否变动。

（5）政府与谈判双方的政治关系如何。

（6）该国有无类似的下列情况：在房间里安装窃听器、偷听电话、暗录谈话内容、用男女关系来诬陷某人。

2. 宗教信仰

宗教信仰包括以下内容。

（1）该国占主导地位的宗教信仰是什么。

（2）该宗教信仰是否对下列事务产生重大影响：政治，法律制度，国别政策，社会交往与个人行为，不同国籍、信仰、党派人员出入境的自由，节假日与工作时间。

3. 法律制度

法律制度包括以下内容。

（1）该国的法律制度是什么，是根据哪个法律体系制定的。

（2）它是否限定合同必须受购货人本国的法律约束。

（3）在现实生活中，法律的执行程度如何。

（4）法院与司法部门对执行者的独立性如何，契约人对司法部门的影响如何。

（5）法院受理案件的时间长短如何。

（6）执行法院判决的措施是什么。

（7）对执行国外的法律仲裁判决有什么程序。

（8）该国的法律是否禁止本国商人在谈判中达成让步或妥协的协议；是否限定企业中那些有权签订和修改合约的领导人的权力范围。

（9）当地是否有脱离于谈判对手的可靠律师。

（10）有关就业和社会治安的法律情况怎样，法律的条文是如何适用外国人的。

（11）为了在当地顺利执行合同，是否有必要在当地成立自己的公司。

4. 商业做法

商业做法包括以下内容。

（1）该国的商业通常是如何经营的，是主要由各公司负责人经营，还是公司各级人员均可参与。

（2）是否任何协议必须见诸文字，合同具有何等重要的意义。

（3）正式的谈判场合是不是只为双方的领导而安排的，其他的出席成员是否只有在问及具体问题时才能回答。

（4）有无工业间谍活动，应如何小心保存机要文件。

（5）在业务活动中是否有贿赂现象。如有，方式如何，起码的条件是什么。

（6）一个项目是否可以同时与几家谈判，以选择最优惠的条件达成交易；可以保证交易成功的关键因素是什么，是否只是价格问题。

（7）业务谈判的常用语种是什么，如用当地语言，有无可靠的翻译，合同文件是否可用两种语言来表示，它们能否有同等的法律效力。

（8）谈判者是直接与进口代理商谈还是直接与厂商谈。

（9）谈判是不是分成两个阶段，首先是技术谈判，然后是商务谈判。

5. 社会习俗

社会习俗包括以下内容。

（1）在衣着、称呼方面，什么是合乎社会规范的标准。

（2）是不是只能在工作时间谈业务；业余时间，如吃饭、娱乐时是否也能谈业务。

（3）社交场合中是否应该带妻子同往；是不是所有的娱乐活动都在饭店、俱乐部举行。

（4）送礼的方式，礼品的内容有什么习俗。

（5）人们如何看待荣誉、名声等问题。

（6）当地人民是否可公开谈论政治、宗教等话题。

（7）妇女是否参与经营业务；如参与，是否与男子具有同等的权力。

6. 财政、金融状况

财政、金融状况包括以下内容。

（1）该国还本付息比率如何；是否向国际货币基金组织申请过援助，如曾申请，结果如何。

（2）该国的外汇储备如何，主要是依靠哪些产品赚取外汇的。

（3）该国货币是否可自由兑换。

（4）该国在国际支付方面的信誉如何，是否有延期情况。

（5）该国能否开出在出口国可保兑信用证。

（6）要取得外汇付款，需经过中央银行和财政部的哪些环节。

（7）适用的税法是什么；该国是否签订过避免双重征税的协议，如果签订过，是与哪些国家签订的。

（8）外籍职员是否在必须缴纳所得税后才可将外汇汇出境外。

（9）公司在当地赚取的利润能否汇出境外。

（10）在征收关税方面有何规定，该合同是否可免税。

（11）契约人是否需缴纳其他税收。

7. 基础设施与后勤供应系统

基础设施与后勤供应系统包括以下内容。

（1）该国人力、物力、财力情况如何。

（2）在聘用外籍工人，引进原材料、设备等方面有无限制。

（3）当地的运输条件如何。

8. 气候因素

气候因素包括夏季的温度、潮湿情况，冬季的冰雪霜冻情况，是否多尘埃、地震。

资料来源：袁其刚. 国际商务谈判. 北京：高等教育出版社，2007：34-37

在进行环境因素信息分析时，应先从上述因素中挑选出影响谈判的具体因素，并进一步了解这些因素对谈判的影响程度。同时要注意已有的信息资料是否具有客观性和真实性，以免使己方对谈判有不正确的认识。

3. 国际商务谈判计划拟订

国际商务谈判计划是谈判人员在谈判前预先对谈判目标的具体内容和步骤所做的安排，是谈判者行动的指针和方向，也是整个谈判活动的行动纲领。国际商务谈判计划的制订是建立在对国际商务谈判背景分析的基础之上，主要包括谈判主题，谈判目标，即最高期望目标、可接受目标、最低限度目标，谈判策略和谈判议程等内容。在这里要说明的是，不是所有的谈判都要确定最高期望目标、可接受目标、最低限度目标，因为有一些是原则性的问题。国际商务谈判计划的基本样本参见本书项目一任务一的相关内容。

【任务同步案例 2-5-2】

正如中国古语所云：有备而无患，又有，知己知彼，百战不殆。为了完成此次艰辛的谈判，J 公司进行了充分和精心的准备，打了一场有备之仗。其谈判团队除了 2 名翻译人员兼记录员、1 名后勤联络人员以外，主要有负责重大问题决策的首席代表公司总经理李杨、负责销售问题的销售经理米惠、负责财务问题的财务经理刘曼丽、负责技术问题的技术经理方明、负责市场调查问题的市场部经理董一，阵容强大。

瑞典是最早同中国建交的西方国家，号称建设的是民主社会主义，中瑞关系平稳发展，两国在政治、经济、文化等各个领域和各个层次的交流与合作日益增多并取得显著成果。J 公司成立了谈判幕后团队，负责收集相关的资料信息。主要有：①美国、瑞典的企业制度，国家对企业的干预程度等；②美国和瑞典的宗教信仰状况；③美国和瑞典与谈判相关的法律、法规、制度和程序等，尤其是投资、兼并收购、反垄断和不正当竞争、仲裁、法律程序等方面的规定；④美国和瑞典，尤其是瑞典的商业做法、商业文化；⑤美国和瑞典，尤其是瑞典的社会习俗、文化背景、禁忌等；⑥美国和瑞典的财政、金融、税收、外汇管理等；⑦瑞典的基础设施、道路交通和后勤保障的程度；⑧瑞典的气候及可能产生的影响；⑨F 公司和 V 汽车的发展历史、重大事件，F 公司的财务资信状况，F 公司出售 V 汽车的目的和对该次谈判的重视程度，V 汽车近年盈利状况、市场占有量、品牌价值等；⑩调查竞争对手日本丰田公司、奇瑞汽车、瑞典财团的情况；⑪J 公司近年的盈利情况、中国汽车市场的前景、中国对振兴和扶持民营企业的相关规定、国家出台的《汽车产业调整和振兴规划》及收购 V 汽车的资金来源。

J 公司在获取相关信息并进行分析后，拟订了本次国际商务谈判的计划。

1. 谈判时间

5 月 10～25 日。

2. 谈判地点

在瑞典的斯德哥尔摩展开该轮谈判。

3. 谈判主题

以合理的条件与 F 公司达成收购 V 汽车的协议。

4. J 公司的谈判目标

最高期望目标：16 亿美元收购 V 汽车 100%的股权，不裁员，保存现有运作模式。但是在未来两年内接纳中国的汽车技术团队进驻瑞典总部。

可接受目标：18 亿美元收购 V 汽车 100%的股权，其中 2 亿美元以支票支付，16 亿美元以现金形式支付。但是在未来两年内接纳中国的汽车技术团队进驻瑞典总部。不裁员，保存现有运作模式。

最低限度目标：20 亿美元收购 V 汽车 100%的股权，其中 4 亿美元以支票支付、16 亿美元以现金形式支付。不裁员，保存现有运作模式。

5. 双方优劣势分析

J公司优势：有很出色的技术与品牌支持；中国汽车市场的依托；国家政策的支持。J公司劣势：与V汽车的经济实力相差悬殊、企业发展水平差距大；管理思想差异性较大；技术在国际汽车行业还比较落后；面对国际金融危机，资金短缺；中低档品牌，缺乏高端自主品牌。

F公司优势：拥有强大的品牌和一流的技术；品牌走高端路线，品牌形象好；F公司是全美最大的制造商。F公司劣势：V品牌汽车排量大，不利环保；V汽车连年亏损，急需出手，F公司自身需偿还大量债务；J公司与V汽车发展水平差距较大，J公司的战略是改变其"低端车标签"品牌形象，提升企业核心技术，而V汽车属于高端产品，品牌形象影响力大；管理思想差异性较大。

6. 谈判程序及策略

1）开局阶段

方案一：协商式开局策略。虽然双方第一谈判，但经过谈判前的良好沟通，营造良好的谈判气氛，顺利打开谈判局面。

方案二：坦诚式开局策略。承认文化、管理制度等的差异，己方的不足和弱势，但同时强调自己的优势。

方案三：施行低价报价，为今后的谈判留有余地。

2）磋商阶段

方案一：投石问路策略。国际商务谈判不确定性因素更多，可以应用该策略获取更多的信息，同时注意对方的反投石问路的做法。

方案二：利益诱导的策略。中国有广大市场、政策支持，除了核心技术、知识产权与员工安排方面均可做出适度的让步。

方案三：红脸白脸策略。由两名谈判成员其中一名充当"红脸"、一名充当"白脸"辅助协议的谈成，适时将谈判话题从定价的定位上转移到长远利益上来，把握住谈判的节奏和进程。

方案四：打破僵局的策略。

3）结束阶段的策略

速战速决、最后通牒策略。

7. 主要的谈判议题

收购价格、股权、经营管理体制、核心技术和知识产权、员工安置、支付方式和时间及相关事项的推进时间。

8. 应急预案

国际商务谈判一般要制订应急预案。

第一，对方使用权利有限策略，声称有金额的限制，拒绝我方的提议。应对方案：了解对方权限情况，"白脸"据理力争，适当运用制造僵局策略，"红脸"再以暗示的方式揭露对方的权限策略，并运用迂回补偿的技巧，来突破僵局，抑或用声东击西策略。

第二，对方使用借题发挥策略，对我方某一次要问题抓住不放。应对方案：避免没必要的解释，可转移话题，必要时可指出对方的策略本质，并声明，对方的策略影响谈判进程。

第三，若对方坚持在签订收购合同这一点上不做出任何让步和不做出积极回应，则我方先突出对方与我方长期合作的重要性，并暗示与我方未达成协议对其恶劣影响，然后做出最后通牒。

第四，如果在谈判开始对方因为蒙受的巨大损失而将谈判定在一个极其强硬和恶劣的气氛中，我方应通过回顾双方的友好合作等行为缓和气氛，同时暗示双方的这一合作的重要性。

（二）国际商务谈判的开局

国际商务谈判的开局是谈判双方的正式初步接触。在这个阶段中，谈判双方协商并确定双方的谈判方案，逐步向对方展示己方的立场、观点和要求，并根据对方的信息探测对方的实力和特点，为下一阶段的磋商做好准备。开局谈判是实质性商务谈判的起点，在很大程度上影响整个谈判的走向和发展趋势。

国际商务谈判开局阶段的任务主要有三个，即召开预备会议、营造谈判气氛、开场陈述和报价。

（1）召开预备会议。预备会议的目的是使双方明确本次谈判的目标及为此目标共同努力的途径和方法，以便为此后各阶段的洽谈奠定基础。在预备会议上谈判双方介绍谈判人员，共同确定谈判方案。

（2）营造谈判气氛。谈判气氛有的是平静的、拘谨的；有的是积极的、友好的；有的是对立的。不同的洽谈气氛对洽谈会有不同的影响。例如，热烈的、积极的、合作的气氛，会对谈判产生不同的影响。气氛影响谈判人员的心理、情绪和感觉，从而引起相应的反应。因此，在谈判一开始，建立起一种合作的、诚挚的、轻松的、认真的和解决问题的气氛，对谈判可以起到十分积极和有力的作用。营造洽谈气氛的关键时间是短暂的，可能只有几秒钟，最多也不超过几分钟。谈判气氛一旦形成，以后很难改变。坦诚友好的态度是建立良好的谈判气氛不可或缺的。

（3）开场陈述和报价。开场陈述，是指在开始阶段双方就本次洽谈的内容，陈述各自的观点、立场及建议。它的任务是让双方能把本次谈判所要涉及的内容全部提示出来；同时，使双方尽可能多地了解对方对本次谈判内容所持有的立场与观点，并在此基础上，就一些原则性分歧分别发表建设性意见或倡议。

报价是开局阶段最重要的事项，也是双方第一次面对面地表达自己的看法、立场，并在此基础上进行报价，提出自己的交易条件。一般来讲，开局阶段，双方的报价都会有所保留，以为后来的讨价还价留有余地。

在国际商务谈判的开局阶段，谈判人员要根据双方的接触、陈述和报价，判断对方的态度、立场，发现那些与己方的预期有偏差的方面，及时调整谈判策略。

【任务同步案例 2-5-3】

在 J 公司与 F 公司的谈判案例中，J 公司在总经理李杨的带领下如期抵达斯德哥尔摩，谈判在预定的时间和地点展开。

谈判开始，F 公司首先回顾了与中国的合作历程。F 公司成立于 1995 年 10 月 25 日。F 公司拥有位于江西省南昌市的江铃汽车（股份）有限公司 30% 的股份。另外，2001 年 4 月 25 日，F 公司和长安汽车集团共同初期投资 9800 万美元成立了汽车有限公司，双方各拥有 50% 的股份，专业生产满足中国消费者需求的轿车。2003 年 10 月，F 公司和长安汽车集团签署了增加新产品的推出和共同寻求汽车领域新商机的谅解备忘录。内容包括 F 公司和中方伙伴共同出资 10 亿美元，将合作公司的年产能增加到 15 万辆，并建立第二个轿车厂和一个发动机厂。2004 年 2 月，合作公司正式宣布第二个轿车厂选址南京。2003 年 7 月，F 公司将其运动型多功能车（SUV）的杰出代表"翼虎"（Maverick）正式推向中国市场。F 公司在中国发展比较迅速。

双方的谈判气氛友好，J 公司应用了协商式的开局策略，并采取了较为主动的先报价的策略。J 公司的首次报价低于该公司制定的最高期望目标，J 公司本没有裁员的意愿，但为了增加谈判的筹码，在开局阶段提出了部分裁员的要求，而且出价低于 16 亿美元。F 公司表示出价过低，双方展开了协商。

（三）国际商务谈判的磋商

磋商阶段是国际商务谈判的关键和核心阶段。通过开局阶段的陈述和报价，谈判各方都对谈判对手的意图有了一定程度的了解，找到了差距，磋商阶段的任务就是根据自己获得的信息与对手解决这些交易差距，达成一致。差距越大，达成一致的可能性就越小；双方的差距越小，达成一致的可能性就越大。如果能达成一致，谈判就迈向了成功，否则，谈判就有可能破裂。

因此，磋商阶段是一个不断讨价还价的过程，在这个过程中，为了实现谈判目标，就要面临让步和打破出现的僵局的问题。

【任务同步案例 2-5-4】

J 公司与 F 公司的此次谈判不仅涉及的资金数额庞大，而且技术条款复杂，谈判困难多，进展并不顺利。谈判磋商的主要方面如下。

（1）F 公司对 J 公司经营 V 汽车提出了质疑。这些质疑基于以下事实：①J 公司从创建以来一直都在坚持做中低档车的生产销售，从未涉足过高端豪华车的生产销售领域，而此次 J 公司收购的 V 公司则是一家以生产和销售高端豪华车而闻名的汽车公司。②中国高端市场竞争激烈，奥迪、宝马和奔驰这三大高端豪华汽车生产巨头占据了其中 93.4% 的市场份额，V 汽车亏损严重，汽车保有量逐年下降，而且市场主要集中在北美和欧洲，J 公司将如何应对。

经过反复磋商：①J 公司承认了自己在经营管理上的不足，因此承诺，收购后，对 V 公司内部，保留 V 公司单独的运作体系，J 公司不干涉 V 公司的运营管理，高管团队给予保留，让其保留更多独立。J 公司的尊重让 F 公司对 J 公司产生了极大的好感，对谈判成功起到了积极作用。②J 公司通过详尽的成本测算，准确地预测出 V 汽车销售 35 万辆即能实现扭亏。V 公司只需在中国扩展 5 万辆就能实现 35 万辆的全球销售而全面扭亏，而中国车市未来 5 年还将以每年 20% 的速度递增，通过营销宣传增加认知度，扭转销售的颓势是非常有可能的。F 公司也是看中中国车市场，也意识到 V 汽车要走出困境，眼下最大的机遇就是借助中国市场，但中国有个政策：海外并购都要在国家发展和改革委员会备案，不允许自相残杀。所以，F 公司如果要选择中国就只能选择 J 公司，这个问题也迎刃而解。

（2）F 公司提出，J 公司目前的营业额不足 2 亿美元，如何支付高达 10 亿多美元的收购价。①J 公司表示中国在外汇储备存量较高和人民币汇率升值后，放宽了对外投资，这也为 J 公司收购 V 汽车提供了经济保证。②J 公司具体说明了自己的资料来源。资金 50% 左右是中国的，还有 50% 是海外市场的，包括美国、欧洲等不同地方。中国部分 50% 以上是 J 公司自己的，还有一些少量的其他投资人，主要是中国银行浙江分行、伦敦分行，中国进出口银行。

（3）股权、产品、技术及价格的谈判。经过反复的讨价还价，F 公司提出让 J 公司以 18 亿美元收购瑞典 V 汽车 100% 股权，包括 9 个系列产品，P1、P2、和 P24 3 个最新平台，2400 多个全球网络，人才和品牌及重要的供应商体系。之所以能提出这样的协议，也是因为 F 公司与 V 汽车拥有大量共享技术和专利，由于担心技术为竞争对手所用，F 公司并不热衷于将 V 汽车出售给大型汽车集团，以免增强对手竞争实力。而 J 公司恰恰满足 F 公司这一要求。

（4）支付条款。J 公司向 F 公司支付 18 亿美元的现金。

（四）国际商务谈判的结束

在经过几轮的磋商较量之后，谈判各方的利益分歧会越来越小，就交易的各项条款的意见逐渐趋于一致，谈判将进入终结阶段。在这一阶段，谈判的负责人要能够准确地判断和选择谈判的结束时机，正确地选择谈判的结束方式，适当地选择一定的策略促成交易，采取有效的措施规避国际商务谈判的风险。

【任务同步案例 2-5-5】

谈判至此，交易条件已进入 J 公司的成交底线。J 公司通过谈判实现了自己对 V 汽车的核心技术和知识产权的拥有，谈判接近了尾声。在结束阶段，J 公司和 F 公司确认和达成了以下协议。

（1）J 公司以 18 亿美元收购 V 汽车 100% 股权，包括 9 个系列产品，P1、P2 和 P24 3 个最新平台，2400 多个全球网络，人才和品牌及重要的供应商体系。

（2）支付条款。J公司向F公司支付18亿美元的收购款，其中2亿美元以票据方式支付，其余16亿美元以现金方式支付。J公司承诺，签订合同当日向F公司支付13亿美元现金和2亿美元银行票据，余下资金将在下半年陆续结清。

（3）V汽车工会提出了不裁员、不转移工厂等苛刻条件，这对于处于异地的J公司来讲是非常不容易的。最后，J公司同意了这一条件，但是提出要求在未来两年内接纳J公司的汽车技术团队进驻瑞典总部，做了有条件的让步。

（4）对双方的违约责任及履行合同责任进行明确规定，并确认以仲裁为双方合同纠纷的解决方式。

至此，谈判全部结束。谈判双方就谈判内容做最后的回顾，整理谈判记录，查对无误后由双方共同确认，经确认的记录是起草书面合同的主要依据。

（五）国际商务谈判的签约及执行

国际商务谈判结束，接下来就是要将谈判的内容及结果以一定的法律形式确认并固定下来，为将来各方在交易过程中合理处理相关关系提供可靠的依据，因此谈判各方要签订合同。该合同具有一定的法律效力，对谈判各方在今后的交易合作中的行为有一定的约束力。

国际商务谈判的分类与国内商务谈判大致相同，合同的主要内容及格式也相似，可以参照本书项目二中其他类型谈判的合同样本。

在国际商务谈判合同的签约中，要特别注意合同中外文本的一致性，这是要格外强调的。

谈判结束后，谈判人员需要跟踪了解合同的履行情况，并积极处理可能出现的问题与纠纷。因此，谈判人员要掌握合同履行的原则。在实际履行合同时，也会出现合同的变更、转让甚至解除。

【任务同步案例2-5-6】

在J公司与F公司的案例中，双方在瑞典哥德堡正式签署协议。签约日，J公司按照承诺向F公司支付13亿美元现金和2亿美元银行票据。

此次谈判，J公司得到了V汽车的先进的造车技术，一个历史悠久的汽车品牌，V汽车的先进企业经营和管理经验，另外还有V汽车多达数千项的技术专利。而F公司既解决了眼前的财务难题，又保留了技术，同时又不受此的影响，还为V汽车找了一个有责任的买家，双方通过谈判实现了双赢。

三、能力训练

小林要完成以下的任务。

（1）模拟调研 J 公司与 F 公司谈判环境。

（2）模拟制订 J 公司与 F 公司关于 V 汽车的谈判方案。

（3）模拟筹备 J 公司与 F 公司谈判。

（4）模拟 J 公司与 F 公司关于 V 汽车的谈判开局。

（5）模拟 J 公司与 F 公司关于 V 汽车的交易磋商。

（6）模拟结束 J 公司与 F 公司关于 V 汽车的谈判。

（7）模拟 J 公司与 F 公司签订关于 V 汽车的商务合同。

（8）模拟 J 公司与 F 公司履行合同。

四、知识拓展

各国的谈判风格不同。这里主要介绍日本、美国、德国，以及阿拉伯国家和拉美国家的谈判风格。

谈判风格是指谈判者在谈判中一贯表现的对人和事物的态度、行为及其内含的人品等。倘若你一见面就讲一件奇闻逸事，这会受到美国人的欢迎，法国人会微笑，比利时人会大笑，荷兰人会感到困惑，德国人则会信以为真。幽默并非总是能逗笑的。这其中就是文化的冲突。即使是在文化背景非常相似的国家之间，双方在谈判之前也一定要下工夫去了解、熟悉对方的谈判习惯和风格，否则就可能导致灾难性的后果。有这样一个案例：意大利某建筑企业的经理前往德国谈判一个工程项目，他在谈判伊始就主动向对方自夸起本企业悠久的历史及所取得的成就。德国方面的经理们起初的反应是震惊，接着就纷纷离座而去，甚至都没有听一下意大利经理的报价。为什么会这样呢？原来德国人在走进谈判室之前通常都会对对方做好全部的背景调研，他们认为意大利经理只是在对自己公司进行无聊的自吹自擂，这使得他们非常反感。而意大利经理这边则还以为他是在正式谈判之前做一下笼统的初步介绍而已，在他看来，真正的谈判至少要等到第二天才开始。

一个合格的谈判者必须熟悉各国商业文化的差异，把握住对方的价值观、思维方式、行为方式和心理特征，并能巧妙地加以利用，这样才能获得预期的谈判成效。

（一）日本商务谈判特点

1. 重视人际关系

日本人很重视在谈判中建立和谐的人际关系。他们往往会拿出相当一部分时间和精力去进行人际关系的沟通，利用不同层次的人出场与不同层次的谈判对手交际，从而探听情报、研究对策、施加影响、争取支持。在与日本人谈判时，如果开门见山、直接地进入谈判主题而不愿开展人际交往，往往会欲速而不达。重视发展人际关系，把生意关系人性化，这是日本在国际工商谈判中屡获成功的重要保证。

2. 讲究面子

日本人在进行商业谈判时，非常讲究尊卑秩序，希望对方的谈判人员在地位上能与自己的地位平等，接待安排也应该根据不同级别有所区别。另外，日本人在谈判过程中即使对某个提议或方案有不同的想法，在一般情况下也很少直接地予以拒绝或反驳，而是通过迂回的方式陈述自己的不同意见或支支吾吾、打哈哈以示为难。毫无疑问，日本人在给别人面子时也同样珍惜自己的面子。

3. 彬彬有礼地讨价还价

日本人在与外国人面对面谈判时，对年长者、某个地方强于自己的人彬彬有礼、殷勤谦恭、充满崇敬之情。在国外，他们恪守所在国的礼节和习惯。然而在这背后却隐藏着"一定要赢"的战略。在国际商务谈判中，日本人往往以"旅途愉快吗""在日本住得习惯吗"等问候先营造一个宽松友好的谈判气氛，逐渐使对方放松戒备，为其后面的讨价还价做好准备。这反映了一种"礼貌在先""慢慢协商"的态度和策略。因此，欧美国家的一些谈判者在总结日本人谈判的经验教训时，都称日本人的彬彬有礼是"带刀的礼貌"。

4. 集体决策，协同作战

日本企业内部做出决策的方法，是通过吸收中层领导和基层管理者的意见，并将各种意见写成书面材料在企业内有关人员传阅后，再由有关负责人集中各方面的意见做出决策。这种由下而上的集体决策，决策的过程与时间比较长，常常会导致谈判过程中出现这样的情况：一旦遇到日本人事前未准备或协商过的问题，一般很少由某人当场明确表态，拍板定论。

集体观念使得日本人不太欣赏个人主义，其谈判也都是率团进行，同时也希望对方率团参加，并且人数相当。日本企业的谈判团多是由以前曾经共过事的人员构成，彼此之间相互信赖，并有着良好的协作关系。在谈判团内角色分工是很明显的，等级意识也很严重。一般总是谈判组成员努力奋争，讨价还价，最后由"头面人物"出面稍作让步，达成谈判目的。这样，既表现出他们心胸宽广，又提高了企业的整体声誉。

5. 固执、坚毅、不轻易妥协

日本人在谈判中的固执和坚毅是举世闻名的，他们几乎毫不退让地坚持原有条件，而且不愿率先表明自己的意图。因为正如前面述及，时间对他们来说不是第一位的，一次又一次无功而返的商谈，往往把对手折磨得筋疲力尽，而他们却始终重复原有主张，提出同一目标。日本人那谦恭的外表下隐藏的是一股不屈服、不妥协的决心。

6. 保持沉默，静观事态发展

在许多场合，日本谈判者不愿率先采取行动，直截了当地表示接受或同意，往往给人模棱两可的印象。日本人在故作镇静、掩盖事实和感情方面是很高明的，他们把能否将心事不表露在脸上而隐藏在内心作为衡量谈判者是否成熟的标志。

7. 有耐心

日本谈判者特别有耐心。他们认为，不耐烦是一个人的严重缺点，只要耐心等待肯定会有效果，许多合同、协议都是在最后期限签订的。因此，日本谈判者多会通过各种渠道千方百计地打探谈判对手的最后期限，如果对方急于求成，他们往往会拼命杀价或一声不吭，而在对方最后期限来临之时突然拍板表态，让对方在毫无准备的情况下措手不及或使其没有回旋余地。

8. 尽量避免诉诸法律

日本人不喜欢谈判中有律师参与，只要有可能，日本谈判团里就不包括律师。他们觉得带律师参加谈判，就是蓄意制造以后的法律纠纷，是一种不友好的行为。同时他们觉得每走一步都要同律师商量的人是不值得信赖的。同样，日本人喜欢相信人而不相信契约，在他们看来，合同无关紧要，至关重要的是相互间的信任和诚实。当合同双方发生争执时，日本人通常不选择诉诸法律这一途径。日本谈判者都很善于捕捉有利机会，也很喜欢短而且含糊其辞的合同，以便随形势的变化做出不同的解释。他们在合同纠纷处理条款中通常会这样写："如果出现不能令双方满意的地方，双方应本着真诚友好的原则坐下来重新协商。"

9. 善于利用策略，打折扣，设埋伏

日本谈判者在国际商务谈判中，善于利用各种谈判策略。"先打折扣吃小亏，后抬高价占大便宜"是日本人谈判的典型特征之一，其中的陷阱令对手苦不堪言。

因此，同日本人谈判要花费相当的时间和精力去培养良好的业务之外的个人人际关系，戒焦躁、抑怒，以及正确理解日本人礼节性的同意的意思。

（二）美国商务谈判特点

1. 直截了当且迅速切入正题

美国文化属于低语境文化，较多依赖于明确的词汇表述来交际，即沟通比较容易和直接。所以美国人在谈判桌上喜欢直截了当的交往，不喜欢拐弯抹角，不讲客套，总是能在不知不觉间将一般性交谈迅速引向实质性洽商。同时美国人十分欣赏那些精于讨价还价，为取得经济利益而施展策略的人，因为他们自己就精于此道，所以希望别人同样也具有这样的才能。任何非直接、模棱两可的回答会被认为是缺乏能力与自信、不真诚甚至虚伪的表现。

2. 珍惜时间，重视最后期限

美国人具有典型的珍惜时间观念，倾向于在一段时间里一个人集中负责做一件事，即专时专用。所以，在谈判过程中，他们连一分钟也舍不得去做无聊的、毫无意义的谈话。美国人认为，最成功的谈判人员就是能熟练地把一切事物用最迅速、简洁、令人信服的语言表达出来的人。而且，美国谈判者为自己规定的最后期限，往往是既短，又具有严肃性，所以谈判中提出的报价和具体条件通常也比较客观，水分较少。他们希望谈

判对方也能如此，尽量缩短谈判时间，力争每一场谈判都能速战速决。一旦突破其最后期限，谈判可能破裂。

3. 重视利润，积极务实

在美国人的价值观念中，只要一个人在经济中取得成功就会受到人们的敬重。在许多美国谈判者看来，谈判做生意的唯一目的就是获取利润，一家公司要想长期存在，就必须有可观的收入源源而来。因此，能否取得巨额利润，始终为他们所关注。而且与能够获得的长期利益相比，他们往往更注重通过谈判获得短期物质利益。这一方面是因为美国的薪金制度是根据一个人每季度或每年的工作表现来确定其报酬，短期利益的获得能确保个人收入的稳定和提高；另一方面是因为美国公司大多数每月或每季度都必须向董事会报告经营运转情况，如果利润不高可能会影响公司的股票价格和高层管理者的地位。

4. 律师在谈判中扮演着重要角色

美国人的法律意识根深蒂固，生活中的一切方面都可以诉诸法律，他们这种法律观念在商业交易中表现得尤其明显。美国谈判人员在进行国际商务谈判时，一再要求对方完全信守有关的承诺，不要出现哪怕一点失信行为。凡有商务谈判，特别是到国外的谈判，美国人一定要带上自己的律师，将来一旦发生争议和纠纷，想靠友好协商的办法解决争端的可能性大大减少，最常采用的办法就是诉诸法律。因此，他们也特别看重合同，谈判中会十分认真、具体地讨论合同中的各项条款，尤其合同违约的赔款条款与合同适用的法律，以便在执行合同的过程中能顺利地解决各种问题。

5. 首次交往注重担保

在美国的外国谈判者，不能像在其他国家那样，利用所住旅馆房间电话，同没有见过面的当地企业界人士或政府官员安排谈判时间。因为许多美国人在同未曾谋面的人通话时异常谨慎，有时甚至拒绝通话，更谈不上亲自会见一个完全陌生的人，除非对方有为该美国人所熟知并受其尊重的第三方——一个为外国谈判者的声誉提供担保的人或公司的介绍，此时美国人的一些疑虑方可消除。

在美国，可以为外国谈判者提供担保的包括政府要人、社会名流、大的贸易机构、金融财团、企业集团、社会团体等。

6. 民族优越感较强，谈判不轻易让步

美国人有着一种几乎是与生俱来的优越感，这种优越感在谈判者身上的集中体现，便是以自我为中心，喜欢别人按他们的意愿行事，让谈判对手感到他们咄咄逼人、傲慢自大或粗鲁。

7. 谈判决策者人数较少

受美国文化影响，美国人等级观念淡薄，对工作中人际关系的协调要求较低，往往尊

重个人的作用和个人在实际工作中的表现。所以，在企业决策过程中，往往以一个人或少数人为中心，自上而下地进行。谈判代表团的人数一般比较少，而且各自在谈判中的分工和职责具体明确，谈判的最后决策者通常只有一两个人，遇到问题，能迅速做出决策。

8. 谈判风格幽默

美国人的幽默举世公认。有这样一个流传甚广的故事：当在某餐厅提供的一满杯啤酒里发现一只苍蝇时，英国人会绅士地吩咐侍者换一杯啤酒；法国人会将杯中啤酒倾倒一空；西班牙人不去喝它，只留下买单费，不声不响地离开餐厅；日本人会令侍者把餐厅经理找来，训斥一番；沙特阿拉伯人会把侍者叫来，把啤酒杯递给他，说，"我请你喝"；美国人则会对侍者说，"以后请将啤酒和苍蝇分别放置，由喜欢苍蝇的客人自行将苍蝇放进啤酒，你觉得怎样？"在谈判过程中，美国人的幽默也会发挥活跃或缓解紧张气氛的作用。

另外，美国地域宽广且种族繁多，随着所处地区的不同，东部、中西部、西部、南部等地区的人们的谈判习惯，至今仍存在着不小的差异，因此不同地区谈判风格迥异。因此，同美国人谈判时要注意地区差异，绝对不要指名批评某人，谈判态度要诚恳，而且注意把握谈判时间不要太长，慎重对待场外的非正式接触。

（三）德国商务谈判特点

德国人同其他国家人的谈判风格有所不同，谈判者身上所具有的那种日耳曼民族的性格特征在谈判桌上得到了充分的展现。

1. 重视搜集谈判对手的资料，准备周密

谈判前德国人的准备工作做得非常充分、认真，他们会想方设法掌握大量、翔实的第一手资料之后，再坐到谈判桌前，这样，他们便立足于坚实的基础之上，处于十分有利的境地。

2. 自信心强，讨价还价余地小

谈判中，德国人常常自觉不自觉地拿本国产品作为衡量标准，总是强调自己方案的可行性，千方百计迫使对方让步，而自己却很少让步，有时甚至态度强硬，显得十分固执，毫无讨价还价余地。

3. 谈判果断，不拖泥带水

谈判桌上的德国人喜欢明确表示他希望达成的交易，准确框定交易方式，详细列出谈判议题，提出内容详尽的报价表，并对谈判中一些不可知因素加以预测。在谈判过程中，不论是对问题的陈述还是报价都非常清楚、坚决、果断。

4. 办事讲究效率

德国人认为，"研究研究""考虑考虑""过段时间再说"等拖拖拉拉的行为，对

一个谈判者和生意人来说简直是耻辱。他们的座右铭是"马上解决"。在优秀的德国人的办公桌上，是看不到搁了很久又悬而未决的文件的。

5. 注重发展长久关系，求稳心理强

德国谈判者希望通过做某一笔生意，与贸易伙伴从此建立长久关系，而不喜欢做一锤子买卖。他们是不知疲倦、井井有条、可以信赖的工作者，但不是劲头十足的个人至上主义者和冒险家。

6. 诚实守信，重视合同履行

受宗教及其他因素影响，德国人比较注意遵守各种社会规范和纪律。在商业往来中，他们尊重合作规定，严守合同信用，努力按合同条款一丝不苟地去执行，不论发生什么问题都不会轻易毁约。德国人在谈判桌前和贸易市场上有较好的信誉和形象。

因此，与德国人谈判一定要做好充分准备，尊重德国人的商权，尽量在谈判中避免针锋相对，务必守时，正确看待谈判对手，尊重契约，尽量不在晚上进行谈判。

（四）阿拉伯国家商务谈判特点

阿拉伯国家主要分布在西亚的阿拉伯半岛和北非。阿拉伯国家经济单一，绝大多数盛产石油，靠石油及其制品的出口维持国民经济。

由于受地理、宗教、民族等问题的影响，阿拉伯人具有沙漠人的特点，即以宗教划派，以部落为群；家族观念较强，性情固执而保守；重朋友义气，热情好客却不轻易相信别人；无时间观念；喜欢做手势，以形体语言表达思想。在他们的社会中，等级制度至今依然根深蒂固，封建主义的色彩十分浓厚。尽管不同的阿拉伯国家在观念、习惯和经济力量方面存有较大差异，作为整个民族来讲却有较强的凝聚力。阿拉伯国家商务谈判的特点主要有以下几个方面。

1. 谈判节奏较为缓慢

在阿拉伯国家进行商务谈判，不可能像在其他国家那样指望一通电话就可以谈妥某项事务。从某种意义上说，与阿拉伯人的一次谈判只是部分地同他们进行一次磋商，因为，他们往往要在很长时间才能做出谈判的最终决策。他们特别重视谈判的早期阶段，在这个阶段，他们将下很大的工夫在打破沉默局面、营造谈判气氛上。在这个相互试探、摸底的过程中，他们其实已就谈判中的一些问题间接地与对方进行了讨论，这种社交式的、内容泛泛但气氛良好的会谈，使得正式谈判取得成功的可能性大大增加，随之而来的结果可能是在突然之间，协议便达成了。因此，如果外国谈判者为了寻求合作前往拜访阿拉伯人，第一次很可能不但得不到自己所期望出现的结果，反而会被阿拉伯人的健谈所迷惑，有时甚至第二次乃至第三次都接触不到实质性的话题，这是阿拉伯人商务谈判的一大特点。

2. 不速之客常常会使谈判中断

经常去阿拉伯国家进行商务谈判的外国人通常会遇到以下情况：同阿拉伯人的谈判正在紧张地进行时，对方的亲朋好友突然来到了他的办公室，此时，他们一般会被请进屋内边喝茶边交谈，而外国谈判者被冷落到了一边，只有在客人们离开后该阿拉伯人才会坐回到谈判桌前，重拾刚才的话题。在阿拉伯人看来，这不是一种失礼行为，恰恰相反，他们认为如果因为工商事务缠身而冷落了自己的阿拉伯弟兄，那才是最大的不敬。

3. 中下级人员在谈判中起着重要作用

在阿拉伯国家，谈判的决策是由上层人员负责的，但中下级谈判人员向上司提供的意见及建议却会得到高度重视。阿拉伯工商企业的总经理和政府部长们往往将自己视为战略家和总监，而不喜欢处理日常的文书工作及其他麻烦的琐事，因此，他们的实际业务经验少得可怜，有的甚至对公司各方面的运转情况一无所知，不得不依靠自己的助手和下级工作人员。因此，外国谈判者在谈判中，常常需要同两种人打交道：首先是决策者，其次是专家及技术人员。前者只对宏观问题感兴趣，而后者却希望对方尽可能提供一些结构严谨、内容翔实的技术资料和附属材料，以便更加仔细地论证。

4. 当地代理商的作用不可小觑

几乎所有阿拉伯国家的政府都坚持让外国公司通过阿拉伯代理商来开展业务，而不管该外国公司的生意伙伴是个人还是政府部门，这为阿拉伯国民开辟了一条财路，提供了一个理想职业。当然，此举在一定程度上也为外国公司提供了便利，一个好的当地代理商对业务的开展会大有裨益。例如，他可以帮助雇主同政府有关部门取得联系，并促使其尽早做出决定；快速完成日常的文书工作，加速通过冗杂的文牍壁垒；帮助安排货款收回、劳务使用、物资运输、仓储乃至膳食等事宜。多年来先后有许多阿拉伯人不仅成功地充当了外国公司的代理，而且在同雇主进行有关代理的谈判中也积累了不少的经验。

5. 惯用"IBM"

此处的"IBM"并非指美国的 IBM 公司，而是指阿拉伯语中分别以 I、B、M 开头的三个词。I 是"因夏拉"（神的意志），B 是"波库拉"（明天再谈），M 是"马列修"（不要介意）。在谈判中，阿拉伯商人常用这三个词作为武器，保护自己，抵挡对方的进攻。例如，双方在洽谈中订好了合同，后来情况发生变化，对方想反悔时，就会名正言顺地说这是"神的意志"；在谈判中好不容易出现对自己十分有利的形势时，他们却轻松地冒出一句"明天再谈吧"，而等到明天，一切又要从头再来；当你为上述行为或其他不愉快的事情而恼怒时，他们会很轻松地拍着你的肩头说"不要介意"，实在是让人哭笑不得，无言以对。

6. 喜欢讨价还价

阿拉伯人在谈判中喜欢讨价还价，他们认为没有讨价还价的谈判不是真正的谈判。更有甚者，他们认为不还价就买走东西的人，还不如讨价还价后什么也不买的人更受到卖者的尊重。其逻辑是：前者小看他，后者尊重他。在他们看来，评价一场谈判不仅要看谈判争取到什么利益，同时还要看是如何争取的，只有经过艰苦努力争取来的利益才是最有意义和价值的。

基于以上的谈判特点，与阿拉伯人谈判时要尊重阿拉伯人的宗教习惯，放慢谈判节奏，讲究拜访策略，注意不断增进彼此感情；在谈判中可采取数字、图形、文字相结合方式，增强说服力；按阿拉伯的文化要求，做好翻译工作；另外，注意最好不要派女性前往阿拉伯国家谈判。

（五）拉美国家商务谈判特点

1. 非常自信

固执、不妥协的性格特点充分体现于拉美人的商务谈判中，就是对自己意见的正确性坚信不疑，往往要求对方全盘接受，很少主动做出让步。

2. 重视谈判者个人的地位和作用

个人人格至上使得拉美人特别注意的是对方谈判者本人而非其所隶属的公司或团体。他们往往根据对方谈判者讲话的神情和语气来判断此人在公司中的地位及工作能力。他们一旦认定对方是一位取得过重大成绩、有丰富的工作经验和较强的工作能力并且在公司中很重要的人物，便会对他非常尊敬。自然而然，以后的谈判便顺利多了。

3. 谈判节奏缓慢，时间利用率低

同其他国家的谈判者不同，拉美人比较悠闲、恬淡，由此导致了他们处理事务的节奏相对较慢。据报道，在巴西，当一个人被问及时间时，他会说，"正好 2 点 15 分"，而那时实际上已经是 5 点多了。所以，和拉美人谈判，不得不放慢节奏，性急的外国人试图速战速决，这会使拉美人非常恼火，甚至会使他们更加停止不前。

4. 不太注重谈判协议的严肃性

跟拉美人打过交道的谈判者十有八九都会提到拉美人不讲信用，仅就货款回收而言，往往期限会被拉长。有关这一点，一位银行家曾说：他们是会付钱的，只是生性懒散，不把当初约好的付款日期当回事儿而已。所以，对这类问题，只要多花一些时间耐心催促，倒是无需担心他们赖账。

因此，与拉美国家的人谈判要处理好同拉美人的私人关系，切忌居高临下，商务谈判之前应尽量熟悉拉美国家的保护政策，同拉美代理商的谈判不可大意，适应拉美人的习惯等。

【教学建议】

商务谈判课程重在理论与实践的结合。学生在掌握基本理论知识的基础上，要通过角色扮演、模拟谈判等形式加深对理论的理解。在讲授项目二时，要注意以下内容。

（1）讲授任务一产品买卖谈判时，要掌握：一是产品买卖谈判与其他谈判的区别；二是产品买卖谈判的主要内容和条款；三是引导学生进行模拟实验时一定要注意体现具体和细节，避免笼统和概括。

（2）讲授任务二技术转让谈判时，应注意区分技术转让谈判与其他类型谈判的不同之处，引导学生针对技术转让谈判过程中的不同环节进行归纳总结，并结合案例锻炼学生选择适合的谈判策略及方法，在模拟谈判中将所学知识加以应用。

（3）在讲授任务三服务交易谈判时，对于服务交易谈判的内容，可让学生在充分了解任务导入案例的基础上，分小组来开展谈判的相应工作。

（4）在讲授任务四招商谈判时，要充分了解学生的素质问题，培养学生的兴趣，任务导入过程中要讲解得生动，学生产生了兴趣才能够跟随教师的进度去学习。招商谈判在以往商务谈判中很少作为整节的内容来讲授，要注意讲课不要过分重复，尤其要注意：一是招商谈判与其他谈判的区别；二是招商谈判的主要内容和条款；三是引导学生进行模拟实验时一定要注意体现具体和细节，避免笼统和概括。

（5）在讲授项目五国际商务谈判时，要注意：一是国际商务谈判与国内商务谈判的区别；二是强化模拟环境，加强实训练习。

（6）为了使学生熟练掌握沟通技巧，可要求学生将某任务理论知识排练成小品加以展示和汇报，教师给予点评和考核。

参 考 文 献

樊建廷. 2006. 商务谈判. 大连: 东北财经大学出版社

方其. 2011. 商务谈判——理论、技巧、案例. 3 版. 北京: 中国人民大学出版社

李冬芹, 张幸花. 2012. 推销与商务谈判. 大连: 大连理工大学出版社

李品媛. 2010. 商务谈判——理论、实务、案例、实训. 北京: 高等教育出版社

李益坤, 姬忠莉. 2014. 商务谈判实务. 北京: 中国人民大学出版社

刘园. 2014. 国际商务谈判. 北京: 首都经济贸易大学出版社

卢海涛. 2013. 商务谈判. 北京: 电子工业出版社

聂元昆. 2009. 商务谈判学. 北京: 高等教育出版社

石永恒. 2008. 商务谈判实务与案例. 北京: 机械工业出版社

田玉来. 2013. 国际商务谈判. 北京: 电子工业出版社

王方. 2009. 商务谈判实训. 大连: 东北财经大学出版社

吴湘频. 2014. 商务谈判. 北京: 北京大学出版社

袁其刚. 2011. 国际商务谈判. 北京: 高等教育出版社

赵春明. 2007. 商务谈判. 北京: 中国财政出版社

赵秀玲, 贾贵浩. 2013. 商务谈判简明教程. 上海: 上海财经大学出版社